Et maintenant, on mange quoi ?

Un ancien industriel de l'agroalimentaire vous aide à faire les bons choix

Du même auteur

Vous êtes fous d'avaler ça !, Flammarion, 2015 ; J'ai Lu, 2018.

Christophe Brusset
avec Éric Maitrot

Et maintenant, on mange quoi ?

Un ancien industriel de l'agroalimentaire vous aide à faire les bons choix

Flammarion

ISBN : 978-2-0814-4132-3

L'Union européenne fait face à une véritable épidémie
en matière de santé publique : plus de la moitié
des adultes de l'UE souffrent de surpoids ou d'obésité.
Les maladies liées à l'alimentation, telles que le diabète
de type 2 et les maladies cardiaques,
sont responsables de 70 % des décès !

Olivier De Schutter, juriste belge et rapporteur spécial
sur le droit à l'alimentation au sein du Conseil
des droits de l'Homme de l'ONU entre 2008 et 2014.

AVANT-PROPOS

Perdus dans la jungle de la malbouffe

À dire vrai, nous avons tous été surpris, moi le premier, par le formidable succès en France, comme en Italie ou en Espagne, de *Vous êtes fous d'avaler ça !*, publié en septembre 2015.

Un livre dans lequel je partageais mes expériences les plus saisissantes d'acheteur de matières premières sur le marché mondial de l'agroalimentaire. Certes, mon éditeur avait senti que de très nombreux consommateurs voulaient en savoir plus sur cette nourriture industrielle qu'ils ingurgitaient parfois sans même le savoir. Qu'ils s'inquiétaient pour leur santé et se posaient mille questions sur ce triomphe implacable de la « malbouffe ». Lequel n'est pas une fatalité, nous le verrons dans ce nouvel ouvrage. Mais je n'imaginais pas que cet ouvrage se vendrait ainsi à plus de 60 000 exemplaires.

Cependant, les chiffres de vente ne sont pas tout, et quand je parle de succès, je le mesure surtout aux nombreux courriers reçus, aux invitations à des conférences sur la sécurité alimentaire en France comme à l'étranger, et aux actions que j'ai pu mener depuis trois ans avec des associations comme Foodwatch[1]. Et bien sûr aux innombrables demandes d'interviews, articles de journaux et plateaux télé.

---

1. Foodwatch est une ONG fondée en 2002 en Allemagne par un ancien dirigeant de Greenpeace, suite à la crise de la vache folle. Elle est

Autant de preuves d'une volonté commune de comprendre les pratiques des multinationales de l'agroalimentaire et des géants de la grande distribution, les secrets des filières d'approvisionnement et les complicités qui facilitent ces « mauvaises pratiques » à tous les niveaux, des pays exportateurs aux lieux de vente en France en passant par les sites de transformation.

J'aurais volontiers parlé d'une sorte de plébiscite s'il n'y avait eu ce silence déroutant du côté des responsables politiques (il s'agit pourtant de questions de santé publique), cette sourde animosité chez les industriels et leurs représentants (le *food-business* n'aime pas sortir de l'ombre), et même quelques menaces de procès de la part de mes anciens employeurs, probablement pas trop fiers de certaines pratiques dévoilées dans ce premier livre…

Beaucoup de lecteurs, consommateurs lambda égarés dans les allées de leur supermarché, m'ont par ailleurs invité à aller au-delà de la dénonciation des abus et des fraudes et à leur permettre de mieux déjouer les pièges du marketing et de la propagande de l'industrie, sans parler de la connivence de certains élus et décideurs politiques. Mais ils m'ont aussi invité à tordre le cou à de nombreuses idées reçues et aux discours souvent discordants de nutritionnistes plus ou moins sérieux. En clair, à les aider à devenir acteurs de leur propre changement.

Cette boussole pour manger sain sans se ruiner et survivre dans la jungle de la malbouffe s'appelle *Et maintenant, on mange quoi ?* et j'espère qu'elle répondra à toutes vos attentes et interrogations.

CHRISTOPHE BRUSSET

---

financée par des dons privés, existe depuis 2013 en France et milite pour le droit des consommateurs de se voir proposer « des aliments de qualité, sans risques pour la santé et comportant un étiquetage fiable et transparent ».

Prologue

Comme dans du beurre…

« Merdalors ! C'est pas du beurre ! »

Comment moi, ingénieur agroalimentaire depuis vingt-cinq ans, qui connais toutes les ficelles, toutes les astuces utilisées par les industriels pour couillonner le consommateur, ai-je pu acheter cet ersatz de beurre en pensant que c'en était du vrai ?

À ma décharge j'étais pressé ce jour-là et je n'ai pas pris la peine de lire la liste d'ingrédients, bien entendu placée au dos de l'emballage et écrite en petits caractères. L'erreur fatale du débutant.

Pour que vous compreniez bien, il faut tout d'abord que je vous précise que cette mésaventure se déroule à la fin de l'été 2016 à l'étranger, à Singapour précisément, pays anglophone, dans lequel je travaille et réside depuis plusieurs années. Or, en anglais, « beurre » s'écrit « *butter* ». En jetant un rapide coup d'œil à la face avant de la plaquette, j'ai bien lu le mot « *butter* » écrit en grosses lettres, donc du beurre. Et pas n'importe quel beurre, du « Sélection » s'il vous plaît, comme c'est aussi écrit pour insister sur le fait indubitable que c'est un produit de qualité. Cerise bio sur le gâteau, c'est fabriqué en France, et je suis content, en l'achetant, de soutenir notre industrie nationale si mal en point !

Ce n'est qu'une fois à la maison que mon épouse me fait remarquer d'un ton sarcastique que mon Butter Sélection est en réalité du Buttor Sélection. J'ai été victime d'un marketing trompeur. Une malicieuse petite lettre de différence... et qui change tout. Eh oui, du butter c'est du beurre, du Buttor, ce n'en est pas. Tout comme un boulet n'est pas un boulot.

Mais alors, si le Buttor n'est pas du beurre comme je le pensais, qu'ai-je donc acheté ?

La réglementation, que je connais par cœur, d'autant plus que j'ai fabriqué du beurre dans mes jeunes années en IUT agroalimentaire, impose que du vrai beurre contienne 82 % minimum de matières grasses provenant exclusivement du lait. Or mon Buttor ne contient que 80 % de matières grasses dont des huiles végétales...

D'ailleurs, si on veut être tout à fait exact, il est important de préciser que l'ingrédient inscrit en tête de la composition du produit est l'ingrédient principal. Or, sur le paquet de mon Buttor, on pouvait lire : « Huiles végétales, beurre, eau, ferments lactiques, perméat de lait, lactosérum, sel, colorant : carotène. » CQFD !

Ce Buttor est donc en réalité un mélange d'huiles végétales et de vrai beurre, et pas l'inverse. Quelle est l'exacte proportion huile/beurre ? Quelles huiles végétales ont été ajoutées ? Mystère.

De plus, dans un vrai beurre, vous ne trouverez jamais de sous-produits comme du perméat de lait (du lait dont on a retiré les protéines et la matière grasse) et du lactosérum (l'égouttage du caillé), ni d'additifs comme des colorants.

J'ai donc acheté, sans m'en douter, une margarine avec un peu de beurre dedans, un mélange que le fabricant décrit sur son site Internet comme un « blend » (écrit tel quel dans le texte en français et qui signifie « mélange »), précisant que c'est « un très bon compromis entre le beurre et la margarine ». Et pour que le compromis soit encore meilleur, c'est-à-dire pour que le Buttor ressemble davantage à du vrai beurre, avec sa belle couleur un peu jaune paille, qu'à un bloc de saindoux blanchâtre, il a ajouté une touche de colorant carotène de couleur jaune orangé.

Mais alors, pourquoi ne pas avoir choisi aussi « un très bon compromis » au niveau du nom commercial, un nom qui reflète mieux la véritable nature de ce mélange margarine/beurre, comme « Margabeurre » ou « Beurine » ? Enfin un nom qui ne prête pas à confusion comme Buttor ?

Je ne peux croire que cela ait été fait intentionnellement pour induire les consommateurs en erreur. Non, ce serait trop moche… Les industriels de l'agroalimentaire ont, nous le savons tous désormais, un sens légendaire de l'éthique et des responsabilités que ne cessent d'ailleurs de mettre en avant leurs différents lobbies et de nombreux responsables politiques. C'est donc probablement par distraction, par un regrettable et bien innocent manque de vigilance. Et si l'industriel en question, alerté par ces quelques lignes, souhaite changer le nom actuel de son produit, si impropre, par un de ceux que je propose ci-dessus, je le lui concède gratuitement.

J'ai donc rangé ma fierté dans ma poche, et ma plaquette de margabeurre dans l'endroit le plus approprié pour ce genre de « produits » : à la poubelle. Je ne jetterai pas la pierre au fabricant. Il s'est montré astucieux et reste dans la légalité, même si moralement, c'est discutable.

Cette petite mésaventure était de ma faute, et j'ai payé mon manque de vigilance. Fin de l'histoire, on oublie et on se promet de faire mieux la prochaine fois…

*

Le traumatisme était presque guéri lorsque, quelques semaines plus tard, en visitant en octobre 2016 le SIAL de Paris (Salon international de l'alimentation), qui se tient tous les deux ans, je tombe par le plus grand des hasards, au détour d'une allée, sur le stand des fabricants de mon « margabeurre » ! L'occasion était trop belle de leur expliquer de vive voix que, pour des clients peu intelligents comme moi, le nom qu'ils avaient choisi pour leur ersatz de beurre pouvait prêter à confusion.

Un commercial très sympathique m'accueille, uniforme « salon » de circonstance, cravate et costume stricts. Il est content d'avoir de la visite car, à ce moment-là, on ne se bouscule pas sur son stand.

Dès que je lui raconte où je vis, et comment j'ai acheté par mégarde son « blend » croyant acheter du vrai beurre, il me cite le nom de leur importateur/distributeur local, que je connais également. On s'amuse du fait que, décidément, le monde est petit. En revanche, il ne voit pas du tout où est le problème avec le nom de leur succédané, et m'assure que je suis véritablement le seul à leur avoir jamais signalé ce « détail ».

C'est fou le nombre de fois où j'ai rencontré un problème avec un produit que j'avais acheté (et en tant qu'acheteur professionnel, c'était vraiment très fréquent), et où on m'a gratifié d'une réplique du genre : « Vous savez, vous êtes le premier à vous plaindre » ou « C'est la première fois qu'on rencontre ce problème… » Une façon de sous-entendre que leur produit (ou service) est nickel, et qu'en fait ce serait plutôt moi le problème : « Vous ne seriez pas un peu chiant par hasard ? » Dans le florilège des réponses toutes prêtes, citons également : « Évidemment que c'est pas terrible et c'est bien pour ça que c'est pas cher » ou encore : « Vous êtes sûr de l'avoir utilisé correctement ? »

Il est bien évident que si j'avais pris la peine de lire la liste d'ingrédients, au lieu de me contenter de balayer du regard la face avant de l'emballage, jamais je n'aurais acheté ce « blend ». Ce type de produit, qui n'est ni du beurre, ni de la margarine, va à l'encontre de mon hygiène de vie et de ma nouvelle philosophie qui est de consommer des produits traditionnels, sans additifs, et les moins transformés possible. Si on veut consommer moins de beurre, rien de plus facile, il suffit d'en réduire sa consommation, et pour le remplacer de choisir des huiles végétales sans additifs ni colorants, comme de l'huile d'olive reconnue excellente pour la santé[1].

En revanche, du point de vue d'un professionnel qui souhaite faire son beurre en baissant les coûts de ses matières premières, et pour lequel l'aspect santé passe en second, le Buttor est sans doute parfaitement adapté.

Mais si j'ai quitté le côté obscur du *food-business*, c'est pour défendre l'intérêt des consommateurs qui est rarement compatible avec les objectifs de profits de l'industrie. C'est pourquoi je commencerai ce livre en vous expliquant clairement dans sa première partie (« En passant par l'arrière-cuisine ») pourquoi la nourriture industrielle

1. Lire dans la partie II « Suivez le guide », le chapitre 7 consacré aux produits frais.

ultra-transformée que j'ai contribué à fabriquer toutes ces années est à bannir sans pitié.

*

Cet exemple du Buttor montre parfaitement à quel point il est difficile de se repérer et de se faire une idée exacte de la qualité d'un produit alimentaire aujourd'hui. Comme je vais vous l'expliquer dans les chapitres 4 et 5 consacrés à « la valse des étiquettes » (qu'il s'agisse des mentions obligatoires ou des logos et appellations), les sources de confusion et les pièges tendus par les industriels et la grande distribution sont nombreux. Nous venons de voir que même un spécialiste comme moi peut se faire piéger s'il baisse la garde une minute. Et cela est vrai, que le produit soit simple, comme une bête plaquette de beurre, ou plus complexe comme un plat préparé.

Vous devez regarder tous les produits dans votre supermarché avec suspicion, les examiner attentivement, et enfin décider en connaissance de cause si leur qualité et leur composition vous conviennent ou pas.

Vous devez redoubler de vigilance et avoir conscience, en tant que consommateur, que l'objectif de l'industriel est d'abord de vous vendre son produit. Pour cela, il utilisera tous les moyens à sa disposition. Ne comptez pas sur un quelconque altruisme et sur le sens des responsabilités des multinationales. La malbouffe ne ferait pas autant de ravages partout à travers le monde si le profit n'était pas leur seule motivation.

Ces puissants conglomérats, qu'ils soient dans l'alimentaire, dans la grande distribution, dans l'industrie du tabac, dans la chimie ou dans n'importe quel autre secteur, ne sont pas vos alliés. Ce sont des organisations créées pour faire du profit en vendant un produit qui leur coûte le moins cher possible à fabriquer. Cela s'accorde mal, comme nous le verrons, avec la qualité. Usage massif d'additifs, recettes trop grasses, sucrées et salées, pollution des sols, abus de pesticides, délocalisations sauvages, optimisation fiscale, corruption et manipulation (maintenant on dit *lobbying*), exploitation des travailleurs pauvres, voilà le vrai visage du capitalisme que nous avons laissé se développer dans de nombreux domaines au détriment de la santé publique et du bien-être des populations.

Nous verrons tout cela plus en détail dans le chapitre 2 (« La géopolitique de la malbouffe ») et le chapitre 3 (« Lobbies & Co : à armes inégales »).

Même si le combat peut par instants vous sembler très inégal, vous devez, pour préserver votre santé et celle de vos enfants, vous prendre en main et vous réapproprier votre alimentation. Cela signifie apprendre à déchiffrer les compositions des produits alimentaires, militer pour obtenir une information limpide et objective et faire respecter vos droits de citoyen-consommateur.

Ne vous privez pas des nouveaux outils à votre disposition pour vous aider à y voir clair lorsque vous faites vos courses. Openfoodfacts est une association indépendante à but non lucratif qui fait un travail remarquable en renseignant une base de données reprenant les informations marquées sur les emballages de tous les produits alimentaires vendus en magasins. Cette base de données est accessible gratuitement sur leur site[1], ou via leur application mobile. Il vous suffit de scanner le code-barres du produit avec votre smartphone et l'application vous donne immédiatement les informations

1. https://fr.openfoodfacts.org/

nutritionnelles, la liste d'ingrédients, le détail des additifs et surtout le Nutri-Score, le logo à 5 couleurs allant du vert au rouge qui vous renseigne immédiatement sur la qualité nutritionnelle du produit.

Vous pouvez également utiliser les applications Yuka ou Scan-eat, dont les données proviennent également de la base de données d'Openfoodfacts.

Ces applications ne font que répondre à une exigence de transparence et de lisibilité de la part des consommateurs. Elles ont d'autant plus de succès que ce droit à l'information leur est refusé par les industriels et, plus grave et absolument scandaleux, également par certains responsables politiques complaisants, pour ne pas dire plus. En effet, ces applications reprennent les mentions légales volontairement confuses et compliquées des emballages, pour les simplifier et les rendre compréhensibles pour les consommateurs avant de les synthétiser sous forme d'un code couleur Nutri-Score clair et simple.

Si nos élus avaient, comme il leur était proposé récemment, rendu obligatoire cet étiquetage Nutri-Score sur tous les produits alimentaires, ces applications seraient inutiles. Or nos députés ont, le 27 mai 2018, refusé cet évident progrès, obéissant en cela aux pressions des lobbies des multinationales et allant de toute évidence à l'encontre de l'intérêt et de la volonté de leurs électeurs…

Mais alors, me direz-vous, pourquoi écrire un nouveau livre et le baptiser « Et maintenant on mange quoi ? » si, en scannant un simple code-barres, je peux savoir si le produit est bon ou pas pour ma santé et mon équilibre nutritionnel ?

Eh bien parce que ce n'est malheureusement pas aussi simple. Scanner un code-barres avec l'une de ces applications ne fait que vous renvoyer à la base de données Openfoodfacts, donc uniquement aux informations nutritionnelles qu'a bien voulu fournir le fabricant. Ce scan n'est en aucun cas une analyse complète du produit, car, quand ces données existent, elles ne sont jamais rendues publiques. Vous n'aurez donc aucune information sur la contamination en pesticides, le niveau de métaux lourds, la présence de perturbateurs endocriniens, d'huiles minérales, de furanes, d'acrylamides, de dioxines ou de tout un tas de molécules toxiques. Le Nutri-Score ne vous dit pas (parce qu'il l'ignore) ce que le fabricant veut vous cacher comme l'origine géographique des ingrédients et leur fraîcheur, les procédés utilisés, les auxiliaires technologiques ajoutés sans les déclarer, les mélanges et possibles astuces et fraudes. Avec ces applications, en fait, vous n'en saurez hélas pas vraiment plus que ce que le fabricant veut bien révéler… et qui est déjà (généralement mal) écrit sur l'emballage.

Avec ma formation d'ingénieur et mes vingt-cinq ans d'expérience dans l'agro-industrie, je peux vous expliquer pourquoi deux produits qui semblent identiques, avec les mêmes caractéristiques nutritionnelles et le même Nutri-Score, sont en réalité bien différents. Je peux, le plus souvent, vous dire où et comment les produits sont fabriqués, quels sont les intervenants tout au long du process, décortiquer pour vous les implications et les enjeux.

Dans ce livre, je vous dévoilerai les petits secrets des industriels pour parvenir à vous faire prendre des vessies pour des lanternes, comme l'utilisation massive, et souvent abusive, de logos en tout genre comme nous le verrons dans le chapitre 5 (« Des logos à gogo »). Je m'empresserai aussi de faire la peau aux dix principales idées reçues sur l'alimentation dans le chapitre 6, comme « Les "premiers prix" sont de bonnes affaires », « le pire ennemi, c'est le gras » ou « la qualité est meilleure dans les restaurants qu'au supermarché ».

*

Mais ce livre est surtout, dans sa partie II, un guide pratique destiné à vous aider à faire des choix alimentaires éclairés. Je vous prodiguerai, tout au long de cette seconde partie, les conseils pratiques que vous m'avez souvent réclamés après la sortie de *Vous êtes fous d'avaler ça !...* Conseils que j'applique moi-même, et qui sont tirés de mes aventures dans les coulisses de l'agro-industrie. Je vous accompagnerai rayon par rayon lors de vos courses en grande surface et je déconstruirai pour vous les belles illustrations des emballages, les termes embrouillés des étiquettes, les logos colorés, les belles publicités, etc. Cette face cachée du *food-business* que seul un industriel peut connaître et maîtriser.

Ces précieuses informations seront vos armes désormais. Faites-en bon usage pour sélectionner des produits alimentaires de meilleure qualité. En évitant massivement d'acheter et de consommer les produits les plus nocifs, vous contribuerez à faire évoluer l'offre de produits alimentaires vers des alternatives plus saines et plus écologiques, sans pour autant que cela nous coûte collectivement plus cher.

En effet, dans l'esprit de nombreux consommateurs, la malbouffe est de la nourriture, sans doute de basse qualité, mais peu chère. Or c'est un raisonnement à courte vue et qui est totalement faux. Le coût réel de la malbouffe, celui qui est au final payé par la collectivité (donc indirectement par chacun d'entre nous), est largement sous-estimé et extrêmement élevé.

Il faudrait en effet prendre en compte les milliards d'euros dépensés pour la PAC (politique agricole commune européenne) qui subventionne l'agriculture intensive, le coût de la dépollution des eaux, celui de la lutte contre les bactéries multi-résistantes, les dépenses induites par les décès des agriculteurs qui meurent de cancers causés par les pesticides, sans oublier les dépenses de santé liées à l'augmentation inquiétante de l'obésité et des maladies cardiovasculaires…

Il est de notre responsabilité à tous de changer cela. J'espère y contribuer – même modestement – avec ce livre de combat et de convictions.

PARTIE I

En passant par l'arrière-cuisine

Chapitre 1

Pesticides, additifs, conservateurs… Est-ce si grave d'avaler ça ?!

Toute ma vie, je me souviendrai de ce petit bonhomme dans son costume trop grand. Visiblement mal à l'aise, il soufflait un anglais très approximatif dans un micro qui lui mangeait la moitié du visage. Il est vrai que le représentant du Vietnam à la conférence annuelle de la Communauté internationale du poivre, qui se tenait en ce début de novembre 1998 dans un grand hôtel de Jakarta, en Indonésie, n'impressionnait guère son auditoire.

Circonstance aggravante pour lui, à la fin des années 1990, le Vietnam était un producteur de poivre de second rang avec des volumes compris entre 15 000 à 18 000 tonnes par an. Moitié moins que les poids lourds du marché comme l'Inde, le Brésil ou l'Indonésie justement, et d'une qualité, donc d'une valeur, très inférieure.

Sa présentation sur les nouvelles techniques de culture des poivriers dans son pays était bien trop technique et rébarbative. Personne ne l'écoutait vraiment quand, soudain, il annonça :

— … ainsi, avec des rendements améliorés, le soutien du gouvernement aux producteurs, et l'augmentation de 20 %

par an des surfaces de production, nous atteindrons les 100 000 tonnes dans cinq ans...

Aussitôt des rires fusèrent de divers endroits de la salle. Moi-même, je ne pus réprimer un sourire. Le petit homme ignorait-il que la totalité des exportations mondiales de poivre tournait alors autour de 125 000 tonnes annuelles ?

Mon voisin, un Néerlandais grassouillet, me regarda, fit une grimace et commenta :

— *That's insane! This guy's crazy!* (« C'est n'importe quoi ! Ce type est fou ! »)

Et pourtant... En 2001, soit trois ans plus tard seulement, le Vietnam, avec l'augmentation effective des surfaces et des rendements grâce à l'utilisation massive d'engrais et de pesticides, devenait le premier producteur mondial avec plus de 60 000 tonnes, faisant au passage s'effondrer les prix du marché à 0,85 dollar le kilo. Et en 2004, le Vietnam dépassait effectivement les 100 000 tonnes alors que dans le même temps la consommation mondiale explosait, faisant remonter les prix. Lesquels atteignaient les 11,3 dollars le kilo en juillet 2015.

Les producteurs vietnamiens, sans aucun scrupule concernant la nocivité de leur production et subitement enrichis, avaient réussi leur coup de poker !

En 2017, la production vietnamienne atteignait même 170 000 tonnes soit 60 % d'une production mondiale qui avait plus que doublé en vingt ans et était estimée à plus de 280 000 tonnes[1]. Hélas, car les bons filons attirent toujours la concurrence, la Chine, la Thaïlande et le Cambodge s'y

1. https://www.nedspice.com/upload/docs/170601_Nedspice_-_ESA_Pepper_Crop_Report_vFinal.pdf

étaient mis aussi, faisant rechuter les prix autour de 3 dollars le kilo aujourd'hui…

Depuis cette conférence mémorable, j'écoute très attentivement les petits hommes qui ne paient pas de mine. Ils peuvent en savoir bien plus que vous… et annoncer, l'air de rien, de véritables bouleversements sur le marché mondial des denrées alimentaires.

*

Les chiffres sont saisissants. Il y a aujourd'hui 7,6 milliards d'humains sur terre[1]. Une population mondiale qui a tout simplement doublé depuis 1970 ! Et, bien que le taux d'accroissement naturel mondial diminue légèrement, nous devrions être 9 milliards d'humains aux environs de l'an 2040.

Pour faire face à cette véritable explosion démographique, et répondre aux besoins alimentaires de base, l'augmentation massive de la production n'a, hélas, pu être obtenue que par l'industrialisation de toute la filière agroalimentaire.

Les surfaces agricoles ont augmenté partout où c'était possible et les rendements ont explosé, souvent à l'aide de procédés peu avouables, j'y reviendrai plus loin. Les usines ont poussé comme des champignons et, pour livrer sa pitance à l'humanité affamée, des centaines de porte-containers géants, des milliers d'avions et des millions de camions sillonnent le globe jour et nuit.

Imaginez qu'en France, jusqu'à la fin des années 50, les rendements annuels moyens des principales céréales

1. Estimation de l'Institut national d'études démographiques (INED).

(maïs et blé tendre) étaient de l'ordre de 10 à 12 quintaux par hectare. Ils atteignent désormais 100 quintaux pour le maïs et 80 pour le blé, soit huit à dix fois plus[1] !

Nul ne peut contester que cette industrialisation a au moins une vertu fondamentale : elle permet de répondre à une demande absolument gigantesque et, à l'heure actuelle, toujours en forte croissance. Produire et transporter de grosses quantités a également permis de réduire le coût unitaire. Les produits plus facilement disponibles sont moins coûteux pour la très grande majorité des consommateurs. Ainsi, comme le soulignait l'Insee en octobre 2015 : « Depuis 1960, les ménages consacrent à l'alimentation une part de plus en plus réduite de leurs dépenses de consommation : 20 % en 2014 contre 35 % en 1960[2]. »

Toujours selon l'Insee, les prix du blé tendre et du maïs, en monnaie constante, ont été divisés par plus de 5 depuis les années 1960.

Tout irait donc pour le mieux dans le meilleur des mondes si cette augmentation impressionnante de la productivité ne comptait pas quelques contreparties très dommageables pour la santé des consommateurs. Une fois réglés l'épineux problème de la quantité et la question du prix demandé au consommateur, reste bien entendu à s'attaquer à la qualité. Et c'est tout l'objet de ce livre. La mondialisation et l'industrialisation ont aussi permis à toutes sortes d'industriels peu scrupuleux d'inonder le marché de produits falsifiés ou de mauvaise qualité, commercialisés à bas coûts. Produits que de nombreux négociants et transformateurs de l'agroalimentaire se sont

1. Source : Agreste – Statistiques agricoles annuelles.
2. In *Insee Première*, numéro 1568, 9 octobre 2015.

empressés d'adopter pour augmenter leurs marges... Ni vus ni connus !

*

Mais avant de revenir sur l'extrême difficulté de choisir les bons produits dans la jungle contemporaine de la malbouffe[1], intéressons-nous à la part la plus sombre de l'industrialisation de l'agroalimentaire. Ces gains de rendements résultent de plusieurs facteurs techniques, dont essentiellement la mécanisation, l'utilisation des engrais et des pesticides, la sélection variétale et la génétique.

Passons rapidement sur les dommages disons « collatéraux » liés à la surconsommation énergétique[2], aux atteintes à l'environnement et à la biodiversité, à la pollution de l'air et des nappes phréatiques, etc., pour nous intéresser plus directement à ce que l'on retrouve ensuite dans nos assiettes et qui ne devrait pas y être.

Une petite parenthèse pour les novices en chimie. Vous avez tous entendu parler des pesticides (produits chimiques toxiques qui éliminent les animaux et plantes nuisibles aux cultures), tels que fongicides (contre les champignons), insecticides, herbicides et parasiticides. Mais connaissez-vous les autres produits chimiques que l'agriculture intensive balance sur les cultures ?

---

1. Lire la partie II : « Suivez le guide » qui, rayon par rayon, vous explique comment faire les bons choix lors de vos courses en grande surface.

2. Selon un article du *Monde* du 29 octobre 2015, produire un kilo de viande de bœuf consomme 27 kilos d'équivalent GES (gaz à effet de serre en équivalent CO2), et 39 kilos pour un kilo de viande d'agneau.

Il existe tout un tas de « régulateurs de croissance » dont personne ne parle jamais, et qui modifient les équilibres hormonaux de la plante afin d'influencer son développement et ainsi obtenir des fruits plus ou moins abondants, mûrs ou colorés, des tiges plus ou moins longues et robustes, etc.

Par exemple, pour éviter que le blé ne verse (ne ploie vers le sol) et ainsi augmenter les rendements, il est possible de renforcer sa tige et d'utiliser, entre autres, le *Medax Top* de BASF à base de prohexadione-calcium et de mépiquat-chlorure. Bon produit, mais le géant allemand de la chimie (et leader mondial du secteur) indique tout de même sur sa fiche technique qu'il est « nocif en cas d'ingestion, nocif pour les organismes aquatiques » et qu'il entraîne « des effets néfastes à long terme ».

Pour détruire les grappillons, éclaircir les vignes et réguler la maturation du raisin rouge (mais pour la vinification uniquement sinon ce n'est pas autorisé), vous avez le *Sierra*, produit par Bayer, l'autre géant allemand, à base d'éthéphon. Celui-là, toujours selon le fabricant, « provoque des lésions oculaires graves, est corrosif pour les métaux et nocif pour les organismes aquatiques à long terme ».

Pour les fruitiers comme le pommier il est possible de contrôler le nombre de fruits et leur maturation en utilisant par exemple le *Fixor* du Japonais Sumi Agro à base d'acide alpha naphtylacétique qui, lui, « provoque des lésions oculaires graves », et est « potentiellement dangereux pour le fœtus »...

Et ce ne sont que quelques exemples parmi d'autres tant il existe de produits potentiellement redoutables pour la santé de l'homme mais permettant la stimulation des cultures pour les aider à « exprimer tout leur potentiel », comme il est expliqué sur le site de Sumi Agro France.

Certes, les miracles de la chimie nous donnent aujourd'hui de belles céréales, de beaux gros fruits et légumes bien appétissants, sans aucune trace de terre ni de vie parasite, mais ne faudrait-il pas se préoccuper plus activement de l'aspersion massive de ces produits chimiques toxiques sur nos aliments, du danger avéré que cela représente pour notre santé et celle de nos enfants ?

Sur son site Internet, le Commissariat général au développement durable du ministère de la Transition écologique et solidaire… (petite pause pour reprendre son souffle)… annonce fièrement dans la rubrique « Observation et Statistiques » que « la France est le premier marché européen des phytosanitaires » avec un chiffre d'affaires annuel proche des 2 milliards d'euros. Hourra, cocorico !

Apparemment, ça vaut bien une médaille d'or aux Jeux olympiques. Quand je pense qu'un ancien ministre de l'Agriculture, dont j'ai oublié le nom, m'affirmait avec des trémolos dans la voix lors d'une émission radio où nous débattions, que nous avions « l'agriculture et l'industrie alimentaire les plus qualitatives au monde ».

Bon, à sa décharge, c'est vrai qu'il n'avait jamais été ni paysan ni industriel, mais comment voulez-vous prendre au sérieux quelqu'un qui avance de telles âneries ? Cette habitude de défendre une position idéologique sans tenir compte des réalités, voire en allant carrément contre des faits avérés, continue, à mon sens, de discréditer notre classe politique.

En France, toujours selon le ministère écolo-transito-durablo-solidaire, nous consommons officiellement entre 70 000 et 100 000 tonnes de produits phytosanitaires par an suivant les conditions climatiques (on traite plus s'il fait chaud et humide, conditions favorables à la prolifération des maladies et des parasites). Soit de l'ordre de 2 à 3 kilos par hectare de culture et par an. Précisons tout de suite que ces chiffres sont minorés car de nombreux agriculteurs français, et j'en connais plusieurs, vont acheter en Espagne ou ailleurs – et sans les déclarer – des pesticides interdits extrêmement efficaces et donc particulièrement nocifs.

Et, hélas, ce n'est pas près de changer. Qui se souvient du plan Écophyto lancé en 2008 par le gouvernement Fillon dans la foulée du Grenelle Environnement ? Il s'agissait alors de réduire de 50 % l'usage de pesticides à l'échéance 2018. Programme ambitieux, responsable et salutaire, mais aujourd'hui un énorme plantage.

Comme le déplorait, début 2017, Delphine Batho, l'ancienne ministre de l'Écologie du gouvernement Valls : « Les résistances sont considérables de la part des multinationales de l'agrochimie, mais aussi des agriculteurs qui ont du mal à changer leurs habitudes[1]. »

Tout à fait, madame Batho, belle analyse ! Mais est-il si surprenant que les multinationales veuillent continuer à gagner de plus en plus d'argent, et que les paysans n'aient pas envie de se rendre la vie plus difficile ni de prendre le risque d'amoindrir ou de perdre leurs récoltes ?

Alors, courageux mais pas téméraires, nos responsables politiques ont pondu Écophyto 2 (avec tout de même un budget de 71 millions d'euros par an), doté d'un nouvel objectif ambitieux, mais pas trop, une réduction de 25 % seulement et à horizon 2020, puis de 50 % en 2025. Enfin, si tout va bien. Et puis, en avril dernier, le gouvernement a présenté un « plan d'actions pour réduire la dépendance de l'agriculture aux produits phytopharmaceutiques[2] ». Avec notamment l'annonce d'une version améliorée d'Écophyto 2 (baptisée Écophyto 2+), qui devait être présentée cet automne et l'annonce d'un « grand plan d'investissements »

1. In *Le Monde*, 31 janvier 2017.
2. In *Le Monde*, 27 avril 2018.

non chiffré pour soutenir la recherche-développement sur les méthodes alternatives aux pesticides.

Quant au fameux glyphosate, substance active du si controversé Roundup, le nouveau plan gouvernemental prévoit non pas son interdiction mais le lancement… d'une nouvelle étude environnementale dont les résultats sont attendus en 2020 !

*

Bon, on utilise beaucoup trop de produits phytosanitaires, c'est dit. Pour protéger l'environnement, on essaie assez vainement d'en réduire l'utilisation comme nous venons de le voir. Des plans succèdent aux plans et sur le terrain, rien ne change ou presque…

Mais en ce qui concerne la protection de la santé des consommateurs, dormez tranquille et soyez rassurés : il existe un règlement européen, le numéro 396/2005 en date du 1er septembre 2008. Ce texte indique que « les denrées produites et commercialisées sur le marché européen doivent respecter les limites maximales de résidus de pesticides (LMR) autorisées ». Ce sont des seuils, des quantités de ces molécules toxiques par kilo de produit que l'on ne doit pas dépasser. Donc, vous voyez que tout est sous contrôle !

Sauf que dans son tout dernier rapport disponible, celui de 2016, on apprend que la DGCCRF (Direction générale de la concurrence, de la consommation et de la répression des fraudes) a analysé 5 274 échantillons et a retrouvé des pesticides dans 2 945 d'entre eux, soit presque 56 %. Et aussi que, ô stupeur, un taux résiduel supérieur à la limite autorisée, cette fameuse LMR, a été retrouvé dans

354 échantillons. Ce qui veut donc dire que plus de 6 % des fruits et légumes commercialisés en France et analysés par la DGCCRF sont non-conformes, toxiques, et ne devraient pas être mis sur le marché !

Ce qui est très amusant, enfin pour moi qui suis du métier, c'est que depuis plus de vingt ans les labos des entreprises pour lesquelles j'ai travaillé (ainsi que les rapports des années précédentes de la DGCCRF facilement consultables sur Internet) ont toujours trouvé sur le marché entre 6 et 7 % de lots trop chargés en pesticides. C'est d'ailleurs le chiffre que je donnais dans *Vous êtes fous d'avaler ça !* Si vous entendez un politicien ou un industriel dire que la qualité de notre alimentation s'améliore, gardez en tête ce seuil étrangement immuable de 6 % de produits impropres à la consommation.

Pour vous rassurer encore un peu plus, sachez que dans son rapport, la DGCCRF reconnaît également que 1,9 % des échantillons d'origine française contenaient des pesticides dangereux interdits en France ! Quand je vous disais que certains de nos agriculteurs connaissaient bien les filières espagnoles…

Et il faut aussi savoir qu'il existe des milliers de substances actives sur le vivant et que la DGCCRF n'en recherchait que 474 en 2016 (contre 471 l'année précédente, bel effort). Il est donc fort probable qu'une substance toxique présente dans un produit alimentaire testé ne soit pas détectée car simplement elle n'est pas encore – ou n'est plus – recherchée.

Le bon côté des choses, c'est tout de même que près de 94 % des produits en rayons sont « officiellement » sains. Enfin, beaucoup contiennent des pesticides mais à des doses officiellement sans danger car situées en dessous de la fameuse limite maximale de résidus. Cela devrait vous rassurer définitivement, non ?

Sauf que, comme l'indique fièrement le ministère de l'Agriculture et de l'Alimentation de notre beau pays bien protégé, « la fixation de limites maximales de résidus dans les denrées d'origine végétale prend en compte les réalités agronomiques mais aussi les exigences toxicologiques [1] ». En clair cela veut dire que les limites ne sont pas fixées sur le seul critère de toxicité, mais aussi en fonction de l'importance du pesticide pour l'agriculture. Autrement dit les normes sont à géométrie variable, non pas en fonction de la seule dangerosité de la substance, mais en fonction de son utilité économique.

*

Prenons l'exemple du glyphosate. Cette molécule est classée comme « probablement cancérogène » depuis 2015 par le Centre international de recherche sur le cancer (CIRC) qui dépend de l'Organisation mondiale de la santé (OMS) [2]. Le glyphosate est la substance active du fameux désherbant *Roundup* de la firme Monsanto, rachetée récemment par les

---

1. Source : site Internet du ministère français de l'agriculture et de l'alimentation :

http://agriculture.gouv.fr/maitrise-des-produits-phytosanitaires-limites-maximales-de-residus-lmr

2. Le 10 août dernier à San Francisco, la firme Monsanto a été condamnée en première instance à verser 289 millions de dollars de dommages et intérêts à Dewayne Johnson, un jardinier de quarante-six ans atteint d'un grave cancer du système lymphatique que le tribunal a estimé causé par son utilisation du désherbant Roundup pro. Monsanto, qui conteste le caractère cancérogène du glyphosate, a aussitôt décidé de faire appel.

Allemands de Bayer, et sa LMR est de 0,1 mg/kilo pour les pamplemousses, les abricots ou les fraises par exemple, mais de 0,5 mg/kilo, soit cinq fois plus, pour les oranges, les mandarines ou le raisin[1]. Les normes officielles vous disent donc qu'il ne faudrait surtout pas consommer une fraise avec 0,2 mg/kilo de glyphosate et la jeter, mais qu'il n'y aurait pas de danger à manger du raisin avec par exemple 0,4 mg/kilo, soit le double de la dose précédente ! Allez comprendre...

Le principe de ces LMR découle du dogme ancien énoncé par l'alchimiste et médecin suisse Paracelse (1493-1541) : « Tout est poison, rien n'est poison, c'est la dose qui fait le poison. » Il est donc toujours admis par les autorités qu'en dessous d'un certain seuil (la LMR), l'effet toxique de la molécule ne se manifeste pas et qu'il n'y a pas de danger à ce qu'on la retrouve à faible concentration dans notre alimentation puis dans notre organisme.

Sauf que, depuis le XVIe siècle, les connaissances scientifiques ont énormément progressé : l'industrie chimique produit de nos jours des dizaines de milliers de molécules de synthèse toxiques or nous sommes très vulnérables, car notre organisme n'a pas eu le temps de s'y adapter.

On sait maintenant que certains composés, les molécules génotoxiques et cancérogènes pour être précis (comme le glyphosate, par exemple, selon le CIRC), ont un effet toxique « linéaire et sans seuil ». Cela revient à dire que fixer une LMR pour ce type de molécules est une hérésie car elles sont actives et dangereuses bien en dessous de ce seuil illusoire.

---

1. Source : base de données européenne des pesticides. http://ec.europa.eu/food/plant/pesticides/eu-pesticidesdatabase/public/

Et c'est encore plus fort avec les perturbateurs endocriniens (type bisphénol A, BHA, Triclosan[1]) qui eux présentent « une réponse non monotone avec une courbe dose/réponse non linéaire, mais en forme de U ou de J. Ainsi de faibles doses peuvent avoir un effet plus marqué que des doses moyennes[2] ».

En clair cela veut dire qu'en dessous d'un certain seuil, la toxicité des perturbateurs endocriniens ne baisse pas lorsqu'on diminue la dose, mais au contraire qu'elle augmente ! Là encore, il est impossible d'établir une LMR pour ces types de poisons.

Autres éléments importants : chaque LMR est fixée pour un couple pesticide/aliment de base et il n'existe tout simplement pas de LMR pour un mélange de pesticides. Or cela pose problème car, toujours dans ce rapport de la DGCCRF pour 2016, il est indiqué que 37,7 % des échantillons analysés sont particulièrement chargés et contiennent plus d'un pesticide identifié. Avec une moyenne de trois pesticides, et souvent beaucoup plus, on qualifie ces mélanges de « cocktail de pesticides » dans les articles scientifiques qui y font référence.

Quid des effets à moyen et long terme des cocktails de pesticides ingérés chaque jour si on avale bien sagement nos cinq fruits et légumes ? Quels sont les effets de synergie de ces molécules chimiques toxiques ? Quels effets conjugués avec d'autres

---

1. Le Bisphénol A est un composé chimique que l'on utilise pour la synthèse des plastiques et des résines et que l'on peut toujours rencontrer dans les emballages alimentaires. Le BHA est un additif antioxydant très utilisé dans les aliments gras. Le Triclosan est un biocide très courant en médecine et cosmétique.

2. Gérard Pascal (membre de l'Académie d'agriculture de France), « Les perturbateurs endocriniens, source de tous les conflits », *SPS*, numéro 315, janvier 2016.

htt1p://www.pseudo-sciences.org/spip.php ?article2601

polluants auxquels nos organismes sont soumis ? Personne ne le sait, bien que de nombreux cancérologues, allergologues et consorts en aient tout de même une petite (et funeste) idée...

*

Sachez également que les LMR ne s'appliquent plus dès lors qu'un aliment de base est transformé et incorporé dans une recette. Ainsi pas de LMR pour les sauces tomate et ketchup, les soupes de légumes, les boissons aux fruits, les pizzas et autre plats préparés.

Quand je voyageais dans le monde entier pour acheter des légumes surgelés comme des poivrons en lanières ou des tomates, ou même du thé vert, pour les conditionner tels quels, sans préparation ou mélange, je devais m'assurer que les lots respectaient les LMR. Or les lots chargés en pesticides, y compris des substances totalement interdites, ne sont pas rares. Lorsque mes fournisseurs européens pour les légumes ou chinois pour le thé avaient des lots non conformes en pesticides, ils les mélangeaient généralement avec des lots sains pour les « diluer » et ainsi repasser sous les LMR. S'ils ne voulaient pas s'embêter ou n'avaient pas de lots propres disponibles, ils les expédiaient dans certains pays moins rigides, typiquement l'Afrique ou le Proche Orient, ou les vendaient moins cher avec des certificats d'analyse bidon à des transformateurs peu regardants, type fabricants de pizza ou de soupes, pour qui les pesticides n'étaient plus un souci après transformation.

Il y a aussi des fournisseurs plus joueurs, qui nous envoient aléatoirement leurs lots pourris avec de faux certificats d'analyse en sachant très bien que leurs acheteurs ne contrôlent pas tous les lots qui arrivent. En effet, une usine moyenne reçoit chaque jour des dizaines de lots de produits divers sur lesquels sont réalisées des analyses de base simples, rapides, pas chères (humidité, aspect, poids, densité, température, par exemple). Mais les analyses pesticides, elles, sont longues et coûteuses, donc les clients ne contrôlent pas ce paramètre sur tous les lots qu'ils achètent. On en revient sans cesse à des questions de profits...

En général, le service de contrôle de la qualité se satisfait du bulletin d'analyses fourni par le vendeur (qui est faux dans un nombre non négligeable de livraisons), et il établit un « plan de contrôle » annuel qui définit un nombre de contre-analyses de contrôle à faire dans l'année. Ce plan dépend du nombre de lots reçus, des risques particuliers liés au produit (par exemple les produits frais sont plus à risques que les conserves stérilisées, et les produits animaux peuvent provoquer des intoxications alimentaires graves et sont donc plus à risques que les produits végétaux) et enfin du budget. Si par malchance on trouve un lot non conforme, le fournisseur commence par contester, puis invoque une erreur d'analyse pour la forme, puis le récupère discrètement... pour, bien souvent, aller le refourguer ailleurs.

Une petite parenthèse pour expliquer à ceux qui se demandent comment c'est possible, dans notre monde policé, informatisé, à l'aire de la Blockchain et de l'échange automatisé des données bancaires, d'obtenir des faux bulletins d'analyse. Eh bien, c'est extrêmement facile en réalité. Il suffit au vendeur d'envoyer au labo un échantillon d'un produit de bonne qualité en lieu et place d'un prélèvement réalisé dans les règles de l'art (en plusieurs points aléatoires) sur le lot qu'il soupçonne, ou sait, être contaminé. Pas besoin de faire appel à des faussaires et de trafiquer des documents. Comme seul celui qui détient la marchandise y a accès, personne d'autre ne saura ce que vaut vraiment le lot en question avant une éventuelle analyse ultérieure effectuée par le client, une fois ce lot acheté et livré.

Vous comprenez bien que, sauf injonctions extrêmement rares de la DGCCRF, personne ne détruit un lot qu'il sait être chargé en pesticides car il devrait supporter le coût de la marchandise perdue et, en prime, payer pour sa destruction (par incinération généralement). La plus grande partie des lots contaminés « disparaît » ainsi dans des productions industrielles réalisées sans contrôles sérieux. Le consommateur finira donc toujours par les consommer, frais ou transformés…

*

Cela me rappelle une expérience assez drôle vécue il y a quelques années avec un importateur belge de miel. Il avait importé de grosses quantités (plusieurs dizaines de tonnes) de « miel » de Chine qui n'avait de miel que le nom et était, en réalité, un assemblage de sucres, colorants, arômes, pollens et diverses substances mystérieuses dont seuls les Chinois connaissent le secret.

Bien entendu, ce produit était de qualité très médiocre pour rester poli, mais convenait parfaitement aux exigences de prix bas de la grande distribution. J'en ai donc acheté plusieurs containers (contenant des fûts métalliques remplis de 200 kilos d'un produit visqueux et sucré), que nous avons conditionnés en pots de 1 kilo. Vous savez, ce sont les produits « premiers prix » vendus sous la marque distributeur et placés en bas des rayons. Ceux dont l'origine chinoise est sciemment cachée aux consommateurs et remplacée sur l'étiquette par une opaque mention « mélange de miels originaires et non originaires de l'UE[1] ». Il serait d'ailleurs plus juste, et tout aussi clair, d'annoncer : « Mélange de pseudo-miel d'un peu partout et de nulle part » avec, en cadeau,

1. Lire à ce sujet le chapitre 4 : « La valse des étiquettes : le grand bazar des mentions obligatoires. »

cette mise en garde : « Traces éventuelles de vrai miel de mauvaise qualité. »

Ce « miel » chinois est acheté en vrac à l'importateur entre 1 et 2 euros du kilo, conditionné et revendu en pot à une grande surface entre 3 et 4 euros, puis vendu aux consommateurs entre 5 et 6 euros du kilo. Pas cher pour du miel, mais beaucoup trop pour ce que c'est en réalité.

Bien entendu, les bulletins d'analyse fournis par l'importateur belge, qui les tenait lui-même de l'exportateur chinois, et qu'il s'était bien gardé de vérifier, étaient parfaits.

Comme d'habitude, nous avions bien réalisé les analyses de routine, mais surtout pas plus, et donc nous n'avions pas vu que ce « miel » était, notamment, bourré d'antibiotiques de synthèse pour permettre sa conservation. Eh oui, l'exportateur chinois avait mis un peu trop d'eau dans son produit et, pour éviter qu'il ne fermente, il l'avait stabilisé avec un antibiotique qui jouait le rôle de conservateur.

Manque de bol, un des clients de l'importateur belge, allez savoir pourquoi, a fait une analyse un peu poussée du miel qu'il avait acheté et a découvert la présence de ces fortes doses d'antibiotiques dans le produit. Ce malfaisant a informé les services des fraudes qui sont tombés sur l'importateur belge, son fournisseur chinois, puis, un peu plus tard, sur nous qui en avions acheté une bonne quantité.

En temps normal, comme je vous l'ai expliqué, le fournisseur récupère discrètement son lot et se débrouille pour l'écouler ailleurs, tout aussi discrètement. C'est donc ce que le Belge a tenté de faire. Nous, nous étions bien entendu d'accord pour l'aider en lui rendant sa marchandise, et en récupérant notre argent…

Re-manque de bol, les services des fraudes ont refusé un retour en Belgique car les doses d'antibiotiques étaient vraiment élevées et ils se demandaient s'ils n'avaient pas davantage affaire à une mauvaise préparation pharmaceutique qu'à un faux miel classique.

Devant leur refus, l'importateur ne s'est pas démonté et a demandé à récupérer son pseudo-miel pour l'export, vers des pays « aux normes moins draconiennes ».

Nouveau manque de bol, les fonctionnaires des fraudes ont considéré qu'un produit impropre à la consommation pour un Européen, était aussi impropre pour un Africain, et ont de nouveau refusé de laisser repartir le miel en Belgique.

Jamais à court d'idées, l'importateur belge a donc reproposé de récupérer son produit, mais cette fois pour l'utiliser en alimentation animale selon ses dires.

Mais on ne peut plus empoisonner les animaux comme on veut non plus. Retour refusé encore une fois.

Alors, en désespoir de cause, il a réclamé un retour pour un usage « industriel non alimentaire », en cosmétique. Promis-juré il le mettrait dans un shampoing ou dans du savon, et personne n'en mangerait.

Ultime manque de bol, les autorités belges connaissant la réputation du loustic et le risque que ces lots soient *in fine* consommés ont exigé la destruction de l'ensemble des lots.

Nous avons donc détruit les quarante et quelques tonnes qu'il nous restait. Et perdu près de 50 000 euros, soit le coût du miel déjà payé, des emballages, et des frais de destruction !

Mais ne vous inquiétez pas pour les industriels de l'agroalimentaire, ce doit être l'un des deux ou trois cas rencontrés en plus de vingt ans de carrière. Dans tous les autres cas d'analyses litigieuses, et ils sont très nombreux, les lots ont été, d'une manière ou d'une autre, utilisés et bel et bien consommés quelque part en Europe ou à travers le monde…

*

Pour en finir avec les LMR et briser vos dernières illusions sur le *food-business* (s'il vous en reste), sachez que ces LMR sont fixées sur décision de la Commission européenne suite à un avis rendu par l'Autorité européenne de sécurité des aliments, l'EFSA (European Food Safety Agency), en fonction de dossiers présentés par… les fabricants, et basés sur des études et des données fournies par… les fabricants. Ce sont donc, vous l'aurez compris, des décisions plus politico-économiques que scientifiques et sanitaires.

Ainsi les dés sont totalement pipés : selon le rapport de Hans Muilerman de Pesticide Action Network, daté de février 2018, la quasi-totalité des méthodes européennes servant à l'évaluation des pesticides sont conçues par l'industrie elle-même. Plus grave encore, le rapport indique que « dans 75 % des panels européens et mondiaux statuant sur les méthodes européennes d'évaluation des pesticides, on trouve des experts proches de l'industrie [1] ».

Depuis des années, l'EFSA est régulièrement pointée du doigt pour son opacité et les « conflits d'intérêts » de certains de ses membres, ce que l'on appelait simplement « corruption » à une époque où l'on nommait clairement les choses. Le Corporate Europe Observatory [2] a estimé en juin 2017 dans son rapport *Recruitement Errors* que 46 % des

1. https://www.generations-futures.fr/wp-content/uploads/2018/02/homologation_industrie_ecrit_ses_regles_050218_finale.pdf

2. Le Corporate Europe Observatory (CEO) est une ONG qui combat l'influence occulte des multinationales et de leurs lobbies sur les politiques européennes.

experts siégeant dans les panels scientifiques de l'EFSA avaient des conflits d'intérêts financiers directs ou indirects avec les industries de l'agrobusiness et de l'alimentaire[1].

Et cela n'est pas nouveau puisque, en mai 2012 déjà, la présidente hongroise de l'EFSA, Diana Banati, avait quitté son poste pour devenir directrice exécutive pour l'Europe au sein de l'International Life Science Institute (ILSI), un groupe de pression qui rassemble les principaux industriels des secteurs pharmaceutique, chimique et agroalimentaire[2] !

Tout ce que je viens de vous expliquer pour les pesticides s'applique exactement de la même façon pour les centaines d'additifs dits « alimentaires », reconnus comme toxiques et pour lesquels on ne parle pas de LMR, mais de DJA (dose journalière admissible). Ils sont eux aussi évalués et autorisés par l'EFSA, et on les retrouve en quantité dans la quasi-totalité de notre alimentation industrielle. Ils se surajoutent aux cocktails de pesticides que nous ingérons tous les jours de notre vie et qui, très certainement, contribuent à la rendre un peu plus courte.

Mais il y a plus drôle, si l'on peut dire. Certains additifs, pourtant reconnus comme toxiques depuis des décennies, comme l'aluminium, n'ont même pas de DJA définie. La réglementation précise simplement que les doses utilisées doivent être employées « *quantum satis*[3] » (sic), c'est-à-dire « en quantité suffisante ». Pourtant, l'aluminium est un additif alimentaire largement utilisé dans l'industrie

---

1. https://corporateeurope.org/efsa/2017/06/recruitment-errors
2. Stéphane Foucart, « Le Parlement européen inflige un camouflet à trois agences de l'Union européenne », *Le Monde*, 10 mai 2012.
3. Règlement CE 1333/2008 sur les additifs alimentaires : http://eur-lex.europa.eu/legal-content/FR/TXT/PDF/?uri=CELEX: 02008R1333-20150421&from=FR

agroalimentaire et sous différentes formes. Le métal pur (E173) sert de colorant dans les confiseries, comme les boules argentées traditionnellement utilisées lors des mariages. Les sulfates (E520 à E523), phosphates (E541) ou silicates d'aluminium (E554-555-556-559) servent de conservateurs dans les charcuteries, de levants dans les gâteaux, d'agents de blanchiment dans les pains et les farines, d'antiagglomérants dans le sel ou les poudres de lait pour bébé, etc. Des sels d'aluminium sont aussi utilisés pour traiter l'eau du robinet, on en retrouve comme additifs dans certains vaccins et médicaments (pansements intestinaux) et dans des produits cosmétiques comme les déodorants. Enfin, l'aluminium est largement utilisé pour fabriquer des ustensiles de cuisine et des emballages (casseroles, barquettes, film alimentaire, etc.).

Or la toxicité de l'aluminium est connue depuis 1976, lorsque sont apparus des troubles neurologiques graves – encéphalopathies, troubles du langage et troubles moteurs, ainsi qu'une décalcification des os, chez des patients dialysés : l'aluminium contenu dans les solutions de dialyse s'accumulait dans le cerveau et les os[1].

Depuis, de nombreuses études suggèrent une responsabilité de ce matériau dans l'augmentation des cas de la maladie d'Alzheimer, de la sclérose en plaques, de la maladie de Crohn, des colopathies fonctionnelles (ou syndrome de l'intestin irritable). L'aluminium est également suspecté d'être un facteur de la baisse de fertilité masculine[2].

---

1. In Alfrey A.C., Le Gendre G.R., Kaehny W.D., « The dialysis encephalopathy syndrome. Possible aluminium intoxication », *New England Journal of Medecine*, 1976 ; 294 : 184-88.
2. Loïc Chauveau, « Alerte à la toxicité de l'aluminium », *Science et avenir*, 4 mars 2015.

Pourtant, malgré les évidences et les études scientifiques indéniables, les décideurs font fi du principe de précaution. Sous les effets, cette fois encore, d'un lobbying efficace, ils laissent l'industrie agroalimentaire utiliser tranquillement ce métal toxique aux applications si enrichissantes…

Pour votre culture personnelle et pour tenter de vous mobiliser contre ces dérives, je vous expliquerai plus loin dans ce livre comment se pratique précisément le lobbying[1], mais retenez déjà que les dangers des toxiques dans notre alimentation sont volontairement minorés sous la pression et dans l'intérêt des seules multinationales.

Pour en revenir à la question qui nous préoccupe (la nourriture industrielle est-elle dangereuse pour notre santé ?), je reprendrai simplement les conclusions irréfutables de l'étude de l'Inserm (Institut national de la santé et de la recherche médicale) publiée le 15 février 2018 dans la prestigieuse revue médicale britannique *British Medical Journal.* Cette recherche, absolument fantastique par son ampleur, menée sur 104 980 personnes depuis 2009[2], montre qu'une augmentation de 10 % de la consommation de nourriture industrielle contenant des additifs alimentaires divers (nourriture qualifiée d'« ultra-transformée ») accroît de 12 % le risque de contracter un cancer.

La présence de toxiques chimiques ajoutés (pesticides et additifs) est mise en avant dans cette étude, mais pas seulement. D'autres toxiques, nous y reviendrons dans la partie II de ce livre, se forment lors des transformations industrielles

1. Lire le chapitre 3 : « Lobbies & Co : à armes inégales ».

2. Pascale Santi, « Les aliments "ultratransformés" favoriseraient le cancer », *Le Monde*, 16 février 2018. Et http://www.bmj.com/content/bmj/360/bmj.k322.full.pdf

comme l'acrylamide pendant la cuisson (café, chips, etc.), certains migrent des emballages vers l'aliment comme les huiles minérales ou le bisphénol, et d'autres sont des polluants comme les dioxines ou les métaux lourds. Les dioxines, larguées dans l'environnement par certains processus industriels (comme la fabrication de pesticides), les rejets de l'écobuage (débroussaillement par le feu) ou des incinérateurs de déchets ménagers, se retrouvent concentrées surtout dans les viandes, poissons, crustacés, ou dans les produits laitiers. Les métaux lourds (ou ETM, « Éléments traces métalliques », suivant la nouvelle appellation), générés par l'activité humaine, industrie ou transport (énergie fossile, plaquettes de frein, etc.) sont repérables dans les fruits et légumes, puis dans les produits animaux.

Les aliments transformés contiennent également trop de sel, de sucres, de lipides saturés, favorisent ainsi l'obésité, le diabète ou les maladies cardiovasculaires.

Enfin, à l'inverse, notre nourriture industrielle est trop pauvre en fibres, en vitamines et micronutriments, en antioxydants qui protègent et réparent les cellules de notre organisme.

Le principal problème avec cette « malbouffe » est qu'elle nous empoisonne lentement, insidieusement. Sauf dans le cas d'une intoxication alimentaire grave (comme avec une salmonelle), personne ne meurt subitement après avoir ingurgité un hamburger bourré de gras, de sucre et d'additifs.

C'est après des années d'une mauvaise hygiène alimentaire que les soucis de santé liés à ce mode d'alimentation apparaissent. Et ils ne sont pas anodins car lorsqu'un cancer du foie ou un diabète de type 2 se déclenchent, les conséquences sont toujours dramatiques et l'issue souvent fatale.

Voilà ce que déclarait en septembre 2017 le juriste belge Olivier De Schutter, n'hésitant pas à parler d'une « véritable épidémie en matière de santé publique » : « L'économie alimentaire à bas prix qui a été mise en place pour aider les familles pauvres à se nourrir a un impact sur leur santé. L'Union européenne fait face à une véritable épidémie en matière de santé publique : plus de la moitié des adultes de l'UE souffrent de surpoids ou d'obésité. Les maladies liées à l'alimentation, telles que le diabète de type 2 et les maladies cardiaques, sont responsables de 70 % des décès. Et le problème ne fait qu'empirer : jusqu'à un tiers des enfants âgés de six à neuf ans sont maintenant en surpoids ou obèses[1]... »

Alors, à votre avis, c'est grave ou pas ?

1. In *The Green European Journal*, octobre 2017.

Chapitre 2

La géopolitique du *food-business*

Comme nous venons de le voir, produire de plus en plus de nourriture est vital pour l'humanité. C'est l'argument massue et inaltérable des défenseurs du système agro-industriel actuel. Mais mon expérience de trader en denrées alimentaires m'a enseigné que produire beaucoup ne veut pas forcément dire produire mal.

Les nouvelles générations d'exploitants agricoles n'ont pas été formatées par l'idéologie productiviste qui prévaut depuis les années 1950. Mieux formés, conscients des enjeux écologiques et de leurs responsabilités, soucieux de leur santé et de celle des consommateurs, les paysans modernes s'orientent de plus en plus vers une gestion plus rigoureuse des intrants chimiques, un plus grand respect des cycles naturels et des besoins des plantes et des animaux. Ainsi l'agriculture raisonnée (optimiser la croissance de la plante en limitant au maximum l'utilisation de produits toxiques), ou mieux l'agriculture naturelle (sans intrants chimiques) gagnent du terrain, et nombre d'exploitations se convertissent à la production biologique sans déclencher pour autant de famines ou de hausse brutale des prix.

Il serait également tout à fait possible, en aval de la chaîne, au niveau des industriels, de réduire drastiquement l'utilisation d'additifs chimiques. Pour cela, il leur suffirait de modifier les recettes en utilisant des ingrédients de meilleure qualité, de mettre en œuvre des procédés industriels plus doux, ou d'accepter de réduire les dates limites de consommation.

En effet, la plupart des additifs empoisonnent les consommateurs sans rien leur apporter de positif. Ces poudres de perlimpinpin sont ajoutées pour rendre appétissant un produit médiocre afin de mieux le vendre. C'est le cas des colorants si la tambouille est terne, des exhausteurs de goût de type glutamate si elle est fade, des agents de texture si elle est sans consistance, ou des arômes si elle est insipide ou si elle a carrément mauvais goût. Même les conservateurs, dont on vous dit qu'ils servent à protéger les consommateurs de possibles intoxications bactériennes, servent surtout à prolonger les dates limites de consommation afin de laisser plus de temps aux industriels et aux supermarchés pour vous vendre leur marchandise…

*

J'ai travaillé de longues années pour des multinationales qui produisaient des sauces, comme de la mayonnaise, et des sandwichs « frais » industriels du type « club sandwich thon/mayonnaise », que vous trouvez aux rayons frais sous blisters plastique, dans les supermarchés ou dans les stations-service d'autoroute. J'ai donc pu constater des différences intéressantes d'un pays à l'autre.

Nous vendions en Angleterre des sandwichs relativement qualitatifs à courte durée de vie, trois jours en général et souvent moins. Les consommateurs anglais, habitués à un bon niveau de fraîcheur, de goût et de texture, sont exigeants et veulent ce genre de produits qui est le standard local. Le marché s'est donc structuré pour répondre à cette demande qui exige souplesse et réactivité. Ainsi nos usines anglaises produisaient des séries relativement petites de chaque recette, et la logistique livrait de petits lots directement en magasins, quasiment en flux tendu. Les industriels et les distributeurs anglais n'ont pas le droit à l'erreur sinon les invendus s'accumulent très rapidement pour finir illico à la poubelle.

En revanche, en France, nous étions beaucoup plus relax. Les distributeurs nous demandaient surtout des prix bas, comme toujours, et des durées de conservation les plus longues possible, dix jours idéalement, voire davantage. Cela permet d'importantes économies d'échelle : en achetant moins souvent de plus gros volumes de matières premières et en fabriquant une recette en plus grande quantité, en livrant par camions complets des entrepôts centralisés, et enfin en ayant en bout de chaîne plusieurs jours en rayons pour vendre et limiter au maximum les invendus et les pertes. Tout cela est donc bien plus simple et économique, tout à l'avantage de l'industriel et du magasin.

Hélas, côté qualité… Pour atteindre ces âges canoniques (pour un sandwich s'entend) nous utilisions dans nos usines françaises des additifs inconnus en Angleterre, des conservateurs miraculeux de type sorbates, nitrites, sulfites et autres antioxydants, texturants… Nous ne pouvions pas non plus intégrer à nos recettes des ingrédients trop fragiles comme certaines variétés de salades, ou utiliser des légumes à maturité. Et donc *in fine*, comparés à ceux des Anglais, nos sandwichs hexagonaux étaient nettement moins sains, moins frais, moins variés et moins goûteux. Mais pas moins chers pour autant…

Mes collègues anglais ne manquaient d'ailleurs jamais une occasion de se moquer de la qualité lamentable de nos sandwichs comparés aux leurs, et je dois avouer que cela me vexait au plus haut point. Mais bon, les faits étaient là. Flagrants…

La vraie question est donc : pourquoi les Anglais ont-ils fait le choix de la qualité et pas les Français ? Encore qu'un de mes anciens collègues toujours en poste à Manchester me disait tristement il y a peu que la tendance là-bas était à une baisse de la qualité, et à l'allongement des durées de consommation…

Reste à extrapoler cette question : pourquoi la qualité de la nourriture industrielle est-elle aussi mauvaise, nocive pour notre santé et notre environnement s'il est possible de faire mieux sans faire exploser les coûts de production ?

*

La plupart d'entre vous, chers lecteurs avertis et vigilants, ont déjà compris que les industriels, en cherchant continuellement à produire plus pour encore moins cher, ont comme seul objectif de faire toujours plus de marge en se moquant pas mal du reste !

C'est évidemment la course aux profits qui les conduit à dégrader la qualité de notre alimentation, et c'est donc, en réalité, la financiarisation de la filière agroalimentaire et sa logique de profit à court terme qu'il faut combattre.

Car avec un pouvoir d'achat de plus en plus contraint du côté des consommateurs, et une concurrence acharnée entre les acteurs de filières désormais mondialisées, l'augmentation des marges ne peut se faire que par l'abaissement des coûts de production et, *in fine*, par une dégradation constante de la qualité. Soit un véritable désastre sanitaire et écologique.

Mais après tout, être rentable en générant du profit a, de tout temps et en tout lieu, été la seule raison d'être d'une entreprise. Et ce n'est pas blâmable en soi. Même pas en Chine, pays communiste, paraît-il. Sans perspective de s'enrichir, qu'est-ce qui motiverait les entrepreneurs et les investisseurs à s'engager dans une aventure périlleuse et à risquer les capitaux qu'ils possèdent ?

Vous comprenez bien que la recherche de profits devient condamnable seulement dès lors qu'elle se fait au détriment de « l'intérêt général ». Pour être précis, puisque ces termes aux contours flous sont souvent utilisés dans l'intérêt exclusif d'un groupe d'initiés, j'entends par là qu'elle nuit à un nombre important des gens ordinaires. Ces nuisances peuvent être multiples : causer des maladies (des cancers comme avec le tabac ou l'amiante), dégrader l'environnement (des pesticides qui déciment les pollinisateurs), atteindre à nos libertés fondamentales (avec la collecte de données privées, le fichage des citoyens à leur insu, etc.), ou menacer la cohésion sociale (diffusion de la violence, du racisme, du négationnisme, etc.).

Les consommateurs doivent bien garder en mémoire ce qu'est une entreprise, quelle est sa raison d'être, et ouvrir les yeux en grand. Bien que la propagande commerciale tente de vous le faire croire à longueur de journée, la grande majorité des entreprises ne veulent en aucun cas votre bien et votre bonheur : votre argent leur suffit amplement, soyez-en sûrs. Une entreprise n'est ni un service social de l'État ni une œuvre caritative.

Pour limiter ces excès, deux garde-fous seulement existent : la morale (on peut aussi parler d'éthique individuelle, d'altruisme ou de sens des responsabilités) et la loi.

La morale étant à géométrie variable, on constate qu'elle doit partager le même espace étroit que l'égoïsme ou la cupidité. Même s'il existe de nombreux chefs d'entreprise d'une grande probité, on ne peut malheureusement pas compter sur la seule morale pour réguler efficacement le monde des affaires.

Reste la loi. C'est en effet, sur un territoire donné, un code de conduite universel et (normalement) contraignant.

Puisque la nourriture industrielle et bon marché est devenue à ce point nocive, surtout pour les catégories sociales les moins favorisées, le législateur a grandement failli à son devoir de protection des citoyens.

La classe politique porte de toute évidence la plus grande part de responsabilités dans l'explosion des maladies dues à la malbouffe. Et, comme pour le tabac ou l'amiante, il nous faudra lutter de longues années ; militer, manifester, dénoncer le pouvoir de certains lobbies[1], menacer, boycotter, pétitionner, pour qu'enfin de véritables mesures efficaces soient prises pour lutter efficacement contre ce nouveau fléau.

*

Maintenant que le problème est posé, et rassurez-vous il n'est pas insurmontable, intéressons-nous aux leviers qui permettraient d'améliorer les choses.

Regardons d'abord comment se fabrique la nourriture industrielle ? Qui fait quoi du champ agricole, ou de l'élevage, jusqu'à l'assiette du consommateur ? Et qui, au final, tire les bénéfices de ce système pervers ?

Pour ne pas créer de confusion, je vous parlerai plus loin des cas particuliers de fraudes et me bornerai pour le moment à vous décrire le fonctionnement disons « normal » des affaires.

Qu'on le veuille ou non, la tendance au niveau planétaire est à une uniformisation inéluctable des modes de vie et de consommation sur le modèle occidental américain. Cela concerne bien entendu en premier lieu la nourriture avec, dans tous les supermarchés du monde, des étagères remplies des mêmes produits : sodas Coca-Cola et Pepsi, ketchup Heinz, chips Lays ou biscuits Oreo. Et, que l'on soit à Shanghai, New York ou Paris, s'alignent les mêmes fastfoods,

1. Lire chapitre 3 : « Lobbies & Co : à armes inégales ».

McDonald, Burger King, Subway, KFC et consorts, tout cela dans un décor strictement identique. Même chose pour les vêtements, l'électronique, les parfums, etc. Partout les mêmes produits, les mêmes marques, les mêmes enseignes.

Les marchés sont donc de plus en plus standardisés et globalisés.

En ce qui concerne la nourriture industrielle, pour que vous ne perdiez pas le fil (car il y a beaucoup à dire), les intervenants dont nous allons parler sont :

1. les producteurs (agriculture et industrie) et leurs divers fournisseurs (industrie chimique, biotechnologie, agences publicitaires et autres) ;
2. les courtiers et négociants (ou traders) ;
3. les organismes de contrôle, certificateurs et les laboratoires d'analyses (bio, qualité, origines, etc.) ;
4. la grande distribution ;
5. les administrations (douanes, fraudes, fisc, etc.) ;
6. les responsables politiques ;
7. et, le meilleur pour la fin, les lobbies, et les associations de consommateurs.

Puisque nous allons commencer par les industriels, il me semble utile que vous ayez une idée de l'organisation d'une entreprise agroalimentaire typique. Quels sont les départements qui la constituent ? Et, dans les grandes lignes, quelles sont leurs véritables missions ?

— La R&D, pour « recherche et développement », propose de nouvelles recettes, optimise les formules et les procédés industriels essentiellement pour baisser les coûts. Ses ingénieurs adorent les additifs magiques qui permettent toutes les fantaisies.

— Les achats doivent trouver, on dit « sourcer », les ingrédients, emballages, services dont l'entreprise a besoin et, bien entendu, les moins chers possible.

— La production fabrique au meilleur coût.

— La logistique, on dit maintenant « la supply chain », est en charge du stockage et de la livraison des clients.

— Le service qualité s'assure que normes et standards sont respectés a minima (et pour cela les documents des fournisseurs suffisent en général), il est chargé d'obtenir les certifications qualité exigées par les clients.

— La vente, ou service commercial, a pour mission de générer le plus gros chiffre d'affaires et la meilleure marge possibles, avec souvent des sous-services comme l'administration des ventes et l'export.

— La finance, la comptabilité, le juridique s'occupent du financement de l'activité, de l'optimisation fiscale pour les plus gros, et de gérer les litiges.

— Le service du personnel, ou ressources humaines, a en charge de trouver des employés qualifiés, de préférence dociles, peu chers et bien entendu motivés.

— Le marketing invente et raconte de belles histoires pour vendre plus et si possible plus cher.

— La direction définit la politique de l'entreprise et la stratégie à suivre.

Maintenant que le décor est planté, suivons le cheminement d'un produit alimentaire classique. Prenons par exemple une sauce ketchup, et voyons quels sont les intervenants, directs ou plus lointains. C'est un produit relativement simple, fabriqué et consommé partout dans le monde. En plus, je le connais très bien pour avoir travaillé chez un des plus gros fabricants mondiaux.

Le ketchup, c'est grosso modo une sauce tomate sucrée. Les industriels utilisent de la tomate sous forme de concentré, que l'on chauffe avec du sucre, du vinaigre et des épices. Pour ne pas compliquer inutilement, on oubliera les additifs comme amidons, arômes et autres.

Le leader mondial avec presque 60 % de tout le ketchup vendu dans le monde, c'est Heinz, enfin The Kraft Heinz Company depuis sa fusion avec Kraft en 2015. En 2017, le groupe aux deux cents marques a réalisé un chiffre d'affaires de plus de 26 milliards de dollars américains, dégageant 5,5 milliards de profit. Bien loin toutefois du leader Nestlé (95 milliards de dollars), d'Unilever (66 milliards), de Pepsico (63 milliards) et même de Coca-Cola (35 milliards)…

Ces multinationales agroalimentaires fabriquent en masse tous les produits phares de la malbouffe : sodas, confiseries, snacks, biscuits, sauces et la multitude de plats préparés trop gras, trop salés, trop sucrés, trop pauvres en fibres, en anti-oxydants, en vitamines et minéraux. Elles sont les grandes gagnantes du système actuel et réalisent d'autant plus de profits que la malbouffe et, du coup, l'obésité progressent à travers le monde. On peut dire, en parodiant la cérémonie des Césars, que « sans elles, rien de tout cela n'aurait été possible ».

Avec des budgets publicitaires gigantesques (Coca-Cola a dépensé la bagatelle de 4 milliards de dollars en 2017, soit l'équivalent des PIB cumulés du Liberia et de la République centrafricaine), ces géants ont les moyens d'implanter leurs marques dans l'inconscient collectif pour les faire acheter en masse.

Quand une publicité vous vante une célèbre pâte à tartiner aux noisettes en ne mettant en avant que le lait et les noisettes qu'elle contient, c'est mensonger pour un produit qui contient essentiellement du sucre et de l'huile. Et comment peut-on imprimer sur l'emballage d'une célèbre marque de sucettes 100 % sucre et destinées aux enfants, la mention « sans matières grasses » ? Même chose pour les boissons énergisantes, bourrées de sucre et de produits chimiques nocifs, qui veulent se faire passer pour des produits cool auprès des jeunes en finançant des sports dits extrêmes pour accoler leurs logos jusque sur les shorts de quelques têtes brûlées hyper populaires.

Les moyens énormes des multinationales leur permettent aussi d'exceller dans l'art du lobbying, dont nous reparlerons plus loin, pour promouvoir leurs intérêts, et d'acheter les meilleures places dans les supermarchés afin d'écouler leurs produits. Nous y reviendrons également.

Mais ce n'est pas tout. Avec des produits standardisés, vendus partout dans le monde, les multinationales bénéficient de substantielles économies d'échelles. Leurs usines ultra-automatisées sont colossales et elles achètent leurs matières premières en très grosses quantités et donc aux meilleurs prix. Elles bénéficient également de meilleures conditions de financement, pratiquent allègrement délocalisation et optimisation fiscale. Bref, comme on dit, le *food-business*, c'est tout bénéf !

*

Pour bien comprendre l'industrie agroalimentaire, il faut s'intéresser de près à la géographie.

Reprenons notre exemple du ketchup : les usines, de différentes tailles, sont installées un peu partout, en Europe, en Chine, aux États-Unis, en Afrique… Ces usines obéissent aux normes locales (normes sociales, environnementales, culturelles, légales, etc.) et il existe déjà à ce niveau des distorsions importantes.

Une usine implantée dans un pays pauvre produira nécessairement un ketchup bas prix de mauvaise qualité que la masse des consommateurs pourra s'offrir, et auquel ils sont habitués. Dans un pays riche, la gamme de produits disponibles sera plus large, avec du bas de gamme mais aussi des produits de meilleure qualité, plus coûteux à produire et donc plus chers en magasins.

Le plus gros exportateur mondial de concentré de tomate est la Chine. Elle exporte sa plus basse qualité en Afrique et au Moyen-Orient. Beaucoup d'usines de conditionnement de concentré de tomate et de production de ketchup, basées en Afrique, appartiennent maintenant aux producteurs chinois de concentré. C'est une stratégie délibérée afin de s'assurer des meilleurs débouchés. Et pas qu'en Afrique d'ailleurs. En 2004, la coopérative agricole Le Cabanon, leader français de la tomate transformée installé dans le Vaucluse, avait été rachetée par le groupe chinois Chalkis. La Cabanon a ensuite été placé en liquidation judiciaire au printemps 2014 puis repris par le géant européen Unitom, groupe portugais qui, selon la Fédération régionale des industries agroalimentaires, serait lié avec… Chalkis[1].

Résultat : aujourd'hui, en Europe, les produits à base de tomate (concentrés, sauces, ketchup, soupes, jus, coulis pizza, raviolis, lasagnes) sont maintenant presque exclusivement fabriqués à base de concentré chinois.

Comme l'explique Jean-Baptiste Malet dans son livre *L'Empire de l'or rouge*[2] : « Le marché de la tomate d'industrie est un marché totalement globalisé. Quand on déguste une pizza, on peut souvent consommer des tomates qui viennent de très loin, de Californie, de Chine… Ces tomates arrivent *in fine* dans les usines en Europe où l'on en fait des ratatouilles, des plats industriels. »

Le consommateur n'a pas les moyens de le savoir car les industriels se battent bec et ongles pour conserver le droit de vous cacher les origines des produits.

---

1. http://friaapaca.com/index.php?option=com_content&view=article&id=620 : le-cabanon-repris-par-unitom-&catid=34 : actualites

2. Jean-Baptiste Malet, *L'Empire de l'or rouge. Enquête mondiale sur la tomate d'industrie*, Fayard, mai 2017.

Ce serait pourtant si simple si on pouvait lire sur les étiquettes : « Fabriqué à partir de tomates françaises », même chose pour les tomates italiennes ou chinoises. Il n'y a là rien de compliqué pour l'industriel et le consommateur pourrait alors choisir en connaissance de cause…

Si la zone d'implantation de l'usine est importante, la nationalité des propriétaires l'est tout autant, sinon plus. Je me souviens de la complainte d'un de mes fournisseurs de concentré de tomate européen (récemment racheté lui aussi par des Chinois) qui me disait : « Ils sont fous ces Chinois ! Ils viennent sans prévenir de nous livrer 1 500 tonnes de triple concentré de tomate de couleur brune avec un sale goût de brûlé qu'on doit soit revendre soit utiliser dans nos fabrications. Pas moyen de discuter avec eux, on doit juste obéir sinon ils nous jettent. Ils n'en ont rien à faire de la qualité. Ces types ne pensent qu'au fric et à écouler leur came… »

Aujourd'hui, je n'en suis pas fier mais c'est en lui achetant une partie de ces 1 500 tonnes que j'ai payé le triple concentré le moins cher de ma carrière. Bon d'accord, il était marron, puait le pneu brûlé et avait un goût difficile à décrire, métallique, moisi et aigre entre autres. Mais un bon industriel sait utiliser ce genre de produits, on appelle ça « le savoir-faire », et les additifs n'ont pas été inventés pour rien.

Mais bon, dans le cas général, les industriels cherchent simplement à se procurer le concentré de tomate (ou tout autre ingrédient) du niveau de qualité dont ils ont besoin, et cela au meilleur prix possible. Il n'y a là rien de répréhensible, vous faites la même chose quand vous faites vos courses. La différence, c'est que ce que vous achetez vous le consommerez, ou le ferez manger à vos enfants, alors que l'industriel achète pour « des clients », une entité abstraite, lointaine, statistique. C'est pour cela que vous serez peut-être prêt à payer un peu plus pour une meilleure qualité. Alors que, pour un industriel, faire plus que le minimum est tout simplement… une faute professionnelle.

Vous pensez que j'exagère ? Alors laissez-moi vous expliquer.

Dans les formations supérieures de techniciens ou d'ingénieurs agroalimentaires, on vous apprend à bien faire votre futur métier avec des cours de haut niveau en « management de la qualité ». Dans ces cours magnifiques auxquels j'ai assisté, des professeurs surpayés vous expliquent que faire un produit de meilleure qualité que la plus basse acceptée par le client, c'est faire ce qu'ils appellent « de la sur-qualité ». Et ça, c'est très, très vilain ; ça coûte cher à l'entreprise pour rien, car le groupe d'individus X qui achète le produit ne le demande pas, ou pire n'est pas prêt à payer pour. La « bonne qualité », la qualité juste, pour un professionnel bien formé, ce sera donc la plus basse et la moins chère que le client est prêt à accepter et à payer.

Les usines sont obligées de suivre la législation du pays dans lequel elles sont installées, et ce cadre leur sert de garde-fou mais impose des contraintes souvent coûteuses (salaires minimums, charges sociales, taxes diverses, normes, etc.).

Il est donc dans l'intérêt financier de l'entreprise d'aller aux limites de ce qui est permis par la loi. C'est ainsi que se pratiquent l'optimisation fiscale, le travail détaché, le recours permanent aux stagiaires et CDD multiples, et, dans le domaine qui nous intéresse, l'usage massif d'additifs, de propagande publicitaire, de lobbying.

Ce n'est pas que les industriels n'en ont rien à faire de la santé de leurs clients, les consommateurs, mais gagner de l'argent est leur tout premier objectif. Ils seront jugés sur ce critère par leurs dirigeants ou leurs actionnaires !

Même les industriels du tabac, qui pourtant nous vendent du cancer en paquets de vingt, ne nuisent pas volontairement à la santé de leurs clients. Ils seraient idiots de tuer trop vite la poule aux œufs d'or. Les 7 millions de morts dus au tabac chaque année dans le monde[1] ne seraient donc que de regrettables et inévitables dommages collatéraux, qui pèsent moins lourd dans la balance que les profits de ce business si florissant.

Heureusement pour eux, le nombre de fumeurs continue d'augmenter à travers le monde, et les dégâts humains aussi : toujours selon l'OMS[2], on devrait même dépasser les 8 millions de morts annuels dès 2030…

Hélas, pour revenir au sujet qui nous intéresse ici, les industries alimentaires n'ont pas à rougir de la comparaison. L'alcool, sous toutes ses formes, tue plus de 3 millions de personnes par an (selon l'ONU cette fois[3]). Quant à la malbouffe de chez Kentucky Mac Cola et consorts, elle serait responsable d'un décès par maladie sur cinq à l'échelle mondiale, soit environ 12 millions de morts par an, selon une étude publiée en septembre 2017 dans la très réputée revue scientifique *The Lancet*[4]. Et encore, ne sont comptés que les décès directement causés par les maladies induites par la malbouffe. On ne prend pas du tout en compte les effets de la détresse morale des obèses, la gêne et les soucis

1. Source : Organisation Mondiale de la santé (OMS) http://www.who.int/fr/news-room/fact-sheets/detail/tobacco

2. « Le tabagisme bientôt responsable de 8 millions de décès par an, selon l'OMS », *Le Temps*, 10 janvier 2017.

3. « L'alcool fait 3,3 millions de morts par an », *Le Point*, 12 mai 2014.

4. Sarah Boseley, « Poor diet is a factor in one in five deaths, global disease study reveals », *The Guardian*, 14 septembre 2017.

de santé du quotidien, et, plus globalement, la dégradation des conditions de vie et la perte d'estime de soi.

*

Pour illustrer mon propos (et détendre un peu l'atmosphère), je vais prendre l'exemple des salières en plastique que vous trouvez sur les tables des restaurants bas de gamme, des cafétérias, fast-foods, et autres cantines. Là encore, je connais bien le dossier, j'achetais du sel par contrats de plusieurs centaines de tonnes pour ces salières entre autres, et nous étions sans doute le plus gros fabricant français, notre produit étant vendu dans toute l'Europe.

Notre intérêt était bien entendu de vendre un maximum de ces salières. Donc, faisant fi de l'écologie, nous les avons scellées, c'est-à-dire que vous ne pouviez pas les ouvrir sans les casser. Officiellement pour raisons de sécurité, en réalité pour empêcher les restaurateurs de les recharger avec du sel acheté ailleurs, et les obliger ainsi à les remplacer par une salière neuve.

Mais ce n'est pas tout. Un jour, mon boss vient me voir avec deux salières en plastique à la main :

— Christophe, regardez, j'ai un truc intéressant à vous montrer !

Il s'approche de mon bureau et retourne les deux salières. Le sel commence à s'écouler en pluie sur un de mes dossiers. Je me demande où il veut en venir.

Au bout d'une trentaine de secondes, il repose les salières.

— Alors ? me demande-t-il.

— Ben, le sel semble être le même, mais la taille des deux tas est un peu différente.

— Exact ! s'exclame-t-il. Le plus petit tas, c'est notre salière, l'autre c'est celui de la salière de notre concurrent, Épicetruc.

— OK, donc leur salière verse plus vite que la nôtre.

— Vous avez compris. Les consommateurs font toujours à peu près le même geste pour saler leurs aliments, une ou deux secousses brèves suivant les personnes, quelle que soit la salière. C'est un genre d'habitude, un automatisme. Si elle verse plus de sel dans ce court laps de temps, elle se videra plus rapidement, le client devra donc la remplacer plus souvent, et nous en vendrons plus.

J'essaie rapidement la salière de notre concurrent en donnant de petits coups secs, comme pour saler mon steak :

— En effet, ça coule un peu plus vite.

Je l'examine plus en détail :

— Ah, je vois, ils ont plus de trous que nous au niveau du tamis, deux si je compte bien.

— Exactement, vous savez donc ce qu'il vous reste à faire, déclare-t-il avec un large sourire.

— Oui, c'est facile, je peux demander à notre fournisseur de rajouter un ou deux trous sur le tamis. Et au niveau de la procédure ? Je vois avec le service R&D ? On informe le service commercial, les clients ?

— Bien sûr que non, les clients ne seront jamais d'accord. Leur intérêt à eux, c'est que leurs propres clients consomment le moins possible de sel et qu'ils nous achètent le moins possible de salières. Si on leur pose la question, ils vont réfléchir, et ils risquent même de nous faire supprimer des trous. Et laissez la R&D en dehors, ça va compliquer pour rien.

— Mais le problème, c'est que justement, la R&D m'a demandé de chercher des solutions pour baisser la teneur en sel de certains produits, comme nos sauces. C'est la nouvelle tendance chez les clients, ils demandent de réduire les teneurs en sel, en rapport avec la santé. On en parle beaucoup en ce moment…

— On s'en fout ! Tout ça, c'est du marketing, juste pour marquer « moins de sel » sur l'étiquette et plaire aux consommateurs puisqu'on leur a dit que le sel c'était mauvais. Hier c'était les huiles saturées, demain ce sera autre chose. Mais nous, qu'est-ce qu'on vend ?

— Ben, une salière…

— Tout juste, on vend très exactement une salière de 45 ml qui doit contenir 50 grammes de sel fin, point ! Dans le cahier des charges signé avec nos clients, il n'est pas indiqué la vitesse d'écoulement du sel ou le nombre de trous du tamis. On est donc libre de modifier ces paramètres puisque ni les accords commerciaux avec nos clients, ni la réglementation ne nous l'interdisent.

Comme mon avis ne comptait pas – la décision était visiblement déjà prise –, je n'ai pas insisté et j'ai fait rajouter les trous qu'il demandait.

Manque de chance, les clients s'en sont rapidement aperçus. Pas difficile de voir qu'il y avait des trous en plus. Ils ont râlé pour la forme et demandé des compensations que nous avons refusées. Comme nos concurrents faisaient la même chose, ils n'avaient finalement pas trop le choix.

Cela peut étonner, mais cette stratégie s'est révélée payante. Nos ventes de salières ont nettement augmenté, et sur des volumes de plusieurs millions d'unités (eh oui, c'est ça la globalisation), cela représente beaucoup d'argent.

Mais il est bien connu que l'être humain ne se satisfait jamais de ce qu'il a et en veut toujours plus. Et en effet, mon patron est revenu me voir quelques mois plus tard pour élargir un peu, et en toute discrétion, les trous de nos fameuses salières. Avec des trous un tout petit peu plus gros, d'une fraction de millimètre, le sel s'est écoulé encore plus fort, et là en revanche personne n'a rien remarqué.

Un p'tit trou, des p'tits trous, toujours des p'tits trous…

Maintenant, vous pensez peut-être que nous étions au bout des astuces possibles pour faire avaler plus de sel aux consommateurs, eh bien, non. Un peu plus tard, un de mes fournisseurs de sel m'a fait une proposition fort intéressante :

— Bonjour, monsieur Brusset, j'ai un nouveau produit pour vous. Il convient parfaitement pour des applications comme les salières jetables.

— Ah, bon ? Vous auriez un sel qui s'écoule plus vite dans le même petit trou que le sel fin ordinaire ?

— Exactement, et on a déjà des clients comme vous qui l'utilisent. Il s'agit d'un sel ultra-fin, obtenu par tamisage du sel fin. Au début on l'a développé pour les fabricants de chips, pour que les consommateurs ne sentent pas les grains de sel sous la langue, et aussi pour que ça adhère bien au produit. Mais on s'est rendu compte que ça pouvait intéresser les gens comme vous qui font des salières jetables...

Vous voyez bien que dans l'univers impitoyable du *food-business* tout le monde fait preuve de beaucoup d'imagination quand il s'agit d'augmenter ses ventes et ses profits. Dès lors, la santé des consommateurs passe bien après. On est très content si, pour votre santé, vous consommez moins de sel, de gras, de sucres, d'additifs, de métaux lourds ou quoi que ce soit de nocif... sauf si cela se fait au détriment de notre chiffre d'affaires.

Et je pourrais vous citer des dizaines d'exemples où notre R&D a sciemment ajouté des additifs toxiques dans une de nos recettes pour allonger leur durée de vie ou les rendre plus appétissantes... mais toujours dans les limites de ce qui était autorisé là où nous vendions ce produit.

Même chose lorsque l'on doit choisir entre divers ingrédients, procédés ou emballages, les plus rentables seront systématiquement choisis. Je me rappelle par exemple nos efforts constants pour remplacer les huiles chères que sont le tournesol, le colza, et le soja dans les sauces froides de type mayonnaise, par des matières grasses plus économiques, comme l'huile de palme ou de karité, bourrées d'acides gras saturés aux effets délétères sur notre système cardio-vasculaire. Et ce sans considérer le moins du monde les conséquences sanitaires et écologiques ou les aspects éthiques. Et en toute connaissance de cause.

Pour améliorer leurs marges, les producteurs peuvent donc compter sur leurs fournisseurs, notamment les industriels de la chimie et des biotechnologies qui leur fournissent additifs divers, pesticides, nanoparticules et autres OGM qui vont bien. On ne se préoccupe pas ou très peu de l'impact écologique ou de la nocivité de ces produits. Ou alors vraiment quand cela risque ensuite de nuire aux chiffres d'affaires à court ou moyen terme. Par exemple lorsqu'on risque de voir son image de marque dégradée en étant épinglé par une ONG comme Foodwatch, ou si la marque se retrouve au centre d'un scandale sanitaire. N'oubliez jamais ça, et l'affaire du lait infantile Lactalis[1] vient de le montrer à nouveau, les géants du *food-business* ont une peur bleue du *bad buzz*…

*

Autour des producteurs – agriculteurs et industriels – gravitent tout un tas d'intermédiaires : courtiers (qui font juste la mise en relation entre les parties) et négociants (ou traders, qui achètent et vendent en leur nom). Ils sont censés faciliter les échanges par leur connaissance du marché. Ainsi, notre industriel du ketchup qui doit acheter du concentré de tomate peut s'adresser soit directement au producteur chinois (s'il le connaît bien et achète de gros volumes), soit à un négociant exportateur en Chine (qui lui connaît tous les acteurs locaux et peut vous proposer

1. Lire chapitre 6 : « Les 10 principales idées reçues sur l'alimentation. »

plusieurs sources), ou bien, s'il ne veut pas se fatiguer, à un négociant importateur en Europe (qui importe en gros et pour plusieurs clients). Les intermédiaires peuvent aussi vous proposer divers services comme du financement, du stockage, se charger d'une partie des formalités administratives, faire des analyses, ou vous vendre des informations par exemple.

Les négociants ont cependant un métier de plus en plus difficile car, avec Internet, la plus grande facilité pour se déplacer, le développement des salons professionnels, le contact direct entre producteurs et industriels est plus aisé que jamais, et on peut se passer d'eux. Les grands groupes ont une fâcheuse tendance à absorber les petites compagnies, voire à se manger les uns les autres, ce qui réduit le nombre de débouchés. De plus, les intermédiaires font les frais de la tendance générale de baisse des coûts. La première chose qu'on demande à un acheteur, c'est d'aller au moins cher, et donc d'acheter en direct si c'est possible pour ne plus payer d'intermédiaires. Je ne compte plus les sociétés de courtage et de négoce qui ont mis la clef sous la porte ces dernières années.

Si je vous dis cela, ce n'est pas pour vous faire pleurer, mais pour vous faire comprendre que les intermédiaires sont des maillons fragiles de la chaîne. C'est par exemple un négociant malhonnête qui est à l'origine de la fameuse fraude dite des lasagnes au cheval, ou affaire Findus. Il achetait de la viande de cheval en Roumanie et, après bidouillage des documents d'achat, la revendait dans toute l'Europe comme de la viande de bœuf.

*

Enfin, pour donner confiance à tous les intervenants de la chaîne agroalimentaire jusqu'aux consommateurs finaux, vous avez toute une noria d'organismes certificateurs et de laboratoires censés vérifier et valider que les choses se font dans les règles, respectent les normes et que les produits seront de qualité. Bien entendu, tous ces organismes vivent très bien du système actuel.

Je passerai vite sur les certifications halal et casher, dont la finalité est de financer et promouvoir des cultes, et qui valident que les produits sont conformes aux règles d'une religion donnée. J'ai personnellement acheté ces certifications pour certaines de nos usines et, si elles sont importantes pour les adeptes, leur finalité n'est pas de garantir la qualité nutritionnelle ou sanitaire des produits. Ces certifications sont cependant obligatoires pour certains marchés, comme le casher pour les USA, ou le halal pour le Moyen-Orient.

D'autres organismes (Veritas, Apave, TUV, etc.) conseillent et vérifient que votre entreprise est bien organisée (je ne dis pas « fait de bons produits ») et suit des règles définies par un standard comme la norme ISO, IFS, GAP, GMP ou le BRC (pas la peine de retenir chaque sigle, ils correspondent en gros à la même chose). L'important, c'est surtout la traçabilité ainsi que la bonne connaissance et maîtrise de votre production. En gros, on peut faire un produit de m… qui empoisonne les gens, mais il faut le faire dans les normes et toujours pareil. Une usine qui fabrique un soda hypercalorique bourré de sucre et d'additifs aux effets délétères sur la santé peut tout à fait détenir les meilleures certifications qualité.

Comme le client a peur de s'empoisonner et est perdu dans la jungle de la nourriture industrielle, il existe une foule de logos pour vous aider à vous y retrouver… ou pour vous embrouiller. Mais nous en reparlerons plus en détail car il y a vraiment beaucoup à dire[1].

À ce stade, retenez simplement que de nombreux laboratoires, organismes de conseil et/ou de contrôle, vivent de

1. Lire le chapitre 5 : « La valse des étiquettes : des logos à gogo. »

ce business de la peur et délivrent à tour de bras certifications et labels variés.

*

Une fois votre bon, ou pas très bon, ketchup fabriqué, pour que les consommateurs l'achètent, il faut qu'ils y aient accès. Pour cela, il faut convaincre la grande distribution, les supermarchés, de le mettre en rayon. Et si possible à hauteur des yeux ou, mieux, en tête de gondole.

Là encore, que vous soyez puissants ou misérables… Expliquons.

Nombreux parmi vous pensent que les supermarchés achètent les produits des industriels, appliquent une petite marge pour être vraiment bien placé, et vous le revendent sans plus de chichi. Facile, simple… mais tellement loin de la réalité.

Suite à un important mouvement de concentration dans les années 1990, le secteur de la distribution à prédominance alimentaire, dans un pays donné, ne compte aujourd'hui plus qu'une poignée de centrales d'achats, quatre ou cinq en fonction des pays et des alliances fluctuantes entre distributeurs. Cette course au gigantisme permet à la grande distribution de parler d'égal à égal avec les grandes multinationales qui les fournissent, et accessoirement de saigner les PME devenues dépendantes des quatre interlocuteurs-clients qu'il leur reste.

En France, l'alliance Auchan-Casino-Système U, comme l'explique un récent article du *Monde* paru début avril[1], représenterait 32 % de tout l'alimentaire vendu en France. Derrière, Carrefour-Cora se situerait dans les 24 %, Leclerc

1. Cécile Prudhomme, « Auchan et Casino cherchent à créer une centrale d'achats géante », *Le Monde*, 3 avril 2018.

à 21 %, et Intermarché à 14 %. Quand quatre acteurs détiennent 91 % d'un marché, vous avez une situation monopolistique typique. Un monopole d'État peut être une bonne chose, car il a pour mission d'œuvrer dans l'intérêt général, un monopole d'entreprises privées est par essence néfaste car il enrichira l'infime minorité de ses actionnaires au détriment de tous les autres. Exemple typique avec les autoroutes, le stationnement en ville, l'énergie, et bientôt sans doute le transport ferroviaire, le courrier, les prisons…

Et dans l'art de vous vendre des tas de produits nocifs dont vous n'avez pas besoin, et se faire des marges confortables sur le dos des consommateurs et des PME, les groupes de distribution sont passés experts.

Car si les industriels n'ont pas le choix de leurs débouchés, les consommateurs n'ont pas non plus le choix de leur approvisionnement. Où acheter ses boîtes de conserve, ses pâtes, ses biscuits, si ce n'est dans l'une ou l'autre des supérettes, super ou hyper-marchés, ou même les « drives » de ces mêmes enseignes ?

Pourtant, on vous dit que la grande distribution travaille avec des marges ridiculement faibles, souvent négatives (preuve en est de son côté altruiste, limite œuvre sociale…) et ne survit qu'en se rattrapant sur le volume. Ce n'est qu'un gros mensonge des acteurs des GMS (grandes et moyennes surfaces), repris par certains organismes officiels aux ordres, puis par quelques médias complaisants et/ou ignorants.

Dans le rapport 2015 de l'Observatoire de la formation des prix et des marges des produits alimentaires[1], il est en effet indiqué une marge brute moyenne de 30,6 % au rayon fruits et légumes, qui tombe à un petit 1,3 % de marge nette une fois déduit un ensemble de « charges » opportunes.

1. http://www.franceagrimer.fr/content/download/38097/350584/file/Rapport2015_ObservatoirePrixMarges.pdf

En réalité, ces chiffres sont une mascarade, de la pure communication. Quels idiots en position de monopole se contenteraient de marges aussi faibles ?

Tout est savamment organisé pour que les rayons des magasins ne fassent pas des profits qui seraient trop visibles, soumis à de lourds impôts ou pire, horreur, dont une fraction serait réclamée par le personnel sous forme de hausse de salaire ou d'intéressement !

Les profits se font réellement au niveau des centrales et remontent au siège où peut ensuite se pratiquer une optimisation fiscale à grande échelle. Une autre partie des profits est discrètement transférée aux cadres supérieurs et actionnaires des enseignes via ces « charges », par exemple les loyers qui vont dans la poche des propriétaires fonciers des magasins et galeries commerciales comme l'explique très bien le magazine économique *Capital* : « Chaque adhérent possède en fait deux sociétés. Celle qui exploite le magasin et celle qui détient le foncier. Rien n'empêche donc de faire de faibles gains sur la première (ce qui ne fait pas l'affaire des salariés intéressés aux résultats) et de reverser de confortables loyers sur la seconde[1]. »

Allez, encore une petite anecdote bien concrète pour illustrer et vous faire comprendre ces subtilités.

Dans l'une des PME où j'ai travaillé, nous avions développé une gamme complète de produits d'aide à la pâtisserie (tout ce qu'il faut pour faire des gâteaux : levures, sucres vanillés, fruits confits, bougies d'anniversaire, gousses de vanille, etc.) qui, sans être d'une qualité merveilleuse, étaient tout à fait comparables à ceux d'un concurrent bien plus gros sur ce marché, et surtout nous étions beaucoup moins chers.

---

1. Sophie Lecluse, « Leclerc : ses méthodes de brute pour faire plier les fournisseurs », *Capital*, 1er mars 2018.

Naturellement, vous pensez qu'il nous était facile dans ces conditions de tailler des croupières à notre concurrent, pourtant on avait du mal à les vendre, comme me l'avait expliqué notre directeur commercial :

— Dis-moi, Denis, ça ne sort pas trop la vanille en ce moment, je n'en ai pas racheté depuis pas mal de temps, il y a un problème ?

— Non, non, Christophe, le produit est bien. La Bourbon de Madagascar que tu nous as fait entrer est vachement jolie, parfumée, et pas trop chère.

— Alors, pourquoi on n'en vend pas plus ? Le boss m'avait dit qu'avec un prix pareil on était super compétitifs...

— Les consommateurs sont réceptifs, mais on ne livre pas assez de magasins, c'est tout, dit-il en levant les yeux au ciel.

Devant mon silence et mon air idiot, je dois bien l'avouer, il poursuit :

— Le fournisseur en place, notre principal concurrent, a un accord annuel avec toutes les grosses enseignes. Il négocie directement son référencement dans tous les magasins de l'enseigne avec les centrales d'achats au niveau national. En clair, il leur fait un gros, un très gros, chèque en début d'année pour acheter son pré carré.

— Et nous, on ne peut pas faire pareil ?

— T'es fou ! On n'en a pas les moyens, c'est des budgets énormes, on parle de millions d'euros. C'est ce qui fait qu'on ne peut pas se faire référencer au niveau national. C'est complètement verrouillé.

— Mais, Denis, on est moins cher et aussi bon, c'est dans l'intérêt des clients, le pouvoir d'achat et tout et tout !

— Et alors ? Les enseignes s'en foutent complètement, elles veulent faire le plus de fric possible, c'est tout. Avec l'autre, elles reçoivent un gros paquet de cash avant même d'avoir vendu le moindre produit. Sa marque est très connue, avec les meilleurs emplacements en magasin et peu de concurrence. Elle se vend très bien et génère une grosse marge avec laquelle le fabricant arrose encore les enseignes en fin d'année.

— Alors, on ne peut rien faire ?

— Pas grand-chose. La seule chose qu'on puisse faire c'est attaquer directement, un par un, les magasins qui ont un peu d'autonomie, quelques supermarchés dans chaque région. Les hypers, faut même pas y penser. On envoie un merch (*merchandiser*, commercial de terrain) qui essaiera de convaincre le proprio ou le chef de rayon épicerie sèche de nous faire une place.

— Et ça marche ?

— Pas toujours, mais souvent, car les indépendants ou les chefs de rayons ne voient pas la couleur de l'argent que l'autre a versé directement aux centrales, et nos prix plus bas les intéressent pour tenir leurs objectifs. Mais ça prend beaucoup de temps et d'énergie.

Comprenez bien que si les supermarchés vendent bien la plupart des produits alimentaires en affichant une marge nette officielle inférieure à 5 %, ce n'est pas comme cela qu'ils gagnent réellement leur argent, mais grâce aux marges arrière[1] diverses et variées que les industriels, surtout les petits et moyens, doivent constamment payer. Payer pour le référencement de leurs produits, payer pour les promotions, payer encore pour les anniversaires, le nouveau parking, les rénovations du magasin, les prospectus, les pénalités abusives, les frais de participation à des faux salons, des logiciels

1. La marche arrière, pudiquement appelée « autre avantage financier » par la loi est une ristourne imposée par le distributeur au fournisseur en contrepartie de la mise en avant de ses produits dans les magasins comme sur les prospectus. Si elles étaient de 0,5 % à la fin des années 2000, elles s'établissent aujourd'hui entre 12 et 30 %.

spécifiques, des services d'agences de pub, des études marketing…

Pour se faire le plus d'argent possible, les enseignes ont vite compris qu'elles avaient intérêt à ce que le rapport de force, face à leurs fournisseurs et clients, leur soit le plus favorable possible, l'idéal étant d'acquérir une position ultra dominante. La concentration que nous avons connue pour arriver au monopole actuel a donc été une stratégie délibérée dans le but, d'une part, d'affaiblir leurs fournisseurs et de les rendre dépendants et, d'autre part, de priver les consommateurs d'alternatives et d'en faire des clients captifs.

Pour contrer les grandes marques, tout en exploitant les petits industriels, les enseignes ont aussi développé les marques de distributeurs (les fameuses MDD), qui ne sont souvent que des copies moins qualitatives des produits leaders. Avec le contrôle total de la publicité, des emplacements, et des prix dans les magasins, elles mettent en avant leurs marques de manière totalement déloyale.

La marque de distributeur appartenant à l'enseigne, elle peut donc changer de fournisseur quand bon lui semble, le client, lui, n'y verra que du feu et n'en saura rien. Les fabricants de produits MDD sont donc sous menace permanente de déréférencement et sous un stress constant.

De leur côté, les clients croient bénéficier des largesses des enseignes avec de meilleurs prix sur ces marques de distributeurs, et quelques euros grappillés sur des cartes de fidélité.

Pourtant, ce que nous reversent les distributeurs n'est qu'une petite fraction de ce qu'ils nous font surpayer sur les produits de marque.

CHAPITRE 3

Lobbies & Co : à armes inégales

Allez soyons fous ! Puisque cela sent si fort le soufre du côté des industriels, de leurs fournisseurs, des traders et de la grande distribution, cherchons un peu d'air frais du côté des autres parties prenantes du système agroalimentaire, les administrations publiques.

Il s'agit surtout des services des Douanes et de la DGCCRF (Direction générale de la concurrence, de la consommation, et de la répression des fraudes). D'autres organismes comme les services vétérinaires peuvent aussi intervenir, par exemple dans les abattoirs et les usines qui utilisent des produits animaux, mais les Douanes et les Fraudes sont les plus présents pour s'assurer que la nourriture vendue sur notre territoire est saine. Enfin plus exactement, « conforme aux normes en vigueur ».

Les services des Douanes sont censés vérifier la conformité de ce qui est importé et exporté, alors que les Fraudes contrôlent tout ce qui est produit sur le territoire national.

Sur le papier, c'est très bien et beaucoup de gens se croient protégés par ces organismes. Malheureusement, il y a de nombreuses failles qui rendent ce système de contrôle bien peu efficace. Comme un filet mité aux mailles béantes...

Tout d'abord, la tâche de ces administrations est immense. Les agents, et je peux témoigner que je n'en ai connu que de très dévoués et professionnels, même s'ils m'ont fait quelques misères, sont totalement débordés.

La Direction générale des douanes et des droits indirects, dont la première fonction est de collecter des taxes, compte 18 000 agents dont 8 000 seulement sont affectés aux missions de surveillance. Impossible dans ces conditions de contrôler efficacement les dizaines de milliers de containers, de camions, de trains, d'avions, qui entrent et sortent chaque jour du pays.

Même chose pour la DGCCRF (qui ne compte que 2000 agents contrôleurs sur le terrain) car en plus des milliers d'usines, elle est en charge des restaurants, des cantines, des marchés et des artisans. Et pas seulement de l'alimentaire. Ses agents doivent s'occuper du secteur du tabac, de l'habillement, de l'électronique et de tous les autres objets, voire de certains services.

Ensuite, les agents sont dépendants des décisions politiques. Si des normes laxistes et inadaptées sont décidées en hauts lieux, à Bruxelles ou ailleurs et sous la pression des industriels, comme la profusion d'additifs dans notre nourriture ou la possibilité de masquer les origines, ils ne peuvent absolument rien faire.

De plus, la DGCCRF n'est pas indépendante et relève du ministre de l'Économie et des Finances.

*

Dans *Vous êtes fous d'avaler ça !*, je vous avais raconté la mésaventure qui nous était arrivée avec l'une de nos importations de thé vert en provenance de Chine.

Les Fraudes avaient bloqué tous nos lots de thé, des centaines de tonnes tout de même, car ils étaient très chargés en pesticides, largement au-dessus des normes. Après une période de flottement, les agents des fraudes avaient fini par débloquer la marchandise (sans nous donner le moindre écrit) pour que nous puissions la vendre discrètement et importer du thé moins « pollué » par la suite. Il avait été décidé au sommet de la hiérarchie qu'il était préférable de ne pas nous obliger à détruire ce thé et de le laisser pénétrer sur le marché français… et cela pour ne surtout pas froisser les autorités chinoises.

On vous dira probablement que c'était un autre temps, que cela ne pourrait plus se produire aujourd'hui et patati et patata.

En êtes-vous sûr ?

Eh bien, moi, je suis sûr du contraire, et je vais vous le prouver.

Le fipronil, ça vous parle ?

C'est juste le tout dernier scandale alimentaire de grande ampleur en Europe. L'affaire a éclaté lorsque le géant allemand du hard-discount, Aldi, a décidé de retirer une importante quantité d'œufs de ses rayons le 4 août 2017[1]. Le grand public a alors appris que des millions d'œufs vendus en Allemagne étaient contaminés au fipronil, un insecticide interdit dans la chaîne alimentaire, car très toxique pour l'homme.

Naturellement, les produits insecticides les plus toxiques sont aussi les plus efficaces, et des petits malins l'avaient discrètement utilisé dans un traitement miracle anti-poux rouges à la formule ultra-secrète. Le pou rouge est un parasite des volailles, et le cauchemar des éleveurs de poules pondeuses.

Dans la semaine qui a suivi, la liste des pays touchés n'a cessé de s'allonger et, le 11 août, la Commission européenne reconnaissait qu'au moins quinze pays étaient concernés.

1. Clémentine Maligorne, « Œufs contaminés : “Aucune trace de fipronil dans les élevages français” », *Le Figaro*, 27 août 2017.

La chaîne d'information France 24 précisait alors : « La France, après avoir affirmé n'être pas concernée par le scandale, a reconnu que des produits à base d'œufs contaminés avaient été vendus sur le sol français dès avril 2017[1] ! »

En réalité, cette fraude scandaleuse avait démarré bien plus tôt, car France 24 révélait aussi que l'Agence alimentaire néerlandaise était informée depuis novembre 2016 que des élevages de poules pondeuses utilisaient du fipronil dans certaines régions des Pays-Bas.

Pourtant, durant des mois, ce pays qui est l'un des plus gros exportateurs d'œufs au monde (avec 50 millions de poules pondeuses) n'a rien fait et surtout n'a rien dit. Et des œufs néerlandais, j'en ai personnellement beaucoup acheté pour nos usines européennes de sauces et mayonnaises. Or, il faut bien comprendre – car c'est le nerf de cette guerre-là –, qu'un pays qui lance une alerte sur un produit alimentaire fabriqué sur son territoire est pratiquement assuré que ses produits seront aussitôt boycottés par tous ses clients importateurs !

Le scandale en lui-même a démarré dès le 15 mai 2017 : un exploitant belge, qui utilisait sur ses poules un traitement anti-poux qu'il croyait conforme, a fait analyser ses œufs et a eu la désagréable surprise d'y retrouver du fipronil. Comme la loi le lui impose, il a informé les autorités belges dès le 2 juin, et le 20 juillet la Belgique a lancé une alerte européenne via le RASFF (Rapid Alert System for Food and Feed, ou Système d'alerte rapide pour les aliments).

Un mot tout de même sur ce dispositif RASFF car il est important pour la sécurité alimentaire en Europe. C'est un excellent système qui fonctionne très bien. Il est véritablement rapide. Et lorsqu'un ministre de l'Agriculture

---

1. http://graphics.france24.com/sante-oeuf-fipronil-scandale-roumanie-belgique-hollande-alimentation/

européen a déclaré : « Nous avons été alertés trop tardivement, il faut améliorer le système d'alerte entre les membres de l'UE », c'est encore et toujours de l'enfumage pour masquer des problèmes non pas techniques, mais purement politiques. S'il y a eu des retards, c'est parce que certains pays n'ont pas joué le jeu pour des raisons uniquement financières.

Tous les industriels de l'agroalimentaire, je peux en témoigner, et les services sanitaires en Europe sont connectés en permanence au RASFF. La loi fait obligation à tout professionnel de déclarer sans délai toute contamination et risque pour la santé. L'alerte se fait en ligne et est immédiatement diffusée. Là où j'ai travaillé, si les alertes n'étaient pas enregistrées, ou pas immédiatement, c'était uniquement sur ordre de notre direction. Le système n'est pas à changer, ce qu'il faut c'est simplement décider et appliquer des sanctions réellement dissuasives contre ceux qui trichent, entreprises comme décideurs politiques.

Lorsque la Belgique lance l'alerte ce 20 juillet 2017, les Pays-Bas ne peuvent plus dissimuler le scandale et, le 1er août, ils finissent par admettre qu'ils ont, eux aussi, trouvé du fipronil… dans des centaines de milliers d'œufs.

Pensez-vous que les autorités néerlandaises ont été blâmées pour leur attitude scandaleuse vis-à-vis de la santé de l'ensemble des consommateurs européens, et que des sanctions ont été prises ?

Mais bien sûr que non.

Et tous les pays font pareil !

*

Le plus intéressant, c'est de voir ce qui s'est passé après l'alerte, comment la crise a été gérée, comment les citoyens ont été informés et protégés.

Car, avant, les autorités agissaient dans la plus totale opacité pour laisser le temps nécessaire aux industriels de refourguer les lots contaminés comme cela avait été le cas pour mon thé chinois par exemple. Mais ça, c'était avant, me direz-vous.

En France, Stéphane Travert, le ministre de l'Agriculture et de l'Alimentation, a déclaré le 11 septembre 2017 sur Europe 1 : « Nous avons opéré des contrôles. 2 900 élevages ont été contrôlés. Aucun élevage français n'a été contaminé par le fipronil. Tous les cas de contamination étaient des cas importés de nos voisins, de Belgique et des Pays-Bas[1]. »

Bref, c'est pourri chez les autres, mais chez nous tout est clean ! Consommez tranquille, la ligne Maginot a parfaitement rempli son office. Comme avec le nuage radioactif de Tchernobyl en son temps. Rassurés ?

Mais puisqu'on vous dit qu'on a tout contrôlé. Le quotidien *La Dépêche du Midi* explique même, le 11 septembre 2017[2], que « plus de 4 500 élevages » ont été contrôlés !

Sauf que, sauf que… de quels contrôles parle-t-on exactement ?

L'article donne cette précision très éclairante : les contrôles ont été effectués « à travers des questionnaires transmis aux éleveurs »… Eh oui, on nous prend vraiment pour des idiots. On tente de nous endormir en mettant en avant des milliers de « contrôles » qui n'en sont pas du tout, en réalité.

Mettez-vous deux minutes à la place des éleveurs à ce moment-là. Il y a un scandale majeur dont tout le monde parle, des œufs sont bloqués aux frontières puis détruits par centaines de milliers, on retire des rayons des supermarchés

1. http://www.europe1.fr/emissions/linvite-de-patrick-cohen/stephane-travert-aucun-elevage-francais-na-ete-contamine-par-le-fipronil-3432830

2. « Fipronil : un bilan positif des enquêtes en élevage ? », *La Dépêche*, 11 septembre 2017.

des centaines de produits qui contiennent des œufs, et vous recevez un questionnaire qui vous demande en gros si vos œufs sont conformes. Que répondez-vous sachant que si vous parlez de fipronil votre élevage sera fermé, vos poules probablement abattues, et vos œufs détruits, le tout à vos frais ?

Résultat des courses, un seul éleveur déclare avoir utilisé du fipronil et toute la filière peut parader : « Aucune trace de fipronil dans les œufs français. » Ben oui, si on ne cherche pas, on ne trouve pas. Forcément.

Bien sûr, on va me rétorquer :

— Pas du tout, de vraies analyses ont été faites !

Et je répondrai avec sérénité, mais non sans une certaine lassitude : « En effet, 781 prélèvements exactement ont été effectués selon le ministère de l'Agriculture et de la Désinformation[1]. Et, ô surprise, un seul petit lot non conforme. Des muffins… belges. »

— Donc c'est bien que tout va bien, ajoutera l'autre.

— Bon, mettons que les éleveurs français soient tous, sauf un, totalement cleans. Encore faudrait-il expliquer ce que sont devenus les œufs contaminés hollandais et belges livrés en France.

— Détruits, sans aucun doute. On ne plaisante pas avec la santé chez nous.

— Eh bien, pour en avoir le cœur net, il suffit de regarder les chiffres… mais au fait où sont les chiffres, quels volumes d'œufs contaminés ont été livrés en France, que sont devenus ces produits ? Tiens, rien dans la presse, bizarre…

L'association Foodwatch va s'en indigner le 26 septembre 2017 : « Plus de deux mois après le début du scandale des œufs au fipronil, nous ne savons toujours pas si nous

1. http://agriculture.gouv.fr/fipronil-dans-les-oeufs-un-bilan-tres-satisfaisant-des-controles-officiels

continuons d'en manger ou si nos placards renferment des aliments contaminés… Le ministre a d'abord affirmé que le pays n'était pas concerné, puis a minimisé les risques pour la santé… et donné des informations au compte-gouttes[1]. »

Pourtant, l'information existe mais… pas pour vous, pas pour la presse ou les associations de consommateurs, pas pour le peuple qui de toute façon ne comprend rien. Elle est trop sensible et donc réservée aux officiels et… aux industriels. Ben oui, on s'arrange entre gens du même monde, on écoule les stocks contaminés en vous les faisant consommer en douce.

C'est un peu gros ? Vous voulez des preuves ?

Eh bien, c'est facile, il suffit d'aller sur le site du ministère de l'Agriculture et de l'Alimentation. Le ministre met gracieusement toute l'information à disposition dans un « point de situation pour les professionnels » que l'on peut consulter en ligne à cette adresse : http://agriculture.gouv.fr/fipronil-point-de-situation-pour-les-professionnels.

Comment cela l'accès vous est refusé ?

Ah j'oubliais, c'est normal, c'est réservé au beau monde, *vade retro vulgum pecus* !

Mais je vais vous donner l'astuce que j'ai trouvée pour y jeter un coup d'œil malgré la censure.

Lorsqu'elle a été mise en ligne, cette page web n'a pas été immédiatement bloquée et a été accessible un laps de temps suffisant pour que le site https://web.archive.org/ en fasse quelques copies. Si vous voulez voir, entrez le lien de la page en question et vous retrouverez les informations éditées en date du 24 août 2017, juste avant que le système ne soit rendu inaccessible.

Et que peut-on lire sur ces pages si jalousement protégées ?

---

1. https://www.foodwatch.org/fr/s-informer/actualites/fipronil-et-autres-scandales-alimentaires-exigeons-la-verite/

Oh juste qu'en France, au moins 18 établissements de transformation d'œufs ou d'ovoproduits, 2 centres de conditionnement d'œufs et 41 grossistes ont reçu des œufs contaminés au fipronil.

Et pas qu'un peu : plus de 3 millions d'œufs entiers et plus de 130 tonnes d'œufs liquides ! Soit un total équivalant à 5 500 000 œufs de calibre moyen.

Ces œufs ont tous été vendus et consommés dans notre pays, et c'est précisément dans ce but unique qu'on a bien pris soin de vous cacher cette information. Laquelle, comme vous le voyez, existait bel et bien...

La crise des œufs au fipronil confirme ce que nous savions déjà : nos administrations sont pleines de gens compétents, mais de fréquentes interventions politiques les empêchent de mener leurs missions à bien.

*

Pour mieux comprendre cet aspect politique des choses, nous allons parler de l'Union européenne car c'est à ce niveau que les réglementations se décident aujourd'hui. Les lois, les normes, les pratiques de tous les pays membres s'harmonisent « dans l'intérêt des populations », nous dit-on. Pourtant, il est souvent de bon ton chez certains hommes politiques français de fustiger « l'Europe » quand ils n'ont pas été capables de régler un problème, ou ne s'en sont simplement pas préoccupés suffisamment. Face à un journaliste qui pose des questions délicates ou un électeur qui demande des comptes, l'Europe est le bouc émissaire universel, la tête de Turc idéale pour se défausser. L'Europe, c'est loin, c'est flou... Les citoyens ordinaires ne cherchent même plus à savoir qui fait quoi, qui commande entre le président, la commission, le parlement, les agences diverses, la Banque centrale et plus de 56 000 fonctionnaires.

Une fois qu'on a dit cela, la question qui se pose inévitablement est : qui décide à Bruxelles et qui dirige véritablement l'Europe ? Pour qui travaillent réellement les élus des peuples européens ? Les citoyens, ou bien certaines élites et firmes multinationales ?

Eh bien, laissons les élus européens nous l'expliquer eux-mêmes.

Un rapport tout à fait officiel a été publié en novembre 2007, émanant directement d'un comité du Parlement européen. Il fut suivi d'une communication du service de presse non moins officielle en avril 2008, présentée comme une « étude » : « Plein feu sur le lobbying en Europe[1]. » Ce document indique qu'à Bruxelles (lieu où se trouvent les commissions du Parlement européen de Strasbourg), près de 20 000 lobbyistes s'alignent en rangs serrés face à 15 000 fonctionnaires et élus européens. Sept ans plus tard, dans un article du 8 mai 2014[2], le très sérieux *The Guardian* indique que le nombre de ces « influenceurs » serait monté à plus de 30 000 !

Ces lobbyistes travaillent pour tous les types d'entreprises, que ce soit la banque, l'industrie de l'acier, la chimie, les constructeurs automobiles, les télécoms, le bâtiment, les industries agroalimentaires, les producteurs d'additifs, de papier, de plastique, d'alcool, de tabac, de pesticides, etc.

Or, les élus à Bruxelles ne sont ni idiots, ni dupes et reconnaissent volontiers, et sans rire (ils n'ont aucun scrupule à l'imprimer noir sur blanc dans leurs rapports officiels), que les lobbyistes sont « des représentants de groupes d'intérêts dont le travail consiste à influencer les décisions

---

1. http://www.europarl.europa.eu/sides/getDoc.do?language=FR&type=IM-PRESS&reference=20080331FCS25217

2. Ian Traynor, « 30 000 lobbyists and counting : is Brussels under corporate sway ? », *The Guardian*, 8 mai 2014.

européennes dans un sens qui leur est favorable ». Et moi qui pensais naïvement que les décisions européennes ne se prenaient que dans l'intérêt des citoyens européens… J'avais donc tout faux ?

Pourtant, le Parlement européen n'est pas du tout choqué qu'on cherche à le manipuler et à l'influencer. Au contraire il affirme clairement que, je cite, « le lobbying fait partie légitimement du système démocratique ». Bien qu'il reconnaisse, oh petit détail insignifiant, que « les informations des lobbyistes sont subjectives ». Et donc non fiables et mensongères. Si, si, je vous jure, c'est marqué dans l'article de propagande, pardon le « rapport » lénifiant, que je vous engage à lire.

Donc la vision européenne assumée de la démocratie, c'est « un vaste système organisé d'influence et de promotion des intérêts des groupes privés face à l'intérêt général ».

En clair cela veut dire que plus vous aurez de lobbyistes professionnels à votre service, plus vous ferez de campagnes de communication, d'« études » orientées et mensongères, plus vous inviterez les politiciens ou leur promettrez un soutien, plus votre influence à Bruxelles et donc votre pouvoir seront grands. Cela favorise bien évidemment, et en premier lieu, les grandes entreprises multinationales dont l'influence sera directement proportionnelle à la puissance financière. Les simples citoyens devront eux, pour se faire entendre, s'organiser et se tourner vers des associations sans moyens. Le fameux pot de terre qui éclate à tous les coups en heurtant le pot de fer !

Le simple bon sens nous dit pourtant qu'un tel système est perverti, que les décisions politiques doivent se prendre sur des bases saines et solides, des études et avis d'experts objectifs, pas sur des mensonges et des fraudes. Les citoyens veulent plus de transparence des institutions européennes, plus d'éthique, et ils rejettent en bloc le lobbying qui, de ce simple fait, ne peut être légitime.

Mais sans doute suis-je trop suspicieux et dans la réalité l'action des lobbies serait bénéfique comme on nous l'assure du côté de Bruxelles ? Pour en avoir le cœur net, regardons comment une multinationale comme Monsanto, géant de l'agroalimentaire et de la chimie, a « informé » et influencé nos élus concernant son produit phare, le Roundup, à base de bon glyphosate.

Le Roundup était présenté par Monsanto comme le premier désherbant « biodégradable » et on avait eu droit, pour ceux qui s'en rappellent, à une publicité télé[1] où on nous disait que le Roundup « ne pollue ni la terre, ni l'os de Rex ». Rex était un chien, gentil mais pas malin, qui avait enterré son os sous des mauvaises herbes traitées et tuées par le Roundup. Son os avait donc été plus ou moins imprégné du produit, mais comme ce n'était pas dangereux, selon Monsanto, Rex pouvait s'en régaler.

Manque de bol, Monsanto a été condamné aux États-Unis et en France pour publicité mensongère[2].

En 2015, le glyphosate a été reconnu cancérigène, par le Centre international de recherche sur le cancer (CIRC) qui dépend de l'Organisation mondiale de la santé (OMS), comme expliqué précédemment.

Mais pas de problème pour Monsanto, puisque les politiques voulaient des informations, ils allaient en avoir. Et des belles ! Suivant au pied de la lettre l'adage qui dit « on n'est jamais si bien servi que par soi-même », Monsanto a rédigé lui-même des textes indiquant que le glyphosate n'était pas du tout cancérigène. Mais pour que cela fasse plus vrai, sérieux, inattaquable, Monsanto les a fait signer par des

1. http://www.ina.fr/video/PUB417943094
2. « Monsanto définitivement condamné pour "publicité mensongère" à propos du Round Up », *Le Monde*, 15 octobre 2009.

scientifiques peu scrupuleux acceptant, contre rémunération, d'être les « ghostwriters » de la multinationale.

Et bon là, vous devez penser : « OK, mais quels imbéciles iraient croire les informations fournies par le fabricant lui-même ? » Eh bien, juste les grandes agences réglementaires comme l'EFSA en Europe, mais aussi son équivalent aux États-Unis, qui sont chargées d'évaluer la dangerosité des produits mis sur le marché. Et cela a bien arrangé les élus européens qui se sont empressés, en novembre 2017, de renouveler l'autorisation du glyphosate pour cinq ans.

Et là, vous vous étonnez encore : « Comment ? Ils ont voté ça malgré la révélation dans toute la presse du scandale du ghostwriting de Monsanto, (ce que l'on a appelé les "Monsanto papers" en référence aux "Panama papers") ? Et contre l'avis de l'OMS et des ONG qui représentent les citoyens ? Pas possible !? »

Et si. Et ce bien qu'on retrouve du glyphosate partout dans les sols, les nappes phréatiques, et dans 53,3 % des échantillons alimentaires analysés par Générations futures dans leur étude de septembre 2017 [1].

Et le principe de précaution ? Et la santé des consommateurs ? Et l'intérêt des citoyens ? Allez, soyez beaux joueurs et reconnaissez simplement que les lobbyistes du glyphosate ont fait du bon boulot, selon les critères de Bruxelles. Ils ont « légitimement et démocratiquement » « informé » nos élus dans « un sens qui leur est favorable ».

Le plus drôle pour finir, c'est que cette autorisation pour cinq ans du glyphosate a été obtenue grâce au vote et aux manœuvres des représentants allemands, qui pourtant, lors du vote précédent, n'y étaient pas favorables et s'étaient abstenus. On comprend soudain ce brusque revirement quand

1. https://www.generations-futures.fr/actualites/glyphosate-residus-aliments-rapport/

on apprend, le 7 juin 2018, que le groupe Bayer, le géant allemand de la chimie, vient de boucler le rachat de Monsanto pour 63 milliards de dollars…

*

Il faut aussi savoir que, pour plus d'efficacité, les lobbies avancent masqués. Aucun ne débarque à Bruxelles en claironnant : « Salut, on est les gars sympas du lobby du sucre » ou « Les bons pesticides de la mort, c'est nous. » Les lobbies se présentent comme des « instituts », des « centres d'information », ou, mieux, des « centres de recherche », et veulent faire passer leur propagande mensongère pour de l'information objective, forcément à haute valeur scientifique, voire carrément officielle.

L'EUFIC est un très bon exemple de ce qui se fait de mieux en la matière. Cet acronyme désigne « The European Food Information Council », le « Conseil européen de l'information sur l'alimentation ». Son objectif affiché est « de fournir aux professionnels de la santé et de la nutrition, aux enseignants, aux leaders d'opinion et aux médias des informations sur l'alimentation et les questions de nutrition s'appuyant sur des recherches scientifiques en veillant à ce que ces informations puissent être comprises par le grand public ».

Conseil européen, le nom fait très sérieux, et laisse penser que l'on a affaire à une structure officielle de la Communauté européenne chargée d'une mission de service public : fournir aux citoyens des conseils pour manger sain et vivre en bonne santé. *Bullshit !* (traduction : « Je ne crois pas ! », mais cela n'engage que moi…).

L'EUFIC est en fait un organisme financé par des compagnies de l'industrie agroalimentaire, et dirigé par des membres élus par… les plus grandes compagnies de l'industrie agroalimentaire (Coca-Cola, Ferrero, Nestlé, etc.). C'est donc clairement une émanation des industriels, financée et contrôlée par les plus grands groupes.

Et vous croyez vraiment que Coca-Cola ou Ferrero vont financer une structure qui vous recommanderait de ne plus boire de soda mais de l'eau, ou de remplacer les sucreries par des fruits frais ?

Citons également le CERIN (Centre de recherche et d'information nutritionnelles) qui « a pour mission de délivrer aux professionnels de santé, aux journalistes, une information nutritionnelle complète et validée... », mais qui est surtout le « département santé de l'interprofession des produits laitiers », en clair de l'industrie laitière. Et aussi le CEDUS (Centre d'étude et de documentation du sucre) qui « crée et diffuse des outils documentaires et pédagogiques », et est financé, là c'est facile à deviner, par l'industrie du sucre...

Outre les politiques, comme l'indique très clairement l'EUFIC, les cibles des lobbies sont les journalistes, les enseignants, les professionnels de santé, les leaders d'opinion... enfin tous ceux qui ont du crédit auprès de la population afin d'influencer l'opinion publique à tous les niveaux, en commençant si possible dès l'école.

Les lobbies sont partout et poussent vers toujours plus de standardisation, de globalisation en promouvant et en faisant adopter les accords de libre-échange comme le CETA (Comprehensive Economic and Trade Agreement) avec le Canada, ou le TAFTA (Transatlantic Free Trade Agreement) avec les États-Unis. Tout cela dans l'opacité la plus totale. Manquerait plus que les citoyens donnent leur avis !

Ces accords de libre-échange prévoient, entre autres, la mise en place d'une justice parallèle unilatérale, les tribunaux d'arbitrage, pour permettre aux multinationales d'attaquer les États (alors que l'inverse n'est pas possible) et ainsi imposer leurs règles aux peuples dans un total déni de démocratie. Inutile de vous dire que les membres de tribunaux d'arbitrage ne seront pas des représentants des citoyens, et seront très courtisés par ces multinationales et leurs lobbies.

Et ne parlons pas du surcroît de pollution généré par plus d'échanges de produits issus de systèmes de production incompatibles. OGM utilisés à grande échelle aux États-Unis et au Canada, non-reconnaissance des cinq cent soixante et une AOC françaises et autres spécificités géographiques européennes, traitement au chlore de la viande après abattage, non-reconnaissance du principe de précaution, bétail traité aux hormones, pesticides et additifs non autorisés… En effet, ces accords d'échanges internationaux ne sont pas compatibles avec les traités mis en place pour lutter contre le réchauffement climatique, comme les Accords de Paris sur le climat.

*

Les entreprises dans lesquelles je travaillais lorsque j'étais trader à l'international étaient bien évidemment membres de divers syndicats professionnels chargés de promouvoir nos intérêts à Bruxelles et ailleurs, mais nous faisions aussi du lobbying de manière très directe.

Par exemple, nous financions des chercheurs pour mener des « études » qui nous étaient favorables, nous invitions ces mêmes chercheurs à des salons et des conférences que nous financions et qu'ils animaient… tous frais payés en business class, et moyennant bien sûr une confortable rétribution.

Outre l'argent qu'ils perçoivent directement pour cette collusion avec l'industrie afin de financer leurs recherches et leur train de vie, ces chercheurs y gagnent aussi en visibilité et en notoriété. C'est excellent pour leur carrière académique et, ce que l'industrie espère surtout, leur admission future dans les commissions et organismes officiels.

Bien entendu, tout cela n'est que du business, un investissement dont l'entreprise attend un juste retour (on est rarement déçu sur ce point). C'est ce qu'on appelle un partenariat gagnant-gagnant, enfin pour les chercheurs et l'industrie parce qu'en ce qui concerne les citoyens… Mais qui s'en soucie ?

Un dernier mot pour clore ce chapitre sur le travail des ONG à Bruxelles et ailleurs, et avant qu'on ne me fasse le reproche de le passer sous silence. Vous entendrez en effet souvent les ONG, associations de consommateurs ou autres mouvements de citoyens, être qualifiées de « lobbies » : le « lobby des écologistes », le « lobby des anti-OGM », le « lobby des associations de consommateurs », etc.

On essaie ainsi de vous faire croire que ces groupes sont sur un pied d'égalité avec les vrais lobbies, ceux des multinationales et qu'il existerait un équilibre des forces entre les « bons » et les « mauvais » lobbies, entre ceux qui représentent l'industrie et ceux qui représentent les citoyens.

Bien entendu, c'est totalement faux ! D'une part, les lobbies des industriels disposent d'une puissance financière incomparablement supérieure. D'autre part, et surtout, le qualificatif de « lobby », pour ces associations dont l'unique motivation est la défense des droits de tous les citoyens, est inadapté et fallacieux. Elles ne se battent pas pour les intérêts d'une minorité motivée par le seul profit, mais se mobilisent pour défendre l'intérêt général. Et ce de façon désintéressée. Les voir comme des « adversaires » luttant à armes égales pour savoir ce qui est bon ou mauvais pour notre santé ou notre environnement n'a définitivement aucun sens.

Chapitre 4

La valse des étiquettes (partie 1)
Le grand bazar des mentions obligatoires

Cavernes d'Ali Baba contemporaines, les rayons des grandes surfaces regorgent d'une telle quantité d'articles différents, les références sont si nombreuses, que faire ses courses ressemble souvent à un casse-tête. Quel produit a le meilleur rapport qualité-prix ? Lequel est le plus sain ? Le plus éthique ? Bien entendu, sans OGM, sans allergènes, sans pesticides, sans additifs inutiles ? Dans un emballage écologique ? Fabriqué pas trop loin si possible (pour l'empreinte carbone), etc. ?

Or, il n'y a souvent strictement personne dans le magasin pour vous donner des informations objectives et vous conseiller au mieux de vos intérêts.

Pour faire vos choix, il ne faudra donc compter que sur vous-même, et sur les quelques informations fournies par le fabricant, qui sont imprimées sur l'emballage et également reprises dans quelques applications Internet. Mais l'industriel est-il toujours très honnête dans l'information qu'il vous donne ? Son but étant de vous vendre le produit, ne préférera-t-il pas mettre en avant tout ce qui est positif, quitte à exagérer voire à inventer ? Ne cherchera-t-il pas à minimiser ou dissimuler le plus possible ce qui pourrait vous déplaire ?

Pas de panique ! En théorie, tout est sous contrôle. Les responsables politiques et l'Europe, une fois encore, y ont pensé, et ils se chargent de tout. Ils ont pondu un tas de directives et de décrets européens qui réglementent strictement l'étiquetage des denrées alimentaires.

Il est en effet prévu dans les textes fondateurs, comme le traité sur le fonctionnement de l'Union européenne (article 169 pour les curieux) que « l'Union contribue à la réalisation d'un niveau élevé de protection des consommateurs ». Cette louable intention s'est matérialisée le 25 octobre 2011, en remplacement de textes plus anciens, dans le règlement 1169/2011 concernant l'information des consommateurs sur les denrées alimentaires. C'est le texte fondamental qui s'applique aujourd'hui, et que peaufinent quelques décrets et règlements ultérieurs.

Dans ce texte, il est clairement dit qu'« afin d'atteindre un niveau élevé de protection de la santé des consommateurs et de garantir leur droit à l'information, il convient que ceux-ci disposent d'informations appropriées sur les denrées alimentaires qu'ils consomment ».

Avoir l'information « appropriée » pour faire un choix éclairé est donc un droit pour tout citoyen européen, et il ne faut pas hésiter à l'exiger si elle ne vous est pas donnée. Encore faut-il savoir de quelle information on parle !

Facile, nos hommes politiques étant conscients que « les choix des consommateurs peuvent être influencés, entre autres, par des considérations d'ordre sanitaire, économique, environnemental, social ou éthique », l'information disponible doit donc évidemment tenir compte de tous ces aspects.

Tout semble sous contrôle, on est parfaitement d'accord, sauf que… l'Organisation mondiale de la santé constate que 50 % des Européens sont aujourd'hui en surpoids et que 20 % d'entre eux sont même carrément obèses. Et on ne parle là que du surpoids, pas des cancers, maladies cardiovasculaires, diabètes et autres maladies. Force est donc de constater que l'objectif « d'atteindre un niveau élevé de protection de la santé des consommateurs » a été lamentablement raté.

*

Mais comment font donc les consommateurs pour manger aussi mal et se détraquer la santé malgré toutes ces « informations appropriées » figurant sur les denrées alimentaires qu'ils consomment ?

À mon sens, il y a deux hypothèses.

Soit les consommateurs s'en moquent éperdument et ne lisent pas les informations sur les emballages. Ils achètent alors la plus basse qualité vu que c'est le plus souvent la moins chère, et hélas celle qui contient le plus d'ingrédients nocifs et d'additifs toxiques.

Soit l'information donnée sur les emballages est incompréhensible pour le grand public, incomplète, voire trompeuse. Bien que le règlement précise que l'information fournie doit être « appropriée » pour « choisir en toute connaissance de cause » et qu'il interdise très clairement « toute pratique pouvant induire le consommateur en erreur » et aussi « toute action trompeuse et omission d'information ».

Eh bien, pour nous faire notre idée, voyons dans le détail ce que le législateur européen impose aux fabricants en matière d'informations obligatoires à imprimer sur les emballages des produits alimentaires.

Tout d'abord, l'UE a déclaré : « Les étiquettes des denrées alimentaires devraient être claires et compréhensibles avec une bonne lisibilité y compris la police de caractères, la couleur et le contraste. »

Bon, là déjà on a un gros problème. Comment se fait-il que sur la face avant de l'emballage, on voit toujours parfaitement bien le nom de la marque, du produit, son logo, un ou deux ingrédients valorisants, une jolie illustration, alors que les informations véritablement utiles aux consommateurs sont au dos, imprimées en tout petit, et avec des codes ésotériques E-quelque chose ou EMB-machin-truc ?

D'abord, quelle est la bonne taille de caractères, la bonne couleur, le bon positionnement sur l'emballage ? Le législateur ne donne pas de consignes précises, hormis des minima peu contraignants, et tout cela est finalement laissé à l'appréciation de l'industriel.

Quand j'achetais des emballages pour mes usines, la seule consigne que l'on me donnait pour le dos c'était : « Et surtout bien lisible… le code-barres ! » D'ailleurs, je prenais toujours la peine de vérifier que le code-barres était bien reconnu par un lecteur optique sur les emballages que nous livraient nos fournisseurs. Ben oui, le code-barres, c'est essentiel pour le passage en caisse et notre chiffre d'affaires ! Nos codes-barres étaient toujours lisibles, à la bonne taille, avec un bon contraste, pour le reste, vous informer, et honnêtement en plus… il ne fallait pas nous en demander trop !

Un élément qui contribue aussi à rendre les informations illisibles, c'est le trop-plein d'informations inutiles. Comme la traduction multilingue des données. En effet, pour que les consommateurs comprennent, la réglementation impose fort logiquement que les marquages soient traduits dans la langue du pays où le produit est vendu. Tout cela est très bien sauf que les fabricants, surtout les multinationales, produisent pour de multiples pays et n'aiment pas trop se compliquer la vie. Ainsi, pour l'Europe, le cas le plus fréquent est que le continent soit découpé en deux ou trois sous-zones linguistiques. Par exemple Europe du Sud (pour Portugal, Espagne, Italie et France), Europe du Nord (pour Angleterre, Allemagne, Hollande)… cela permet de regrouper trois ou quatre langues, voire plus, sur un même emballage et ainsi de limiter le nombre de références d'emballages. C'est parfait pour la logistique de l'industriel, mais c'est aussi ce qui rend nombre d'étiquettes totalement illisibles.

Cela me rappelle une discussion animée avec mon patron lorsque j'achetais des films pré-imprimés pour conditionner nos produits en sachets plastique :

— Monsieur Bidule, on ne pourra pas imprimer les nouveaux films avec la technique habituelle, la qualité ne sera pas assez bonne.

— Eh bien, changez de technique ! Qu'est-ce que ça peut me faire du moment qu'on livre les clients dans les temps et au prix ?

— Ben justement, comme on a beaucoup de références entre les différentes recettes et les zones de langues, on imprime généralement en flexographie, c'est le moins cher.

— Si c'est le moins cher, pourquoi voulez-vous changer ?

— Parce que le marketing a agrandi le logo pour qu'on le voie mieux, et réduit la taille de police pour les mentions obligatoires ; liste d'ingrédients, allergènes et date limite d'utilisation optimale (DLUO). Si on ne change pas, le texte sera trop petit et illisible.

— Écoutez, Christophe, l'important, vous le savez, c'est le code-barres, la marque, le logo et le nom du produit. Pour le reste rien ne nous oblige à avoir une qualité d'impression parfaite. Le marketing connaît la réglementation et je suis sûr qu'on est dans les clous.

— J'en ai parlé à Julian du marketing avant de passer vous voir. Il m'a fait un long discours sur l'importance de se démarquer de la concurrence et de développer l'image de marque. Il veut le moins de texte possible sur le recto, ce qui fait que c'est vachement dense au verso et il a réduit la taille de la police de caractères à un peu plus d'un millimètre…

— Et alors ? me coupe-t-il.

— Certains textes sont en couleur, mais pas en couleur directe, en quadrichromie. C'est-à-dire une superposition des trois couleurs primaires et de noir. En flexographie, on n'est pas assez précis sur une aussi petite dimension, les couleurs seront forcément décalées et ce sera flou.

— Combien ? me lance-t-il agacé.

— Vu qu'on a une grande largeur de film, il faut compter 2 000 euros par couleur.

— Non mais vous vous rendez compte de l'investissement ! L'important c'est qu'on voie bien le nom du produit, la marque et le logo. La liste d'ingrédients, c'est pas important, tout le monde s'en fout, ça ira très bien si on la devine.

— Oui mais les vieux et les malvoyants…

— Et pourquoi pas imprimer nos étiquettes en braille tant que vous y êtes !

Lorsque les films sont arrivés, comme prévu les textes étaient objectivement très difficiles à lire, même avec de bons yeux. Trop petits, flous, avec des couleurs jaune et cyan mal calées qui débordaient.

Et ce n'est pas près de s'arranger puisque, depuis 2014 et le règlement INCO (pour Information Consommateur), la taille de police minimum est de 1,2 mm, voire de 0,9 mm pour les petits emballages. Les vendeurs de loupes ont de beaux jours devant eux.

En mars 2017, le Lituanien Vytenis Andriukaitis, commissaire européen en charge de la santé et de la sécurité alimentaire, a d'ailleurs déclaré lors d'une conférence de presse qu'il « ne regardait jamais l'étiquetage » : « Je ne peux pas le lire même avec mes lunettes. C'est absolument impossible… » Rendez-vous compte, le gars qui occupe le plus haut poste au sein de l'Union européenne en matière de politique alimentaire n'est même pas fichu d'imposer aux fabricants une taille de police lisible, c'est-à-dire au moins 3 millimètres. Soit la taille minimale qui avait été prévue par la Commission européenne en 2008, avant qu'elle ne se range finalement à l'avis des industriels et considère que 0,9 millimètre, c'était bien assez.

*

Voyons maintenant quelles sont les mentions légales obligatoires sur un étiquetage alimentaire, et ce que l'on peut rapidement en dire. Il y en a douze, en tout et pour tout :

1. Dénomination de vente de la denrée alimentaire ;
2. Liste des ingrédients ;
3. Tout ingrédient ou auxiliaire technologique présent dans le produit fini susceptible de provoquer des intolérances ou des allergies ;
4. Quantité de certains ingrédients ou catégories d'ingrédients ;
5. Quantité nette de la denrée alimentaire ;
6. Date limite de consommation ou date de durabilité minimale, et date de congélation ;
7. Conditions particulières de conservation et/ou d'utilisation ;
8. Nom ou raison sociale et adresse du fabricant ou conditionneur ou vendeur établi à l'intérieur de l'Union européenne ;
9. Pays d'origine ou lieu de provenance ;
10. Mode d'emploi si son absence rend difficile un usage approprié de la denrée alimentaire ;
11. Titre alcoométrique volumique acquis pour les boissons titrant à plus de 1,2 % d'alcool en volume ;
12. Déclaration nutritionnelle.

La dénomination de vente

La dénomination de vente, comme « confiture extra d'abricot », doit être accompagnée d'une indication de l'état physique (en poudre, broyé, lyophilisé, congelé, décongelé, pasteurisé, stérilisé, reconstitué, fumé, concentré, etc.) si l'absence de cette précision est de nature à créer une confusion dans l'esprit du consommateur.

Ces dénominations sont réglementées, normalisées, et sont importantes car elles vous donnent une première indication du niveau de qualité du produit. Un produit « extra » sera meilleur qu'un standard, comme pour une confiture, ou une huile d'olive qui peut être « vierge extra ». Un produit « pur » ne sera composé que d'un seul élément comme un « pur jus » ou un saucisson « pur porc ». Et vous avez d'autres mentions valorisantes, suffisamment explicites pour que je n'insiste pas, et qui sont souvent des gages de qualité comme « de montagne », « fermier », « artisanal », « frais », « maison »...

Bien entendu, tout cela est très bien si le producteur ne triche pas. Or, lorsque nous produisions par exemple des confitures et des coulis bas de gamme, nous utilisions des concentrés et des purées de fruits avec du sucre ajouté non déclaré, et des mélanges de fruits non conformes aux étiquetages. Et je peux vous assurer que la plupart de nos concurrents faisaient exactement la même chose.

Savez-vous que l'un des principaux concentrés de fruits qui s'échangent entre industriels est le concentré de jus de sureau ? Or avez-vous déjà vu des confitures, gelées ou jus de sureau ? Pourtant j'en ai acheté beaucoup, alors que nous n'en avons jamais vendu. Cherchez l'erreur.

La réponse est simple : le jus de sureau est le moins cher des jus de fruits rouges. Il est très coloré, son goût pas très marqué, et il se mélange donc très bien, très discrètement avec les autres fruits rouges. Il est très fréquent que du jus de sureau remplace tout ou partie de fruits plus chers (comme les fraises, les framboises, les cerises ou les groseilles) dans les coulis, confitures et autres préparations aux fruits.

Eh oui, retenez-le une fois pour toutes : les produits les moins chers ne le sont pas sans raison !

Toujours concernant cette dénomination de vente, il est également obligatoire d'indiquer si le produit a été ionisé[1] en inscrivant « irradié » ou « traité par rayonnement ionisant ». Vous conviendrez que ce n'est pas très vendeur et explique pourquoi vous verrez très rarement cette indication. De plus, l'innocuité de ce traitement fait toujours polémique et peu de produits en Europe sont autorisés à être ainsi traités. Personnellement, je vous conseillerai fortement de vous abstenir d'en consommer…

Le fait est que l'ionisation est un traitement très efficace, qui tue tout ce qui est vivant dans le produit, y compris les germes des plantes. Il est très facile à mettre en œuvre et surtout pas cher.

Certains pays, comme les États-Unis, pratiquent l'irradiation à grande échelle. Là-bas, c'est autorisé pour pratiquement tout : des légumes à la viande en passant par les épices, les crustacés ou les œufs. Le 21 février 2017[2], le Canada lui a emboîté le pas et autorise depuis cette date l'irradiation pour la viande hachée, sans doute pour fêter l'entrée en vigueur du CETA, accord de libre-échange entre la CEE et le Canada qui promet des jours meilleurs à nos estomacs…

---

1. Un produit ionisé a été exposé à un puissant rayonnement ionisant ; faisceau d'électrons ou rayons gamma produits par une source radioactive (cobalt 60 ou césium 137). En Europe, le cobalt 60 est la source d'irradiation la plus utilisée pour les denrées alimentaires.

2. http://boeufquebecspeq.com/sante-canada-accepte-lirradiation-du-boeuf-hache/

Avec les OGM et la viande aux hormones, le consommateur américain a vraiment de la chance, vivement que l'Europe signe le TAFTA, l'accord de libre-échange avec les États-Unis, pour qu'on puisse en profiter pleinement.

Mais sachez que de nombreux produits importés en Europe sont irradiés dans leur pays d'origine avant leur expédition, sans que personne ne le déclare. J'ai personnellement reçu des épices d'Inde, de Chine ou d'Afrique du Sud, qui avaient été irradiées lorsque j'importais du paprika, du curry en poudre et du piment.

J'avais raconté dans *Vous êtes fous d'avaler ça !* comment je m'étais rendu compte que mon fournisseur de piment et de paprika d'Afrique du Sud traitait ses épices de la sorte. En effet, tout ce qu'il nous envoyait était magnifique et stérile, trop beau et trop propre pour avoir été obtenu avec une méthode classique de traitement des épices, classiquement la débactérisation à la vapeur d'eau. Lorsque je lui avais demandé des explications, il m'a pourtant juré qu'il traitait bien à la vapeur. Il mettait tant d'énergie à me convaincre que j'ai eu des doutes et que je suis allé visiter son usine. Bien entendu, sur place il n'y avait aucune trace d'appareil de traitement à la vapeur.

Et cela m'est arrivé plusieurs fois avec d'autres fournisseurs indiens et chinois.

Si mes épices étaient traitées de la sorte, ne pensez-vous pas que d'autres produits de ces origines devaient l'être aussi ?

Selon le magazine *AGRAalimentation*[1], quelque 700 000 tonnes de produits alimentaires sont officiellement irradiées chaque année dans le monde, dont 6 000 tonnes en Europe. En France, selon la DGCCRF cette fois, on irradie

1. http://www.agraalimentation.fr/irradiation-des-aliments-bruxelles-value-si-la-l-gislation-en-vigueur-est-toujours-pertinente-art440963-2.html ?Itemid=329

un peu moins de 400 tonnes de produits alimentaires par an, surtout des cuisses de grenouilles et des herbes et épices sèches. En 2016 (derniers chiffres disponibles), la DGCCRF a réalisé cent soixante et onze prélèvements et constaté que onze d'entre eux, soit 6 %, étaient non conformes[1]. Non seulement ces produits étaient irradiés sans qu'on vous l'indique sur l'emballage, mais mieux, pour trois de ces denrées alimentaires, le traitement par ionisation était strictement interdit. Il s'agissait notamment de queues d'écrevisses en provenance de Chine, et d'anchois séchés venant de Thaïlande. La DGCCRF concluait d'ailleurs son rapport ainsi : « Cette enquête confirme la tendance observée depuis quelques années, à savoir l'augmentation des traitements ionisants non autorisés sur des produits de la pêche importés d'Asie. De plus en plus d'épices issues des pays asiatiques et de soupes de légumes déshydratées font l'objet de traitements non indiqués sur l'étiquetage. »

Quand je pense que la DGCCRF vient de découvrir ce que je sais depuis plus de vingt ans…

Jamais à court d'idées et de stratagèmes, les lobbies de l'agroalimentaire aimeraient bien qu'on commence par changer le nom du traitement. Ils ont proposé aux politiques de Bruxelles et des États-Unis le terme « pasteurisation à froid ». Avouez que ça fiche franchement moins les jetons, on dirait presque un non-traitement. Heureusement, la ficelle est un peu grosse et, pour l'instant, ce n'est pas passé… Enfin pour l'instant car, fin 2017, la Commission européenne a lancé « une procédure d'évaluation sur l'irradiation des denrées alimentaires » car, selon *AGRA-alimentation*, « l'industrie agroalimentaire européenne, les autorités compétentes de l'UE et des pays tiers, réclament

---

1. https://www.economie.gouv.fr/dgccrf/plan-annuel-controle-des-aliments-traites-par-ionisation

régulièrement une extension du champ d'application très limité de la législation sur l'irradiation ».

Et, pour finir avec la dénomination, pour les produits à base de viande ou de poissons, doivent figurer le pourcentage d'eau ou de protéines ajoutées, la mention « reconstitués » si différents morceaux sont liés ensemble, une autre si par exemple le boyau d'une saucisse n'est pas comestible, et enfin les compositions des viandes hachées.

La liste des ingrédients

Passons maintenant à la liste des ingrédients. Ceux-ci doivent être énumérés par ordre de quantité décroissante, y compris les additifs dits alimentaires. Les noms des ingrédients sous forme de nanomatériaux doivent être suivis par la mention « Nano ».

Avec ça, vous savez tout ce que le produit contient. Enfin, « vous savez tout »... pas vraiment en réalité. Il est parfaitement légal de ne pas mettre dans la liste des ingrédients les additifs dits alimentaires « dont la présence est due au fait qu'ils étaient contenus dans les ingrédients de cette denrée » ou « qui sont utilisés en tant qu'auxiliaires technologiques », ainsi que « les supports et substances qui ne sont pas des additifs alimentaires mais utilisés de la même manière et dans le même but que les supports ». Bon, tout cela est très clair, mais je vais tout de même traduire pour ceux qui n'ont pas choisi bureaucratie deuxième langue au collège.

Les politiques considèrent simplement que du moment qu'un additif est présent en très faible quantité dans le produit, alors il n'est pas besoin de le déclarer. C'est encore une mise en application de ce vieux principe erroné qui dit que « la dose fait le poison » et par conséquent on considère qu'aucune substance n'est toxique en dessous d'un certain seuil. Or vous savez maintenant que ce principe est faux, au moins pour les molécules cancérigènes et les perturbateurs endocriniens.

Ces additifs présents en faible quantité dans un aliment avaient été soit apportés par des ingrédients (par exemple des conservateurs présents dans du jambon, lui-même utilisé comme ingrédient dans une pizza), soit ajoutés pour « raison technologique », c'est-à-dire pour faciliter la fabrication.

Vous avez par exemple des produits antimousses, des catalyseurs, des agents de démoulage, des solvants d'extraction, des décolorants, des agents antiagglomérants, des coagulants, des biocides... En France, on a 17 catégories pour plus de 400 substances. Des substances qu'on vous fait donc avaler sans rien vous dire, non déclarées, et ce en toute légalité.

Pourtant, nombre de ces substances sont dangereuses et reconnues comme telles, y compris à faibles doses.

Par exemple l'hexane, un solvant très utilisé pour extraire les substances grasses des plantes, comme les huiles alimentaires ou les extraits aromatiques. Grâce à l'hexane, on arrive à extraire 97 % du beurre de cacao ou de l'huile contenue dans le colza ou le soja, contre 89 % seulement avec une technique classique par pression. Seulement il reste toujours des traces de solvant dans l'huile, or l'hexane a des effets toxiques chroniques connus sur le système nerveux et serait associé, entre autres, à la maladie de Parkinson [1].

Même chose pour un antimousse comme les polymères d'oxyde de propylène utilisés dans l'industrie sucrière pour contrôler le volume des solutions sucrées dans les cuves, classé cancérogène par le Centre international de recherche

1. Galvin J.B., "*Toxicity data for commercial hexane and hexane isomers. Technology and solvents for extracting oilseeds and nonpetroleum Oils*", *AOCS Press*, 1997, pp. 75-85.

sur le cancer (CIRC), tout comme le dichlorométhane utilisé pour la décaféination du café et du thé. Mais ce ne sont là que quelques exemples parmi les 400 auxiliaires couramment utilisés.

Et si votre choix est de manger sainement, et d'éviter toutes ces molécules toxiques ? Eh bien… dommage. Il n'y a aucun moyen pour le consommateur d'en connaître la liste et encore moins la quantité résiduelle. L'information vous est refusée et par conséquent votre droit à une nourriture saine est bafoué…

Tout ingrédient ou auxiliaire technologique présent dans le produit fini susceptible de provoquer des intolérances ou des allergies.

La troisième mention obligatoire est l'indication de tous les allergènes présents, y compris ceux présents dans les auxiliaires technologiques. Ils doivent être écrits en gras ou soulignés, pour être bien visibles.

C'est bien, sauf que j'aimerais aussi qu'on indique au moins les produits cancérigènes et les perturbateurs endocriniens, ceux qui sont toxiques à très très faible dose. En fait, le législateur s'est focalisé sur les allergènes car l'effet est immédiat et visible, alors que pour le cancer ou la maladie de Parkinson, on est sur du long terme et le lien avec tel ou tel aliment sera tout simplement impossible à établir.

Quantité de certains ingrédients ou catégorie d'ingrédients

La quatrième mention obligatoire, c'est l'indication de la quantité d'un ingrédient mis en avant, dans la dénomination du produit ou simplement sur l'illustration, et censé inciter le consommateur à acheter le produit.

Par exemple dans une « pizza jambon-champignons » vous devez indiquer précisément quelles quantités de jambon et de champignons sont présentes, pareil pour la fraise dans un « yaourt aux fraises ».

C'est très bien dans le principe, mais des petits malins rivalisent d'astuces marketing pour nous faire faussement penser que leurs produits contiennent certains ingrédients valorisants, et sont régulièrement pointés du doigt par l'association Foodwatch. Exemple fin 2017 avec la marque Coraya[1] et son surimi « Suprêmes au goût frais de homard » qui affiche le mot « homard » en grosses lettres mais dont le produit n'en contient pas du tout, même pas sous forme d'arôme. En réponse à l'interpellation de l'association de consommateurs, Coraya s'est justifiée ainsi : « … nous précisons effectivement sur la face avant de l'emballage que le produit a un goût homard, sans en suggérer la présence… la liste d'ingrédients renseigne par ailleurs le consommateur sur l'absence de homard, y compris d'ailleurs dans notre arôme… »

Et est-ce bien normal de voir des noisettes et un verre de lait sur l'étiquette des pâtes à tartiner aux noisettes, alors que les deux premiers ingrédients sont l'huile et le sucre ? Il n'y a que 13 % de noisette au maximum et un peu de poudre de lait. Pourquoi ne pas illustrer avec une bouteille d'huile et des morceaux de sucre ? Ce serait plus proche de la réalité, mais bien moins vendeur, je l'admets.

Là encore, soyez vigilants et surtout prenez le temps de bien lire la liste d'ingrédients avant d'acheter un produit.

---

1. https://www.foodwatch.org/fr/s-informer/topics/arnaque-sur-l-etiquette/dernieres-actus/coraya-au-gout-homard-une-arnaque-au-gout-amer/

Quantité nette de la denrée alimentaire

La quantité nette de produit, ce que vous achetez en somme, doit figurer soit en unité de volume pour les liquides (litre, centilitre, millilitre), soit en unité de poids (kilogramme ou gramme). Bon là vous pensez : c'est facile, c'est clair, c'est net. Rien à dire. Sauf qu'avec les industriels, il faut toujours se méfier.

Quand je travaillais dans le négoce des sauces, nous entretenions habilement la confusion entre volume et poids. En effet, selon l'Insee, le consommateur français consacre en moyenne 23 minutes par jour à ses courses. Bien sûr, ce n'est qu'une moyenne, certains feront de petites courses plusieurs fois par semaine, d'autres iront passer deux heures et demie au supermarché chaque week-end. Quoi qu'il en soit, le choix de chaque produit de rayon en rayon se fait généralement en quelques secondes. Les consommateurs comparent visuellement les produits entre eux et se représentent mentalement le volume du produit avec son emballage et, pour des références qui leur paraissent comparables, achètent le moins cher. Eh oui, toutes les études montrent que le prix reste le critère de choix numéro un, et très largement.

Peu de clients regardent les prix réellement comparables, c'est-à-dire le prix au kilo de produit et non à l'unité de vente, et encore moins lisent en détail les mentions obligatoires.

C'est pourquoi vous allez trouver par exemple des pots en verre de mayonnaise qui vont tous se ressembler visuellement mais avec des poids nets de produit vendu légèrement différents selon l'épaisseur du verre et de subtiles variations de la forme du pot : 470 grammes, 455 grammes, ou même 432.

Pareil pour les paquets de biscuits, les tablettes de chocolat de moins de 100 grammes, ou le pot de yaourt dont le standard de 125 grammes est mis à mal par des petits malins proposant de plus en plus des pots à 115 grammes, voire 90. Sans bien sûr baisser le prix de vente unitaire du pot en question.

Une façon efficace d'augmenter... ses prix sans les augmenter !

Eh oui, jusqu'en 2007, la réglementation imposait aux fabricants de vendre leurs produits par fraction de kilo (125 grammes, 250 grammes, 500 grammes, etc.). Ensuite l'Europe, toujours elle, a tout libéralisé. C'est pourquoi il est devenu très difficile de comparer des produits dont les poids nets sont de plus en plus hétérogènes dans les gammes. Seule parade : comparer les prix au kilo ou au litre, qui eux ne sont pas manipulables. Éventuellement montrer votre mécontentement en n'achetant pas les conditionnements visiblement minorés pour vous gruger comme les yaourts en dessous de 125 grammes, les tablettes de chocolat en dessous de 100 grammes...

Une dernière chose pour les poids nets. Il est fréquent que l'industriel mette volontairement un peu moins de produit qu'indiqué sur l'emballage. En effet, les autorités admettent une marge d'erreur, à cause de l'imprécision des équipements, et il est impossible de garantir que tous les produits auront strictement le bon poids, ou volume. La plupart des industriels, et je l'ai constaté dans la majorité des entreprises où j'ai travaillé, se calent sur un poids légèrement inférieur. 5 ou 10 grammes de grattés sur des centaines de milliers de produits, ça représente quelques tonnes de produits et c'est toujours ça.

Une autre façon de tricher sur les poids, que nous utilisions allègrement, c'était d'ajouter de l'eau au produit, notamment par injection ou trempage, ce qui se pratique à grande échelle dans le cas des poissons, des fruits de mer, du jambon, et en vaporisant une couche de glaçage sur les produits surgelés sans la compenser totalement.

En effet, les produits surgelés ou humides se vendent avec l'indication du poids net égoutté normalisé. Mais charger le produit en eau contenant des additifs pour qu'elle reste bien dans le produit est un savoir-faire que nous maîtrisons.

Ce qui est drôle c'est que l'on m'a souvent dit qu'injecter de l'eau dans les produits était une démarche dégoûtante, sauf pour le jambon où ça le rendrait « meilleur », plus parfumé (on injecte aussi du sel et des arômes), plus moelleux. À vous de voir, mais il faut juste savoir que vous pouvez acheter des tranches de jambon contenant jusqu'à 25 % d'eau (+ additifs) ajoutée. Ce n'est pas ma conception de la qualité.

Date limite de consommation ou date de durabilité minimale, et date de congélation

Concernant les dates limites de consommation et, pour les congelés, la date de congélation, il faut bien avoir conscience que ces dates sont décidées par l'industriel. Pour la date de congélation, il n'y a rien à dire. En revanche, pour les dates limites, le fabricant est censé vous indiquer une date jusqu'à laquelle il vous garantit que le produit peut être consommé sans risque, et n'a pas perdu sensiblement de ses qualités.

Pour un produit qui peut se révéler dangereux après un temps donné, on parlera de DLC (Date limite de consommation), date au-delà de laquelle il ne faut pas le manger. Si le produit est moins sensible et peut encore se consommer sans risque, bien qu'il soit moins bon, moins coloré, bref bien qu'il se soit visiblement dégradé, on indiquera alors une DLUO (Date limite d'utilisation optimale), date après laquelle vous pouvez encore le consommer pendant un temps raisonnable, de quelques jours à quelques semaines suivant les produits et les conditions de stockage.

La viande hachée, par exemple, qui est un produit sensible et potentiellement dangereux, aura une DLC. Le chocolat, qui, au pire, deviendra rance avec le temps, aura une DLUO. Facile.

Les enseignes mettent en avant dans leurs rayons les DLC et DLUO courtes pour éviter les pertes. On vous dit aussi qu'il ne faut pas hésiter à acheter un produit proche de sa DLC ou DLUO et ne pas hésiter à le consommer encore après. Personnellement, je ne le fais pas, et je ne vous le conseillerais pas. D'une part il n'y a rien de meilleur qu'un produit frais car les vitamines et éléments nutritifs fragiles se dégradent rapidement. Et, d'autre part, les industriels, sous pression de la grande distribution, ont tendance à allonger un peu trop les dates limites pour lui laisser le temps d'écouler ses stocks. Je peux vous en parler très à l'aise puisque c'est très exactement ce que nous faisions avec nos produits, sauces, épices ou surgelés.

C'est pourquoi vous trouverez de temps en temps des produits décolorés, au goût rance, ou bien fades alors qu'ils sont censés avoir encore de beaux jours devant eux.

Conditions particulières de conservation et/ou d'utilisation

Les conditions particulières de conservation et/ou d'utilisation sont des mentions simples comme « conserver au froid après ouverture », « conserver dans un endroit sec », ou « ne pas mettre l'emballage au micro-ondes ».

Il n'y a pas grand-chose à en dire, ce sont des informations utiles dont il faut tenir compte.

Nom ou raison sociale et adresse du fabricant ou conditionneur ou vendeur établi à l'intérieur de l'Union européenne

Ces mentions sont une excellente chose pour retrouver le responsable en cas de problèmes sanitaires. Les consommateurs devraient toujours être en droit de savoir qui fabrique le produit et où. Pourtant, c'est impossible pour les marques des enseignes de distribution. En effet, ce sont des industriels qui fabriquent pour les distributeurs, et cette information, qui pourrait vous aider dans vos choix, vous est volontairement cachée.

Cette opacité a été instaurée dans le seul intérêt des distributeurs, car elle leur permet de changer de fournisseur sans en informer les clients, ou de leur imposer un fournisseur dont ils ne voudraient pas.

Dans une des entreprises dans laquelle j'ai travaillé, lorsque nous fabriquions pour une enseigne de distribution, à côté de nos produits à notre marque, nous n'indiquions que notre « code emballeur ». C'est une suite de chiffres propre à chaque usine qui commence par EMB suivi du numéro de département. Pas vraiment clair ni utile pour les consommateurs.

Sur chaque produit devraient être clairement indiqués le nom du vrai fabricant, et l'endroit où est située l'usine.

Pays d'origine ou lieu de provenance

La neuvième mention obligatoire est l'indication du pays d'origine (et ce serait très bien si on s'arrêtait là) ou du lieu de provenance (aïe).

Juste une petite anecdote pour vous faire comprendre ce que je veux dire, et pourquoi vous ne trouvez pas toujours le pays d'origine clairement marqué sur les emballages.

Nous étions en comité de direction avec notre P.-D.G., et discutions à propos d'un appel d'offres de miel à marque distributeur auquel nous devions répondre pour une grande enseigne française (son nom n'a pas d'importance, car nous livrions plusieurs enseignes et elles nous demandaient toutes la même chose, des prix bas, encore plus bas, toujours plus bas...).

— Concernant l'appel d'offres de 400 tonnes de miel toutes fleurs en pots de 1 kilo, le client ne veut pas qu'on indique l'origine chinoise du miel sur les étiquettes ! Il a peur que cela déplaise aux clients, précisa notre P.-D.G. à l'intention du directeur industriel.

— Oh, ce n'est pas un problème, répondit ce technicien bourru. Comme c'est obligatoire d'indiquer l'origine des produits, on mélangera du chinois avec un tout petit peu d'espagnol ou de roumain, et on pourra écrire « mélange de miels originaires et non originaires de la CE (Communauté européenne) », on a l'habitude.

— Oui, c'est bien, reprit le P.-D.G., mais un miel européen sera plus cher, au moins le double, et en plus on aura des coûts de mise en œuvre pour faire le mélange.

— On en mettra un minimum ! On indiquera 10 % dans le cahier des charges et comme les machines ne sont pas très précises on sera plutôt entre 3 et 5 % en réalité, s'amusa le directeur industriel.

Le P.-D.G. réfléchit quelques secondes et s'adressa à moi :

— Christophe, vous n'avez pas de solutions pour avoir d'autres origines que la Chine mais au même prix, ou pratiquement ?

— Rien n'est moins cher que le miel chinois. Tout le monde sait : nous, nos clients, même les services des fraudes, que les Chinois pratiquent une fraude à échelle industrielle et que leur miel contient davantage de sucres industriels ajoutés que de vrai miel. Les fournisseurs chinois fraudent ouvertement, les autorités chinoises ferment les yeux, et il n'y a pas de contrôles sérieux à l'importation.

— Écoutez, reprit le P.-D.G., on ne fera aucune marge avec ce contrat. Si on y va, c'est pour que le client nous achète d'autres références sur lesquelles on gagnera notre vie et amortira nos frais fixes. Il me faut des solutions pour rester dans les prix, en ne marquant nulle part le mot « Chine », avec une étiquette qui fasse rêver, pleine de jolies fleurs, avec une ruche à l'ancienne et des abeilles.

— J'ai peut-être une solution, dis-je. Un de nos fournisseurs allemands m'a proposé de l'origine Amérique du Sud : Argentine, Pérou, et aussi Mexique, à des prix quasi identiques au prix chinois.

Le directeur industriel me regarde avec de gros yeux :

— C'est beaucoup plus cher l'Amérique du Sud ! Ils ont une très bonne qualité, mais tout ce qu'ils produisent est consommé localement ou part aux États-Unis, et leurs volumes sont beaucoup plus faibles que les Chinois.

— Oui, je sais bien et c'est pour cela que je ne crois pas une seconde que ce miel soit réellement d'Amérique. Mais les États-Unis ont instauré une taxe anti-dumping sur le miel chinois, l'Allemand a mis en place un petit stratagème pour continuer à importer du miel chinois aux États-Unis sans payer de taxe. Il exporte massivement du miel chinois dans des pays comme l'Argentine, le Vietnam ou l'Inde, change les étiquettes, et le réexporte tel quel avec un faux certificat d'origine.

— On aura donc du miel chinois avec un certificat d'origine argentine ? demanda notre P.-D.G. Donc du miel argentin au prix du chinois.

— Oui, pratiquement au même prix. Il y aura un petit surcoût lié au transport et à la « naturalisation ». On sera en tout cas bien moins cher que n'importe quel miel européen et on pourra indiquer « miel d'Amérique du Sud » ou « miel d'Argentine » ou « Mexique » si on veut sur l'étiquette et dans le cahier des charges.

Vous ne serez pas surpris d'apprendre qu'on a remporté l'appel d'offres haut la main. Et quand je pense qu'on dit que « le crime ne paie pas ». Comme quoi les dictons…

Manque de chance, peu de temps après, les responsables du bureau américain de mon fournisseur allemand ont été arrêtés par la police locale pour fraude, et tout ce beau monde a disparu du jour au lendemain.

Mais rassurez-vous, aussitôt un courtier japonais et un importateur anglais m'appelaient pour me proposer, eux aussi, du miel « d'Amérique du Sud » à des prix imbattables.

Encore aujourd'hui, des distributeurs proposent du miel premier prix originaire d'Amérique du Sud, de CE (Communauté européenne) ou d'ailleurs, mais qui n'est, en réalité, qu'un assemblage de sucres liquides industriels fabriqué en Chine.

Et pour en revenir à la mention obligatoire du lieu de provenance, il est scandaleux qu'on autorise des mentions comme « originaire de la CE » et « hors CE ». On se moque du monde ! C'est une incitation très claire à vous cacher des origines peu flatteuses, la Chine essentiellement, dont la plupart des consommateurs, avec raison, ne voudraient pas.

Mon conseil, partout où vous pouvez lire « hors EU » ou « hors CE » n'achetez pas. Si c'était une bonne origine, on la marquerait sur l'emballage !

Il faut aussi savoir que, comme démontré dans mon exemple, de nombreux produits importés changent d'origine en passant les frontières. J'ai acheté beaucoup de miel d'acacia de Hongrie qui n'avait jamais vu une abeille hongroise, peut-être même jamais vu d'abeille du tout, des écrevisses de Turquie en réalité chinoises, ou des noisettes de Grèce qui avaient poussé en Turquie. Nous importions aussi des dizaines de tonnes par an de truffes de Chine qui partaient en Espagne, puis au Luxembourg avant de revenir en France en ayant acquis la nationalité espagnole.

Bon, vous me direz, il y a encore plus fort. Certains arrivent à transformer de la viande de cheval en viande de bœuf rien qu'en passant une frontière.

Comme quoi tout est possible dans l'agroalimentaire !

Mode d'emploi si son absence rend difficile un usage approprié de la denrée alimentaire

et

Titre alcoométrique volumique acquis pour les boissons titrant à plus de 1,2 % d'alcool en volume

Concernant le mode d'emploi si son absence rend difficile un usage approprié de la denrée alimentaire, et la teneur en alcool si on dépasse 1,2 % d'alcool pur en volume, ce sont des informations qui peuvent être utiles et je n'ai pas de commentaires particuliers à faire.

Les industriels ne tricheront pas sur ces mentions car ils veulent que les clients sachent utiliser leurs produits pour en racheter, et le taux d'alcool est facile à mesurer. De plus, les clients qui achètent des produits alcoolisés savent à quoi s'attendre.

Déclaration nutritionnelle

Enfin, la dernière mention obligatoire dans toute l'Europe, depuis le 13 décembre 2016, et qui continue à faire couler beaucoup d'encre, est la déclaration nutritionnelle.

Il faut bien comprendre de quoi on parle. La déclaration nutritionnelle a été instaurée pour lutter contre la progression rapide de l'obésité et des maladies causées par la malbouffe, dans nos sociétés, en permettant aux consommateurs de comparer la qualité nutritionnelle des produits entre eux, pour s'orienter vers les plus sains ou vers des produits moins nutritifs si besoin.

Le contenu de la déclaration nutritionnelle obligatoire inclut les éléments suivants : la valeur énergétique, la quantité des matières grasses, d'acides gras saturés, de glucides, de sucres, de protéines et de sel.

C'est déjà bien et ces paramètres sont utiles pour se faire une idée sur la qualité du produit, mais il y a hélas plusieurs bémols.

Tout d'abord ces indications ne sont pas suffisantes pour valider l'idée qu'un produit est véritablement bon pour vous. En effet, certaines informations nutritionnelles importantes ne sont que facultatives, comme la teneur en acides gras mono-insaturés, acides gras polyinsaturés, polyols, amidon, fibres alimentaires, vitamines et minéraux.

Et, plus problématique, les molécules toxiques volontairement ajoutées, additifs et auxiliaires technologiques, ou autres polluants (métaux lourds, pesticides, etc.) ne sont simplement pas du tout pris en compte.

Enfin, la déclaration nutritionnelle place sur un pied d'égalité les molécules naturelles et celles obtenues par synthèse chimique. Pourtant, leur biodisponibilité est très différente. En effet, une vitamine naturelle, comme la vitamine E par exemple, qui n'existe dans la nature que sous forme d'une seule molécule, sera parfaitement tolérée et assimilée par votre organisme. Alors que la vitamine E artificielle, mélange de 8 molécules différentes dont certaines ne sont pas du tout assimilées, devra être largement surdosée pour un effet comparable.

Les valeurs de la déclaration nutritionnelle doivent être indiquées pour 100 grammes ou 100 ml de produit, et l'industriel peut aussi, s'il le souhaite, vous donner ces informations par unité de consommation ou par portion.

Tout cela serait très bien si ces informations étaient simples et peu nombreuses. Or, au contraire, il est très compliqué de s'y retrouver dans des valeurs énergétiques exprimées en kilojoules ou kilocalories, de convertir ces valeurs exprimées pour 100 grammes en portions pour adultes, pour enfants. Bref ces valeurs sont peu parlantes, trop nombreuses et complexes. D'ailleurs, bien souvent, l'industriel en rajoute pour noyer le poisson (et le consommateur) et vous enlever l'envie d'y regarder de trop près.

C'est pourquoi les associations de consommateurs se battent depuis des années pour l'adoption d'un repère visuel simple sous forme de code couleur et/ou de lettres. Oui, un peu comme à l'école – A c'est bon, E c'est nul – ou le code de la route – vert c'est bien, rouge on se méfie. Bref un truc simple que tout le monde comprendrait sans passer des heures sur un tableau de données compliqué et, bien entendu, différent d'un paquet à l'autre.

On pensait tenir une bonne nouvelle lorsqu'en octobre 2017, Nutri-Score, élaboré d'après les travaux de l'Institut national de la santé et de la recherche médicale (Inserm), a été choisi comme logo nutritionnel officiel par les ministères français de la Santé et de l'Agriculture.

Mais Nutri-Score ne plaît pas aux industriels et à la grande distribution qui sont au cœur du système de la malbouffe, et nous inondent de produits de qualité nutritionnelle déplorable. Ils font donc tout ce qu'ils peuvent pour retarder sa mise en œuvre.

Selon la communication de l'ANIA (Association nationale des industries alimentaires), tout cela est finalement inutile car « aucun aliment ne peut être considéré en soi comme bon ou mauvais pour la santé… Enfermer les aliments dans un code couleur conduit souvent à raisonner de manière binaire et erronée ».

Si on les écoute, tout se vaut : soda ou eau minérale, steak entier ou hamburger, salade ou frites, légumes frais ou ketchup… Il faudrait mettre la pastille verte pour tout le monde ! Affligeant !

Et ils ne sont pas les seuls. En novembre 2017, le magazine *Que choisir* de l'Union française des consommateurs (UFC)[1] nous explique qu'« Alliance 7, la fédération des produits de l'épicerie qui défend les intérêts des professionnels de la confiserie, des céréales du petit-déjeuner ou encore des biscuits et gâteaux, ne l'entend pas de cette oreille. Elle fait même carrément mine de ne pas être au courant. Le syndicat professionnel vient d'envoyer à tous ses adhérents une lettre d'engagement incitant à adopter le contre-système Nutri-couleurs[2] développé par Coca-Cola, Nestlé, Mars, Mondelez, Pepsico et Unilever ».

Nutri-couleurs est, bien entendu, beaucoup plus compliqué et, sous couvert d'informer le consommateur, il protège en réalité les intérêts des industriels. Avec une couleur par catégorie (sucre, matières grasses, acides gras saturés et sel) c'est bien le diable, et c'est le but recherché, si on n'a pas au moins un peu de vert quelque part. Ainsi une pizza riche en gras et sel (point orange), extrêmement riche en acides gras saturés (point rouge), aura un point vert pour le

1. https://www.quechoisir.org/actualite-etiquetage-nutritionnel-la-contre-attaque-des-confiseurs-n48140/

2. Marie-Noëlle Delaby, « Étiquetage nutritionnel. Des géants de l'agroalimentaire lancent leur propre logo », *Que choisir*, 16 mars 2017.

sucre. Des céréales bourrées de sucre, auront du vert pour le gras… Bref des produits totalement déséquilibrés qui vous abîment la santé arboreront de jolis points verts.

Comme nous allons le voir dans le chapitre suivant, il faut donc absolument et catégoriquement rejeter les logos et référentiels venant de l'industrie. N'oubliez jamais que les industriels vivent de la malbouffe et font tout pour que rien ne change.

Chapitre 5

La valse des étiquettes (partie 2)

Des logos à gogo

Selon le vieux principe qui veut que « trop d'info tue l'info », les linéaires de vos supermarchés sont une symphonie de couleurs, d'images toutes plus attractives les unes que les autres, de paquets bigarrés et couverts d'inscriptions, etc.

Pour rendre plus ardues encore la navigation et l'information des consommateurs, les emballages alimentaires sont, en plus des « mentions obligatoires », parsemés de tout un tas de logos et allégations diverses. Tout cela est facultatif et utilisé à des fins de marketing, pour inciter le consommateur à l'acte d'achat impulsif plus qu'à la réflexion. Les industriels essaient ainsi de promouvoir leurs produits avec des promesses et des garanties plus ou moins réelles. Pour le consommateur lambda, il est très difficile de s'y retrouver car certains marquages sont sérieux et officiels, alors que d'autres sont de pures fantaisies, voire des mensonges éhontés.

Mais vous avez de la chance, j'ai pratiqué tout cela et je vais vous prêter mon GPS.

Commençons par le plus simple, les allégations nutritionnelles et de santé.

L'EFSA[1] nous dit qu'« une allégation nutritionnelle communique ou suggère qu'une denrée alimentaire possède des propriétés nutritionnelles bénéfiques ; il s'agit par exemple des mentions « faible teneur en graisses », « sans sucre ajouté » ou « riche en fibres ». Par allégation de santé, on entend toute mention utilisée sur les étiquettes, à des fins de publicité, ou sur des produits de marketing selon laquelle la consommation d'un aliment donné peut avoir des bienfaits pour la santé ; par exemple qu'un aliment peut « contribuer au renforcement des défenses naturelles de l'organisme ou améliorer les capacités d'apprentissage ».

L'agence européenne de sécurité alimentaire précise que, depuis décembre 2006, « toute allégation doit être claire et justifiée par des preuves scientifiques ». Vous conviendrez que c'est la moindre des choses.

Mais il est vrai qu'avant cette date on pouvait marquer tout et n'importe quoi sur les emballages, et attribuer des vertus imaginaires à nos produits, ce dont nous ne nous privions pas.

— Pour la gamme d'infusions santé, j'ai travaillé sur de nouvelles références, annonce Julian, notre directeur marketing, lors d'un de nos glorieux comités de direction.

— C'est pas trop tôt, lâche Denis, le directeur commercial. La gamme se vend bien, il y a une forte demande pour les produits santé, il faut en profiter.

Ignorant la remarque, Julian distribue dédaigneusement quelques planches cartonnées format A3 aux membres du comité en commençant naturellement par le DG, qui lui seul a droit à un sourire.

— C'est pas mal, commente le patron, on retrouve les codes de la gamme, la couleur claire, la silhouette féminine, les plantes.

1. https://www.efsa.europa.eu/fr/topics/topic/nutrition-and-health-claims

— La première référence, c'est « Détox-nature ». Tout est dans le nom. C'est clair, percutant...

— Et quelle est la recette pour ton mélange censé détoxifier ? lui demandai-je.

— On a pris la base « thé vert et réglisse » pas chère, et on a mis du frêne pour drainer, du pissenlit pour la digestion et détoxifier, du fenouil aussi. On a largement de quoi communiquer.

— Mais, fais-je remarquer, on a déjà une référence « Drainage » avec de l'ortie et de l'artichaut...

— Justement, intervient le directeur commercial, on doit changer de plantes pour que la consommatrice voie que c'est différent, et si possible achète les deux références. On sait tous très bien que les plantes à infusion n'ont aucun effet, et c'est bien pour cela que c'est en vente libre. Sinon ce serait depuis longtemps la chasse gardée des pharmaciens.

— Mais les clientes n'en savent rien, reprend Julian. On met de l'artichaut et du pissenlit, mais on pourrait aussi mettre de l'asperge, des queues de cerises ou n'importe quelle autre plante autorisée. Ce qui compte c'est ce que nous, spécialistes, on leur dit. Si on l'écrit, si on l'affirme, et qu'on nous laisse faire, c'est que c'est vrai. Il faut juste ne pas se mélanger et être en accord avec les concurrents.

— De toute façon, plus elles boivent, plus elles urinent, fait remarquer le DG avec son délicat sens de l'à-propos. On a donc de toute façon un effet drainage, détox, minceur, et tout ce que vous voulez.

— Comme ça n'a pas d'effet, ça ne peut pas être dangereux, renchérit le directeur commercial. Et personne ne s'emmerdera à prouver que ça ne marche pas.

— Passons aux références suivantes, invite Julian. « Jambes lourdes » et « Circulation », avec de la vigne rouge, de l'olivier et de l'anis vert. Une sera aromatisée au cassis et l'autre au pamplemousse.

— Je suis court en vigne rouge en ce moment, les prix ont beaucoup augmenté, intervins-je.

— Eh bien alors, Christophe, demande le DG, par quoi peut-on remplacer ?

— Thym citron, c'est pas cher en ce moment, de la réglisse, j'en ai un bon stock, ou un grand classique comme l'hibiscus si tu veux rester sur du rouge.

— Hibiscus, anis vert et arôme cassis, c'est bien, réfléchit Julian. Et pour les propriétés, ça colle ?

— Bof, on peut dire ce qu'on veut. Certains de nos concurrents les utilisent comme stimulants digestifs, pourquoi pas la circulation ?

— Faudra juste vérifier qu'on ne communique pas déjà sur autre chose avec l'hibiscus, commente le directeur commercial.

— Ensuite, on aura « Sommeil sérénité » et « Détente relaxation » avec du tilleul et de la fleur d'oranger. Puis « Santé du foie »...

— « Santé du foie » ! Dis donc, tu ne vas pas un peu loin en promettant qu'une tisane va soigner ton foie ? lui demandai-je. Pourquoi pas « soigne les verrues » ou « donne de l'éclat à la peau » ?

Julian se tait et me regarde froidement. Pendant quelques secondes plus personne ne parle ; un ange passe. Je me mords la langue et pense l'avoir vexé. Bon encore que ça, je m'en fiche, mais le DG va sans aucun doute me lancer une de ses remarques acerbes auxquelles les employés ne peuvent pas répliquer. Mais non, Julian a finalement repris comme si de rien n'était...

— « Beauté de la peau », c'est la référence suivante, avec thym et verveine...

*

Voilà ce qui se passait avant 2006. En gros, on faisait n'importe quoi en attribuant les vertus qui nous arrangeaient à tout et n'importe quoi. Mais maintenant qu'une réglementation cohérente a été mise en place, tout doit être rentré dans les clous, me direz-vous.

Eh bien, vous avez raison… à 20 %.

En effet, en 2016, la DGCCRF a contrôlé les allégations santé des compléments alimentaires[1] et constaté « un taux élevé de non-conformités (près de 80 %) ». Et c'est la même chose pour les tisanes miracles anti-stress, circulation, jambes lourdes, ménopause, beauté de la peau, détox, drainage, minceur, tonus…

La DGCCRF s'est principalement focalisée sur les ventes sur Internet, mais la situation est identique dans les autres circuits de distribution que sont les grandes surfaces et les parapharmacies.

Aujourd'hui relativement peu de substances ont fait la preuve scientifique de leur efficacité et ont obtenu une allégation santé. Il s'agit par exemple de vitamines comme la biotine[2], d'oligoéléments comme le fer, ou de cultures vivantes comme dans le yaourt. Pour le reste, il n'y a pratiquement rien.

Et les allégations autorisées sont heureusement strictement encadrées pour éviter la surenchère. Par exemple, on peut dire que les germes vivants du yaourt « améliorent la digestion du lactose pour les personnes qui ont des difficultés à le digérer », rien de moins, rien de plus. On ne peut pas parler d'effet « probiotique », d'action positive sur le

---

1. http://agro-info.fr/2016/03/31/allegations-de-sante-et-complements-alimentaires/

2. La biotine est aussi appelée vitamine B8. Sur le plan diététique, on la retrouve notamment dans les céréales complètes, le foie, les œufs et le lait, mais aussi le soja, les noisettes, les levures.

système immunitaire ou la digestion en général. D'ailleurs, à ce jour, aucune bactérie n'a prouvé un quelconque effet « probiotique » et aucune allégation à ce sujet n'est autorisée.

Les industriels sont très forts pour communiquer et faire passer beaucoup de faux messages dans l'opinion, comme attribuer, ou suggérer, des vertus à certaines substances qui n'ont pourtant jamais prouvé le moindre effet sur la santé. Ces fausses informations sont ensuite reprises un peu partout et les gens finissent par les considérer comme des vérités parce qu'on l'a lu quelque part, ou qu'une amie nous en a parlé.

Quelque temps plus tard, Julian est venu me trouver au sujet d'un nouveau produit pour sa gamme :

— On va lancer « Confort urinaire », une tisane spéciale pour les femmes et j'ai besoin que tu me trouves de la canneberge.

— Pas de problème, Julian, la canneberge, c'est assez commun, j'ai des fournisseurs qui m'en proposent de temps en temps. Tu veux quelle taille de morceaux ? C'est pour la couleur ou le goût ?

— Je m'en fiche, prends ce qu'il y a de moins cher du moment que c'est de la canneberge, c'est contre la cystite.

— Ah bon ?

— Ben oui, tout le monde sait que c'est excellent pour lutter contre l'infection urinaire chez la femme.

Comme je n'ai pas voulu passer pour un ignorant, je n'ai rien ajouté et j'ai demandé des éclaircissements à mon conseiller spécial en affaires féminines, ma femme.

— Chérie, tu sais si la canneberge a des vertus médicinales ?

— Oui, bien sûr, c'est bon contre les infections urinaires.

— Comment tu le sais ? Tu en utilises ?

— Non, je n'ai pas ce genre de problèmes, mais j'ai une collègue qui boit des litres de soda à la canneberge quand ça lui arrive.

— Et ça marche ?

— Oui, certainement. Enfin, pour elle, ça finit toujours par passer.

— Et elle, elle le sait d'où ?

— C'est un truc de filles très connu. J'ai déjà vu des articles dans des revues et sur Internet.

— Des articles et des sites sérieux ou des publicités déguisées ?

— Tu m'agaces à la fin, puisque je te dis que tout le monde le sait !

Je n'ai pas insisté, puisque « tout le monde le sait » c'est que c'est forcément vrai. La canneberge est un bon filon, on en vend beaucoup, sous forme de fruit frais, congelé ou séché, de jus, ou de soda. De nombreux industriels ont réclamé une allégation santé pour la canneberge mais… personne, jamais, n'a été en mesure de démontrer le moindre effet bénéfique sur le bien-être urinaire. C'est donc une pure légende urbaine, et c'est pourquoi aucune allégation santé n'est autorisée pour la canneberge.

C'est exactement la même chose pour les queues de cerises, ou la reine-des-prés, une plante herbacée vivace européenne, censées faciliter l'élimination de l'eau, le thé vert qui éliminerait les toxines et bien d'autres affirmations illusoires. Aucune substance alimentaire à ce jour n'a démontré un effet « détoxifiant », « confort urinaire » ou « sérénité ».

En résumé, boire beaucoup de tisanes miracles ou simplement de l'eau pure vous fera quasiment le même effet (et l'eau pure ne risque pas de contenir des arômes et autres additifs et substances potentiellement toxiques).

Mais l'important, au-delà de l'argent que rapporte ce secteur en pleine expansion, n'est-il pas que les gens y croient dur comme fer et en ressentent un bénéfice ? Effet placebo ou résultat simplement d'une bonne hydratation ? D'où le succès millénaire de ces tisanes magiques !

Les fabricants, y compris les plus connus comme La Tisanière épinglée début 2018 par Foodwatch[1] pour son infusion « drainage et élimination pamplemousse », profitent d'une période de flou depuis 2012. En effet, pour contrer cette nouvelle réglementation gênante, les industriels ont inondé l'AFSA de milliers de demandes d'allégations qui, tant qu'elles ne sont pas évaluées, sont autorisées.

Je ne veux pas vous enlever vos illusions, mais l'efficacité réelle de ces tisanes, alicaments et autres compléments alimentaires sur votre santé est du même ordre que le sont, pour la libido des Chinois, la poudre de corne de rhinocéros ou celle de pénis de tigre. Pour vous détendre, éliminer, ou simplement pour le goût, rien ne vaut un tilleul de Provence, une verveine, ou une camomille de nos régions.

Méfiez-vous des promesses sur les emballages, elles sont rarement tenues. Évitez tous ces faux produits miracles, achetez des produits simples, si possible bio et locaux. Gardez à l'esprit que rien ne vaut une bonne hygiène de vie, et qu'il est important de faire attention à ce que l'on mange, en qualité comme en quantité.

*

Les allégations ne sont pas les seuls éléments qui doivent éveiller votre vigilance. Les emballages alimentaires arborent aussi nombre de jolis logos et labels distinctifs qui, dans l'esprit des consommateurs, sont des garanties plus ou moins officielles d'une qualité (au sens large) supérieure.

1. https://www.foodwatch.org/fr/s-informer/topics/arnaque-sur-l-etiquette/dernieres-actus/la-tisaniere-detox-ou-intox/

Les industriels se démènent pour obtenir ces sésames, car ils permettent de vendre plus et plus cher.

Mais tous les logos ne se valent pas, loin de là. Il en est de très sérieux et réellement officiels, ce sont bien entendu ceux qu'il faut privilégier lors de vos achats.

Le label bio en est le parfait exemple[1]. Les intervenants qui veulent appliquer le logo à la feuille verte (logo européen des produits issus de l'agriculture biologique) sur leurs produits, doivent avoir été contrôlés par un organisme certificateur agréé, en France, par l'INAO (Institut national de l'origine et de la qualité, qui dépend du ministère de l'Agriculture). Ce logo atteste qu'ils respectent la législation européenne spécifique aux produits biologiques. Ces organismes certificateurs pour le bio, entreprises privées, sont au nombre de 8 en France, et la plus connue est Ecocert.

Le Label Rouge[2] est lui aussi un label officiel homologué par l'INAO censé « attester d'un niveau de qualité supérieure ». Un cahier des charges proposé par les professionnels est validé par l'INAO et définit les critères de qualité supérieure applicables au produit. Il n'est pas directement lié à un terroir, ou à une recette traditionnelle.

Toujours sous contrôle de l'INAO, les appellations d'origine géographique, AOC (Appellation d'origine contrôlée, réservée au vin), AOP (Appellation d'origine protégée), et IGP (Indication géographique protégée), garantissent les qualités et caractéristiques du terroir d'origine et du savoir-faire du producteur.

Enfin, moins connue, il y a la STG (Spécialité traditionnelle garantie), proche des AOC, mais qui ne fait pas référence à une zone géographique précise. La STG garantit une

1. Lire le chapitre 17 : Vrai bio-faux bio, comment s'y retrouver ?

2. https://www.inao.gouv.fr/Les-signes-officiels-de-la-qualite-et-de-l-origine-SIQO/Label-Rouge

composition ou un mode de production traditionnel du produit. Une fois la STG validée pour un produit donné, tous les producteurs de l'Union européenne ou d'ailleurs peuvent produire la spécialité et utiliser le nom de la STG et le logo européen dans la mesure où le cahier des charges est respecté. La seule STG française est la moule de bouchot. En Italie, vous avez la mozzarella et la pizza napolitaine, et, en Espagne, le jambon Serrano entre autres.

À mon sens, tout cela est un peu compliqué. Le terme AOC devrait être abandonné, car il ne s'applique plus en France que pour le vin et on pourrait très bien l'intégrer à l'AOP. De même, il y a doublon entre le Label Rouge et la STG. Pourquoi là aussi ne pas les fusionner, d'autant plus que la STG concerne un nombre ridiculement petit de références, une seule pour la France, deux pour l'Italie. Ainsi on aurait trois niveaux de qualité, l'AOP avec les meilleures garanties de qualité et d'origine, l'IGP, moins restrictive, et le Label Rouge/STG pour une qualité supérieure. Ce serait plus simple et lisible.

Pour ces labels, là encore, des organismes certificateurs privés s'assurent du respect des cahiers des charges officiels par des contrôles réguliers.

Il ne faut cependant pas être naïf : les industriels regardent ces labels avec envie et manœuvrent en coulisse pour tenter de se les approprier en toute discrétion. Or l'INAO dépend du pouvoir politique sur lequel les industriels exercent toute leur influence, via le fameux « lobbying », dont nous avons déjà parlé.

Fin 2011, le journal *Sud Ouest*, dans un article intitulé « Les conditions d'attribution du Label Rouge abaissées[1] », dénonçait le fait que les industriels du foie gras avaient

1. Jacques Ballarin, « Gastronomie : les conditions d'attribution du Label Rouge abaissées », *Sud Ouest*, 29 décembre 2011.

obtenu de l'INAO un cahier des charges plus souple. Ce qui leur « permet d'aller vite et de tenir les volumes nécessaires à la production de masse », tout cela au détriment de la qualité bien entendu. Dorénavant, les rayons de nos supermarchés sont remplis des mêmes foies gras industriels qu'avant, ceux-là mêmes qui, sans que leur qualité ne se soit améliorée, ont été promus Label Rouge. Elle est pas belle, la vie ?

Et encore, je ne vous ai parlé que des labels « officiels », alors imaginez le grand bazar parmi les dizaines d'autres marques distinctives.

Vous avez quelques logos disons « écoresponsables ». Les plus sérieux sont gérés par des associations militantes, voire des organismes officiels. C'est le cas par exemple du label Max Havelaar pour le commerce équitable. Il certifie que le produit a été acheté à un prix correct et réalisé dans des conditions respectueuses des droits de l'homme.

Pour la sauvegarde de l'environnement, si vous achetez du poisson sauvage, privilégiez les produits siglés « pêche durable » par FranceAgriMer ou MSC[1]. Ils aident à lutter contre la surpêche et à éviter que nos océans ne se transforment en déserts marins.

Concernant la traçabilité des denrées, en plus des logos officiels européens dont nous venons juste de parler, choisissez éventuellement des produits avec un logo d'origine clair comme « viande bovine française », « origine Bretagne » ou similaires.

Pour ce qui est des logos indicateurs de qualité nutritionnelle, nous avons déjà parlé du fameux Nutri-Score. Je vous ai indiqué que c'était une bonne initiative que les industriels et distributeurs essaient de torpiller, notamment

1. L'organisation indépendante Marine Stewardship Council veille au respect du code de conduite pour une pêche responsable édité par l'Organisation des Nations unies pour l'alimentation et l'agriculture.

avec des contre-logos comme Nutri-couleur, plus compliqués et bien plus favorables aux produits industriels. Dans l'intérêt des consommateurs, il faut espérer que le ménage se fera en faveur de Nutri-Score, et que ce marquage deviendra obligatoire. Malheureusement, cela ne sera pas pour tout de suite et ne se fera pas sans combattre... Le 27 mai 2018[1], l'Assemblée nationale a en effet refusé de le rendre obligatoire sur les emballages alimentaires, contre l'avis des spécialistes de santé publique et des associations de consommateurs, et à la grande satisfaction des multinationales de la malbouffe. C'est bien entendu Nutri-Score qu'il faut privilégier dans notre intérêt à tous, et bien évidemment choisir en priorité les produits dont le logo est au vert.

Le logo Bleu-Blanc-Cœur est lui aussi une bonne initiative malheureusement trop peu connue. Il émane d'un collectif de paysans, médecins, ou scientifiques, qui militent pour une alimentation animale saine afin d'améliorer la qualité des produits animaux que nous consommons.

Personnellement, même si la vigilance doit toujours être de mise, j'ai plutôt confiance dans ces quelques logos. Je soutiens toutes ces initiatives en achetant en priorité les produits siglés, et j'aurais tendance à vous les recommander.

De nombreuses entreprises ont, elles aussi, développé dans leur coin des logos qui leur appartiennent avec chacun son propre cahier des charges. Certaines le font probablement sérieusement et avec conviction, mais il y a malheureusement des passagers clandestins qui agissent sans scrupule et seulement pour booster leurs ventes. Libre à vous de faire confiance ou pas à ces logos, qui sont, en réalité, des marques

1. « L'Assemblée rejette l'interdiction des publicités pour aliments trop gras et l'étiquetage nutritionnel obligatoire », *Le Monde*, 27 mai 2018.

commerciales déguisées. En ce qui me concerne, je m'abstiens généralement.

*

Tout en bas de la gamme des logos, vous en avez qui effectivement ne sont rien d'autre que de pures inventions marketing. On ne parle plus de qualité supérieure officiellement reconnue, de conformité à une norme, de respect d'un cahier des charges traditionnel ou de terroir, ni même d'un cahier des charges maison. On vous marque sur l'emballage que les produits ont été « élus » ou « choisis » par on ne sait pas bien qui, parmi on ne sait pas du tout quel assortiment de produits. Pour ceux-là, facile, un seul mot d'ordre : fuyez !

Ces logos sont vendus aux marques par les entreprises de marketing auxquels ils appartiennent. Il s'agit de faire de l'argent, rien d'autre. On se moque de la qualité véritable des produits, le but étant de trouver un prétexte pour que chaque produit puisse être « choisi ».

Les boîtes pour lesquelles j'ai travaillé en achetaient régulièrement, il suffisait que le produit soit « nouveau » (mais rassurez-vous, un nouveau nom ou un emballage relooké suffisent) et de payer les « frais de participation ».

À mon sens, ces logos sont volontairement trompeurs et devraient être purement et simplement interdits.

Mais les plus drôles restent les mentions marketing inventées pour la cause et nous avons eu d'innombrables discussions (on dit séances de « brainstorming ») à ce sujet :

— On ne pourrait pas trouver un truc bien vendeur pour se démarquer sur la gamme épices sèches en flacons plastique ? demande Denis, notre directeur commercial, à Julian au cours d'une de nos interminables réunions.

— On peut mettre « qualité garantie » si tu veux, répond le génie de la communication, pas très inspiré ce jour-là.

— C'est pas déjà sur les étiquettes des flacons en verre et sur les boîtes de thé vert ? fais-je remarquer.

— Ah oui, c'est possible, répond Julian. Mais ce n'est pas un problème, on va trouver autre chose.

— Et pourquoi pas « origine garantie », « grand cru », ou « épices de terroirs », c'est bien ça, propose Denis.

— Houlà, doucement ! s'emporte Julian en montant soudainement dans les aigus, ce qui me fait sursauter. Il ne faut pas qu'on puisse nous reprocher de vouloir tromper les consommateurs. On ne peut pas communiquer sur une origine garantie avec des épices qui viennent d'un peu partout, et qu'on mélange dans notre usine.

— Alors quoi ? demandons-nous en chœur.

— Il ne faut rien qui nous engage vraiment, rien qui puisse nous être légalement reproché. On peut communiquer sur un aspect subjectif, comme le goût ou la fraîcheur.

— Oui, la fraîcheur, c'est bien, c'est positif, c'est vendeur, répond Denis. Mais qu'est-ce qu'on peut dire ? Nos épices sont sèches, récoltées depuis des mois, ont fait des semaines de bateau dans des containers surchauffés, ont été stockées dans des entrepôts non réfrigérés…

— Sans compter les matières étrangères, comme le sable et les insectes, voire les cadavres de rongeurs qu'on retrouve de temps en temps, fais-je remarquer fort justement. Les épices sèches, c'est pas vraiment des produits frais.

— N'importe quoi ! s'énerve Julian. Les problèmes n'existent que si on les voit. C'est un principe de base de la science cognitive, regardez les autruches.

Denis et moi, on s'observe rapidement, juste le temps de vérifier que l'autre non plus ne comprend pas ce que les autruches viennent faire là, et Julian reprend :

— Nous, à la différence des consommateurs, on connaît la réalité, on sait comment les épices sont cultivées, importées et fabriquées. C'est un produit agricole comme un autre, et on ne fait pas de différence avec les fruits secs, le thé ou les légumes qu'on importe. Mais pour les consommateurs, à cause de l'histoire et de la publicité, cela représente toujours l'exotisme, les grands voyages, l'Orient, la gastronomie, bref un produit précieux, qui apporte de la saveur, transforme vos plats, un produit presque magique.

— Alors la fraîcheur, c'est peut-être pas le meilleur angle d'attaque, fait remarquer Denis. Mais on parle déjà beaucoup de saveur. On a une gamme « saveur lointaine », une autre « saveur gourmet », et aussi « saveur Maghreb » et je sais plus quoi.

— Alors, allons jusqu'au bout, répond Julian. Soyons les « magiciens des saveurs », ou les « maîtres du goût », ou les « génies des papilles ».

— Mouais, c'est pas mal, mais finalement j'aime bien l'aspect fraîcheur, reprend Denis.

— Mais pas de problème, on met les deux, c'est encore mieux. On mettra sous la marque en base line[1] « le génie du goût » pour toute la gamme et « fraîcheur garantie » sous forme d'un logo rond dans un angle et un peu penché, figurant un coup de tampon officiel.

— OK, mais il faut faire une gamme spéciale « fraîcheur garantie » avec le logo, ajoute Denis. Si on le fait pour tous les produits, ça banalisera et on ne se démarquera pas.

— Alors, on fait une nouvelle étiquette, conclut Julian. Mieux, on change la qualité de l'opercule plastique avec une épaisseur supérieure, et on communique sur une nouvelle technologie de conditionnement qui préserve

1. La base line est une courte phrase, un slogan attaché à une marque ou un logo, pour renforcer ou préciser le message publicitaire.

mieux la fraîcheur. Ce sera donc une nouvelle gamme plus qualitative, innovante et on pourra même acheter un logo « produit choisi par des consommateurs ».

Et voilà comment un produit standard, ni meilleur ni pire que les autres, se retrouve bardé de logos et de mentions valorisantes. Et je ne parle pas des heures passées pour choisir les illustrations, les couleurs des étiquettes et jusqu'à la texture des matériaux d'emballage.

En conclusion, soyez toujours très vigilants avec ces logos, on y trouve de tout et pas mal d'attrape-gogos. N'y voyez aucun militantisme, pas la moindre conviction, le seul but est d'augmenter les ventes.

En toutes circonstances, privilégiez les logos officiels et ceux d'organismes reconnus et, en attendant la naissance d'un logo simple qui fera la synthèse des qualités nutritionnelle, environnementale et sociale d'une denrée alimentaire, lisez plus que jamais et attentivement les listes d'ingrédients. Seule façon efficace de savoir (à peu près) ce que vous allez manger !

Chapitre 6

Les 10 principales idées reçues sur l'alimentation

Depuis la sortie de *Vous êtes fous d'avaler ça !*, lors de séances de dédicaces ou de conférences, j'ai eu de très nombreux échanges avec mes lecteurs et je me suis rendu compte que mes interlocuteurs, dont aucun n'était issu du milieu agroalimentaire, partageaient souvent les mêmes idées préconçues (et erronées) sur l'alimentation. Beaucoup des questions qui m'étaient posées étaient basées sur des postulats discutables, sur de fausses croyances. Elles étaient biaisées par des années de propagande et de campagnes marketing de la part des industriels et de la grande distribution. Il m'a donc semblé indispensable dans ce nouveau livre de passer en revue certaines assertions trop communément admises et d'en évaluer sérieusement le bien-fondé…

Idée reçue n° 1

Les « premiers prix » sont de bonnes affaires

Les grandes enseignes de la distribution communiquent toutes sur le même thème. En gros : « Ici, c'est moins cher qu'en face. » Le message distillé à longueur de journée est qu'en période de crise il faut maîtriser ses dépenses et foncer au supermarché pour bénéficier des prix les plus bas. Cette idée que seul le prix est important est renforcée par les nombreux documentaires télé et articles de presse, qui veulent nous convaincre que globalement tous les produits se valent, et que les plus malins font les meilleures affaires en achetant les moins chers, premiers prix, marques de distributeurs, produits soldés en fin de vie, etc., ou en allant s'approvisionner dans le *hard discount.*

On nous dit, comparatif qualité à l'appui, que tout cela se vaut et que la différence de prix ne s'explique que par des marges abusives, ou des dépenses exagérées en marketing de la part des grandes marques. Eh bien, voyons ce qu'il en est véritablement. À l'épreuve des faits.

Selon la société d'études marketing Kantar Media[1], en 2017, le plus gros annonceur en France avec des dépenses publicitaires de 499,9 millions d'euros est… est… allez, une idée ?… non, ce n'est pas Nestlé, pas Danone non plus, même pas L'Oréal, Coca-Cola ou Mc Donald's… c'est Lidl[2] !

Vous avez bien lu, l'entreprise qui dépense le plus d'argent dans de la pub n'est autre que le principal *hard discounter.* La boîte censée gratter sur tout, le personnel, les locaux, le matériel, vendre avec des marges infimes, doit trouver 500 millions d'euros par an pour vous expliquer que chez eux, c'est moins cher que partout ailleurs. Ces 500 millions qui partent en fumée sont forcément pris sur les marges appliquées aux produits que vous leur achetez. Cherchez l'erreur.

---

1. « Lidl premier annonceur en 2017 selon Kantar Media », *Stragégies*, 16 mars 208.

2. Le groupe de *hard-discount* allemand est présent en France depuis 1988 et compte aujourd'hui plus de 1 500 magasins sur notre territoire.

Et dans le top 10 des annonceurs, combien de grandes marques de produits alimentaires ? Aucune ! zéro !

En revanche, en plus de marques automobiles et de téléphonie, vous trouvez également Leclerc (en 4e position avec 370 millions d'euros dépensés), Intermarché (6e avec 341 millions), Carrefour (8e avec 314 millions).

Bref, tous ceux qui dilapident des centaines de millions d'euros en marketing sont ceux qui disent se battre pour votre pouvoir d'achat, qui vous assurent que les produits de leur marque sont moins chers, parce qu'eux ne font pas de pub…

Concernant les marges soi-disant abusives des industriels, là encore le système est biaisé. Les grandes surfaces appliquent les marges qu'elles veulent sur les produits et pénalisent un maximum les produits de marque, notamment par le système des marges arrière.

Toutes les entreprises pour lesquelles j'ai travaillé faisaient à la fois des produits à marque propre et à marque de distributeurs, et je peux vous assurer que nos marges nettes étaient pratiquement identiques. En revanche, les qualités n'étaient jamais les mêmes !

Le principal problème est qu'il est très complexe de comparer la qualité de deux produits. Il faut bien se mettre d'accord sur les critères de qualité que l'on va retenir. Deux voitures peuvent vous conduire d'un point A à un point B à la même vitesse, pourtant leur prix d'achat peut varier du simple au triple, voire davantage.

Deux pots de miel, deux flacons d'épices, deux tubes de mayonnaise peuvent se ressembler comme deux gouttes d'eau, mais la qualité des ingrédients utilisés, des recettes, des emballages, et donc les prix peuvent varier grandement.

Cela me rappelle les réunions de planification de nos achats, lors desquelles nous discutions avec le directeur commercial et le directeur industriel des volumes et des qualités de produits à acheter pour nos productions et nos ventes :

— Bon, Denis, dis-je en m'adressant au directeur commercial, comme la récolte de cèpes approche dans les pays de l'Est et en Chine, je dois savoir ce qu'il te faut pour tes différents marchés pour me positionner tôt et avoir les meilleurs prix.

— Comment sont les volumes et la qualité cette année ? On aura une grande différence de prix suivant les origines ? me questionne en retour le directeur industriel.

— C'est une année normale, dis-je. Comme d'habitude les Italiens vont rafler les meilleures qualités dans les pays de l'Est. Ils sont prêts à payer beaucoup plus. Mais on n'aura pas de problème pour acheter ce qu'il nous faut, c'est-à-dire des qualités moyennes et basses, surtout en Chine.

— Et donc au niveau des prix, pour le surgelé, on est comment ? demande Denis.

— Des qualités de moyenne à bonne, dans les pays de l'Est, on sera dans les 8 à 10 euros du kilo, voire plus pour de la très belle marchandise.

— Trop cher, répond Denis, on oublie. Les acheteurs des grandes surfaces ne paieront jamais ces niveaux de prix.

— Je m'en doutais. Alors, on ne fera que du chinois, comme d'habitude. La meilleure qualité est annoncée dans les 8 euros le kilo. Avec un 30 % de champignons véreux, on sera entre 5 et 7, si c'est tout véreux on sera entre 3 et 5. Il y a aussi quelques lots encore moins chers, mais c'est vraiment moche…

— Bon, achète tout ce que tu peux dans les 3 euros et en dessous, m'indique-t-il après avoir pianoté quelques secondes sur le clavier de son ordinateur portable.

— Je te préviens, ce ne sera pas beau, fais-je remarquer. On sera 100 % véreux à ce prix, c'est vraiment des blocs de vers et de mousse verdâtre.

— Oui, je sais, j'ai l'habitude, mais on a des clients pour de la purée de cèpes et une fois broyé on ne verra plus les asticots. Ils en feront de la soupe et des farces. Ensuite, essaie de trouver au moins 200 tonnes dans les 4 euros pour les premiers prix et les mélanges de légumes comme la poêlée sarladaise aux cèpes.

— OK, on sera dans les 50 % de véreux à ce prix, dis-je.

— Oui, pas de problème, ça passe bien en mélange et à ces niveaux de prix, personne ne peut faire mieux.

— On a aussi des recettes enrobées avec de la sauce, fait remarquer le directeur industriel, on pourra utiliser les lots les plus véreux comme ça. On ne verra plus rien avec la sauce.

— Et tu confirmeras aussi 100 tonnes dans les 7 euros maxi, décide Denis. On les réservera pour notre marque et les clients plus exigeants comme certains distributeurs en restauration.

— OK, je vais te trouver ça, dis-je, on sera dans les 10 ou 15 % de véreux, et avec une jolie couleur.

— Ah, il m'en faut aussi 20 tonnes garanties 100 % non véreux, précise Denis. C'est pour un gros distributeur de Rungis qui fait du premium pour les restaurants gastro. Qu'est-ce que tu peux me trouver, Christophe ?

— Les Chinois ne sont jamais 100 % sans vers. Même en triant plusieurs fois, tu auras toujours des champignons avec des petits vers à l'intérieur que tu ne découvriras qu'en les coupant. La seule solution 100 % sûre, c'est l'Afrique du Sud. Dans ce pays, les cèpes n'ont pas de vers du tout à cause du climat.

— Combien ? me demande-t-il.

— Dans les 10 euros, je dirais.

— Banco !

Ce type de discussion nous l'avons eu également pour des épices, du miel, des légumes, etc. Les qualités de tous ces produits, et donc les prix, varient en fonction de multiples paramètres différents (couleur, taille, pureté, variété, défauts divers…).

Dans cet exemple du cèpe surgelé, nous avions plus d'une dizaine de qualités, et de prix, différents en fonction des qualités gustatives (les pays de l'Est c'est le top, la Chine c'est en dessous), du pourcentage de morceaux véreux ou de la couleur (blanc à vert). Pourtant, tout était vendu sous la même et simple appellation de « cèpes ». Bien entendu, les « premiers prix » avaient plus d'asticots, étaient plus verts que blancs, bref étaient d'une qualité inférieure et vendus moins cher pour une très bonne raison. Et c'était exactement la même chose pour les épices, le miel, le ketchup, les légumes surgelés…

La principale composante du prix d'un produit alimentaire, et *a fortiori* pour les « premiers prix », est le coût des matières premières qui varie en fonction de l'offre et de la demande. Or les meilleures qualités sont toujours les plus demandées, existent généralement en plus faible quantité, et sont donc logiquement les plus chères. En alimentaire, la bonne qualité n'est jamais bradée et augmentera nécessairement le prix du produit final.

C'est pourquoi les premiers prix ne sont pas de bonnes ou de mauvaises affaires en soi. Si vous achetez les premiers prix faites-le en connaissance de cause, et pour des ingrédients et produits simples. Et surtout, n'attendez pas de miracle !

Idée reçue n° 2

Manger sain coûte cher ou sa variante : *la nourriture industrielle est la moins chère*

Certains journalistes malicieux ont, à la sortie de mon premier livre, fait remarquer que s'il fallait suivre mes conseils à la lettre, alors le coût du panier moyen s'envolerait hors de portée des consommateurs les plus pauvres. Bref, bien manger serait réservé à ceux qui auraient les moyens, aux riches, aux bobos. Pour les autres, ce serait produits frelatés ou nocifs, obésité et diabète à plus ou moins court terme.

Or cela est à la fois vrai… et faux.

C'est vrai si on se contente de remplacer les produits industriels bas de gamme par d'autres produits transformés similaires, mais de meilleure qualité. Par exemple si on achète une pizza au jambon bio à la place d'une pizza jambon standard, ou bien un saucisson Label Rouge à la place d'un saucisson standard, etc. Il est bien évident que, si l'on monte en gamme, comme dans le textile, la hi-fi ou l'automobile, on paiera plus cher.

Mais ce n'est pas du tout ce pour quoi je milite, ni le message que je souhaite faire passer. Il faut, je le répète, changer ses habitudes plus en profondeur pour réellement mieux manger sans pour autant faire exploser son budget.

Tout d'abord il y a des aliments clairement nocifs dont on peut se passer totalement. Je ne dis pas qu'on n'a pas du tout le droit d'en consommer, mais le plus rarement possible. Les économies réalisées en n'achetant pas ces produits peuvent être réinvesties dans de la vraie bonne nourriture.

Fuyez les sodas qui sont pour moi l'exemple flagrant de ce qui se fait de pire en alimentaire. Ce ne sont rien d'autre que des confiseries liquides. Une bombe calorique et chimique ; du sucre et des additifs, colorants et arômes. Pas de vitamines, pas de fibres, rien de sain et de naturel. Et, lorsque les fabricants comprennent que vous voulez des produits moins caloriques, ils remplacent le sucre par des édulcorants… toxiques qui détraquent votre organisme et, en réalité, favorisent l'obésité. En effet, de nombreuses études indépendantes de l'industrie, comme celle parue en juillet

2017 dans le journal de l'Association médicale canadienne[1], montrent que « la consommation d'édulcorants est associée à une prise de poids et une augmentation du tour de taille, une plus forte incidence de l'obésité, de l'hypertension, du syndrome métabolique, du diabète de type 2 et des incidents cardiovasculaires ».

Plus proche de nous, en mars 2017, le magazine *Le Point*[2] citait des travaux de l'Inserm qui décrivaient comment les édulcorants « provoqueraient une intolérance au glucose et une insulino-résistance, un mécanisme qui entraîne le diabète de type 2 ».

On sous-estime très largement la teneur en calories et plus généralement la nocivité des sodas. À la maison, nous n'en achetons jamais et les enfants se sont bien habitués à un truc bizarre qu'on appelle… l'eau du robinet. Je vous mets au défi de trouver moins chère et meilleure boisson. Et si votre eau du robinet a un goût de chlore trop prononcé, ou est polluée au glyphosate, bisphénol ou autres, l'eau minérale reste une alternative aux sodas infiniment plus saine.

Nous avons également proscrit les confiseries, barres chocolatées, fausses céréales pour petit-déjeuner (bourrées de sucre et d'additifs, hypercaloriques, mais nous en parlerons en détail[3]), pâtes à tartiner à l'huile et au sucre. Nous achetons très rarement des snacks apéritifs type chips, et seulement de temps en temps des biscuits industriels au chocolat… mais en bio. Tous ces produits sont nocifs, chers, et je puis vous assurer que l'on s'en passe très bien.

Le PNNS (Programme national nutrition santé) lancé par l'État en 2001 pour améliorer l'état de santé de la

---

1. http://www.cmaj.ca/content/cmaj/189/28/E929.full.pdf
2. Guy Fagherazzi, « Les édulcorants pires que le sucre ! », *Le Point*, 9 mars 2017.
3. Lire le chapitre 10 : « Nos amis du petit-déjeuner. »

population, recommande de consommer moins de viande et de charcuteries. Suivre ces recommandations permet également de mieux se nourrir tout en faisant des économies, surtout si on privilégie les viandes maigres moins chères comme la volaille ou les œufs.

Mais, surtout, il faut se réapproprier l'ensemble de son alimentation, savoir ce que l'on mange exactement, ce qu'il y a dans son assiette, et pour cela rien de mieux qu'acheter ses ingrédients et les cuisiner soi-même. Je ne parle pas de haute gastronomie bien entendu, mais de recettes simples, rapides, et saines.

En effet, il n'y a rien de plus facile que de faire une soupe de légumes, ou une compote, 10 minutes d'épluchage, 20 minutes en autocuiseur, 5 minutes de broyage et c'est fait. Et ce n'est pas plus compliqué de préparer des légumes vapeur avec un filet de poisson. Délicieux avec un peu d'huile d'olive. Même chose pour les biscuits, ou un gâteau aux pommes, c'est l'affaire de 30 minutes de préparation que l'on peut facilement trouver le week-end, avant de les consommer sur plusieurs jours.

À ceux qui me disent que cuisiner prend trop de temps, je réponds toujours que c'est pourtant ce que nous faisons chaque soir avec mon épouse, quand bien même nous travaillons tous les deux à temps plus que plein, et devons nourrir deux adolescentes dotées d'un bon appétit. Notre choix de vie est de privilégier la qualité de notre nourriture et d'y consacrer le temps nécessaire. Le soir, après le boulot, on se raconte notre journée en pelant les légumes, et la télé ou Internet ne sont jamais allumés avant la fin du repas.

Concernant le budget, la comparaison entre le fait maison et les plats industriels est toujours délicate, car les prix varient en fonction de l'endroit où vous vivez, de la saison, et du niveau de gamme des produits qui vous intéressent.

Mais je peux vous affirmer qu'à qualité équivalente, dans 90 % des cas cuisiner vous-même vous coûtera moins cher.

Par exemple, une soupe de légumes maison vous coûtera moins d'un euro du litre, alors que vous en trouverez à facilement deux ou trois fois ce prix au supermarché. Et, plus important, vous n'ajouterez pas d'additifs toxiques, serez vigilants sur la dose de sel et la qualité de chaque ingrédient. Votre soupe sera meilleure, plus fraîche, plus écologique et moins chère.

Idée reçue nº 3

Les autorités, l'État ou l'Europe vous protègent

Lorsque j'explique le nombre et l'ampleur des fraudes dont nous sommes tous victimes, mes interlocuteurs s'exclament toujours, incrédules : « Et les contrôles ? » ; « Et les douanes ? » ; « Et la DGCCRF ? »

Dans l'esprit de la plupart des gens, les normes européennes concernant les produits alimentaires sont contraignantes, les usines agroalimentaires sont régulièrement contrôlées, et les produits alimentaires sont systématiquement analysés.

Or la réalité, bien que cela évolue lentement, est que le système actuel ne nous protège pas du tout. Les crises récentes des œufs au fipronil, ou du lait infantile Lactalis en sont de parfaites illustrations. En attendant le prochain gros scandale.

Les organismes officiels, comme les douanes ou la DGCCRF, en France, n'ont pas, nous l'avons vu au chapitre 3[1], les moyens de contrôler tous les produits qui entrent, sont fabriqués ou sortent de notre territoire. C'est une tâche colossale, impossible. Alors, les politiques laissent faire les

1. « Lobbies & Co : à armes inégales ».

industriels et ont décrété que les contrôles étaient de la responsabilité des importateurs et fabricants qui doivent faire de « l'autocontrôle ». Oui, un peu comme si les automobilistes devaient contrôler eux-mêmes leur vitesse…

Or cette délégation de contrôle pose plusieurs problèmes.

Tout d'abord que pensez-vous qu'il se passe quand un industriel détecte un problème avec de possibles conséquences financières importantes ? Un lot non conforme en pesticides, un produit périmé, une contamination bactérienne dans sa chaîne de fabrication…

Le premier réflexe est de trouver une solution en interne sur la base des seuls critères économiques. J'ai des centaines d'exemples de produits « retraités », mélangés, revendus discrètement à l'export, voire vendus sans rien dire. Mais pourquoi ne le ferait-on pas d'ailleurs ?

En effet, il n'y a jamais de sanctions dissuasives.

Combien d'industriels, ou de responsables de supermarchés, qui ont sciemment vendu des lots de fruits et légumes avec des pesticides dont les résidus dépassent largement les normes sont allés en prison ? Facile, aucun. Et c'est bien pour cela que, depuis vingt ans, vous avez 6 % des fruits et légumes vendus sur notre territoire qui sont dans ce cas, dont 1,9 % de produits français chargés de pesticides interdits en France.

À votre avis combien de personnes seront pénalement poursuivies et ensuite condamnées suite à l'affaire Lactalis qui a débuté fin novembre 2017, alors qu'en France la santé de centaines de nourrissons a été potentiellement menacée par la présence de salmonelles dans des lots de lait infantile sortis de l'usine du groupe à Craon en Mayenne[1] ? Mon pronostic : zéro.

---

1. Dans une interview accordée au *Journal du Dimanche* et publiée le 14 janvier 2018, Emmanuel Besnier reconnaissait que la contamination concernant 83 pays et 12 millions de boîtes.

Eh oui, sans surprise, du moins pour moi, l'association des familles de victimes dénonçait le 4 avril, dans un communiqué de presse[1], le fait que « lors de son audition au Sénat le 13 février dernier, Patrick Dehaumont, directeur général de l'alimentation du ministère de l'Agriculture et de l'Alimentation, avait révélé de nouvelles informations concernant des contrôles effectués par Lactalis qui se seraient révélés positifs à plusieurs types de salmonelles sur des produits finis, et ce à plusieurs reprises ces dernières années. Interrogé par l'association sur ces révélations, il a répondu qu'il ne pouvait pas donner plus de précisions ».

Aussitôt, et pour obtenir la transparence qui lui a été promise, l'association (qui regroupe près de 800 familles) saisissait la Commission d'accès aux documents administratifs (CADA) pour pouvoir consulter les documents d'autocontrôle du leader mondial des produits laitiers concernant les années les plus récentes. Illustrant ainsi le vieux dicton qui dit qu'il n'est pas nécessaire d'espérer pour entreprendre.

L'affaire sera-t-elle étouffée, comme souvent ? On proposera sans doute des indemnités aux familles, histoire d'entamer leur détermination à obtenir la vérité…

En plus d'une réelle impunité dans la plupart des crises alimentaires récentes, il faut savoir que les preuves de contrôles sont bien trop légères. En tant qu'acheteur, on me demandait toujours les « bulletins d'analyse du fournisseur ». Lequel fournisseur était alors à la fois juge et partie. On lui demandait de certifier que ce qu'il vendait était conforme aux normes. On appelle cela de l'autocontrôle et tout le monde sait que cela ne marche pas. Que de

1. https://www.victimeslactalis.fr/communique-de-presse-les-victimes-auditionnees-demain-par-les-deputes-face-a-lopacite-de-la-dgal-elles-saisissent-la-cada

différences, toujours négatives, nous avions dans les rares cas où nous faisions des contre-analyses et comparions nos résultats avec les données transmises par le fournisseur…

Se dédouaner de ses responsabilités en rejetant la faute sur ses fournisseurs est le jeu de toute la chaîne agroalimentaire en commençant par les supermarchés.

C'est pour cela qu'en cas de scandale, tout le monde se renvoie la balle en essayant de faire remonter la faute un peu plus en amont. Alors, on exhibe fièrement les certificats d'analyses excellents de son fournisseur, sachant pertinemment et depuis le début qu'ils sont faux. Pire, concernant les contrôles que nous réalisions nous-mêmes, les analyses non conformes avaient ensuite une fâcheuse tendance à se perdre. Histoire de ne pas laisser la moindre trace…

Idée reçue n° 4

Si c'est autorisé, c'est que c'est sans danger

On m'invite souvent à raconter « la pire chose que j'ai vue durant toutes mes années dans l'industrie agroalimentaire » et on s'attend à ce que je parle des crottes de rats dans les lots d'épices, des particules de rouille dans les containers de miel de Chine frelaté, de la pourriture dans le concentré de tomate de Chine, des vers broyés dans les purées de fruits ou de champignons et autres expériences peu ragoûtantes que j'ai pu vivre. La surprise est grande lorsque, au lieu de tout cela, je parle des poisons autorisés que sont les additifs, les pesticides, ou encore de certains ingrédients comme le sirop de fructose ou la vanille épuisée.

La grande majorité des consommateurs pensent en effet que les produits toxiques sont strictement interdits dans notre alimentation, ou bien que les doses autorisées sont largement en dessous des seuils dangereux pour notre santé. Il est communément admis que les additifs alimentaires autorisés, ont été sérieusement évalués, contrôlés, et sont 100 % garantis inoffensifs. Or c'est un mensonge éhonté qui sert les intérêts des industriels. C'est même exactement le contraire, en réalité, car la plupart des additifs et auxiliaires technologiques sont reconnus comme nocifs, qu'ils soient cancérigènes, ou qu'ils favorisent une pathologie autre [1].

Mais, en effet, ce qui me choque le plus, ce n'est pas que des industriels avides nous fassent manger des crottes de rats ou des asticots de temps en temps, car cela n'aura finalement aucune incidence sur notre santé. Non, ce qui me révolte véritablement c'est qu'on légalise l'empoisonnement collectif uniquement pour assurer les profits de multinationales déjà très riches et hyperpuissantes.

Sur son site Internet et à mon grand étonnement, l'Organisation mondiale de la santé (OMS) écrit que « plusieurs milliers d'additifs alimentaires sont utilisés et tous sont conçus pour exercer une fonction spécifique en rendant les aliments plus sains ou plus attrayants [2] ». Or, cela n'est pas une déclaration honnête dans la mesure où la très grande majorité des additifs et auxiliaires technologiques servent uniquement à rendre les produits plus désirables aux yeux des consommateurs pour permettre aux industriels d'en vendre toujours plus, parfois il faut le dire au détriment de leur santé. En effet, aucun colorant, texturant, antimousse, antiagglomérant, exhausteur de goût, enzyme, édulcorant, agent de démoulage, sel de fonte, antioxydant… ne rendra un produit plus sain bien au contraire, et il serait sage de s'en passer.

---

1. J'en ai longuement parlé dans le premier chapitre de ce livre et je ne vais pas y revenir ici.

2. http://www.who.int/fr/news-room/fact-sheets/detail/food-additives

Certains diront que les conservateurs chimiques type nitrites, benzoates et autres stabilisent les produits en empêchant la prolifération bactérienne et les intoxications alimentaires qui peuvent se révéler dramatiques, et c'est exact. Cependant, ces conservateurs servent le plus souvent à augmenter les durées de vie des produits au-delà du raisonnable, et n'encouragent pas les industriels à mieux maîtriser et contrôler leurs processus de fabrication.

Il est tellement facile et confortable d'ajouter un peu de poudre de perlimpinpin pour gagner dix jours de date limite de consommation (DLC) ou être sûr que les germes ne se développent pas si on a mal pasteurisé le produit ou qu'on y a mis un peu trop d'eau.

Soyez donc vigilant avec tous ces produits chimiques qui, s'ils sont autorisés à ce jour, n'en sont pas moins des poisons.

Idée reçue n° 5

Le pire ennemi, c'est le gras

Dans l'alimentaire aussi il y a des modes. J'ai connu la période « soyons fous, soyons modernes », où nous utilisions tous les additifs et tous les ingrédients disponibles sur le marché sans nous poser la moindre question. Tout était bon et il n'y avait pas de limites à notre créativité. Ah, la belle époque ! Il nous fallait des produits stables, beaux, bien gras, salés et sucrés. On pouvait charger en tout, un vrai plaisir.

Ensuite, on a eu la période « c'est la crise », où il fallait faire des pieds et des mains pour baisser les prix (et elle dure encore). Là, avec les additifs on a fait des miracles.

Puis, l'augmentation de l'obésité a commencé à être (enfin) considérée comme un grave problème de santé publique et le gras a été pointé du doigt. C'est la période « haro sur le gras ». Il a donc fallu faire des produits allégés en matières grasses, « light ». Là encore, les additifs ont été d'un précieux secours.

Après cela, est venu le temps des maladies cardiovasculaires, et on a fait la chasse au sel. On a diminué un peu les doses, remplacé le sodium par du potassium.

Tout récemment, on s'est rendu compte que, plus dangereux que les matières grasses, il y avait le sucre, surtout les sirops de fructose. Bien entendu, les additifs étaient encore une fois la solution et on a vu fleurir toute une gamme d'édulcorants intenses, aspartame, acésulfame, sucralose, et d'autres moins intenses de type polyols.

Enfin, la toute dernière tendance est le retour du naturel, de l'écologique. Il faut sauver la planète, ne plus polluer et manger sain. Les étiquettes doivent faire plus vert, on remplace l'aspartame par de la stévia[1], et les films plastique (recyclables) par des complexes papier/enduit plastique (non recyclables).

Bien entendu, je me réjouis de certaines évolutions, notamment l'engouement pour le bio et la moindre utilisation des additifs. Mais je veux pointer du doigt, pour l'avoir vécu de l'intérieur, le constat que l'industrie ne fait que suivre ces changements, contrainte et forcée par l'évolution de la société et de l'opinion publique. Elle le fait alors sans aucune motivation autre que financière. Il n'y a aucun vrai engagement en matière de santé publique ou de responsabilité sociale de ces entreprises. Tout ça n'est que de la communication. On va se faire « plus bio que bio[2] » si c'est ce que demande le client.

---

1. La stévia est une plante originaire d'Amérique du Sud dont on extrait le rébaudioside A, édulcorant intense au goût trois cents fois plus sucré que le saccharose (le sucre de table classique).

2. Lire le chapitre 17 : « Vrai bio-faux bio, comment s'y retrouver ? »

Les édulcorants intenses, on le sait depuis longtemps dans l'industrie, ne sont pas une bonne alternative aux sucres car ils favorisent le diabète et l'obésité, comme nous venons de le voir au début de ce chapitre. Mais qu'importe, si le client pense que c'est bien, alors on repeint notre logo en vert et on en met partout.

Soyons clairs, le pire ennemi du consommateur, ce n'est ni le gras, ni le sel, ni le sucre, c'est l'industrie agroalimentaire qui voit chaque consommateur comme un portefeuille ! Ne faites jamais confiance aux logos repeints en vert, aux belles paroles du marketing, lisez les listes d'ingrédients et évitez les produits déséquilibrés, et surtout limitez au maximum les additifs et ingrédients nocifs.

Idée reçue n° 6

Je sais reconnaître et éviter les produits importés de Chine

La première fois que je suis allé en Chine, c'était au siècle dernier, en 1994. J'y retourne entre deux et six fois par an depuis. La Chine est devenue notre fournisseur incontournable pour tous les produits industriels, mais pas seulement. Elle fournit 90 % des antibiotiques utilisés dans le monde et exporte de nombreuses matières premières et produits finis alimentaires. Elle est le premier exportateur mondial de jus de pomme, d'ail, de concentré de tomate, de champignons surgelés, ou de miel par exemple.

Or, si la Chine en est arrivée là, c'est uniquement à cause des très bas prix qu'elle pratique. En effet, que ce soit pour le miel ou le concentré de tomate par exemple, on en trouve de bien meilleure qualité ailleurs. Mais personne ne peut s'aligner sur les prix chinois. Et comme seul le prix compte aujourd'hui...

Le gouvernement chinois a mis en place un système très performant pour favoriser ses exportations, et tous les moyens sont bons : la fraude, la contrefaçon, le dumping, le recours au travail forcé et au travail des enfants, les barrières à l'importation, le bâton ou la carotte avec les partenaires commerciaux, les restrictions et tracasseries administratives pour les investisseurs étrangers... Eh oui, derrière la jolie muraille, le pays n'est qu'une vaste dictature. Pour la caste chinoise au pouvoir, seul aujourd'hui compte la réussite économique.

Bien que la qualité des produits alimentaires chinois soit très inférieure aux standards et que de nombreux scandales retentissants aient ébranlé le pays ces dernières années, les produits chinois ont donc inondé le monde. Bien entendu, les consommateurs ne sont pas totalement idiots et la plupart préféreraient consommer de meilleurs produits, locaux ou du moins européens. Or les industriels se gardent bien d'être trop transparents sur les origines de leurs ingrédients. Il est donc impossible de repérer puis d'éviter les denrées alimentaires *made in China* ou les plats en contenant !

La législation a encore une fois été faite sur mesure pour les industriels et elle leur permet de ne pas indiquer d'origine pour les ingrédients constituants un produit élaboré. C'est pourquoi, bien que la plus grande proportion de tomate utilisée dans l'industrie soit chinoise, jamais vous ne verrez mention de cette origine sur les pizzas, lasagnes, dans les soupes et jus de tomate, ketchup et autres sauces tomate. Pareil pour les oignons, l'ail, les jus de pomme, les légumes...

Mais il y a plus fort. Pour le miel par exemple, la loi est de votre côté et oblige à ce que le pays d'origine soit indiqué… sauf en cas de mélange. Or nous avons déjà vu que les industriels peuvent indiquer « mélange de miels originaires et non originaires de l'UE ». Inventer des formules creuses qui ne vous donnent en réalité aucune information pour permettre aux industriels de vous vendre du miel chinois malgré vous, c'est lamentable. Car c'est bien de cela dont il s'agit ; une stratégie délibérée des autorités européennes pour permettre aux Chinois d'exporter leur faux miel sans en informer les consommateurs.

Tout le monde dans l'industrie, au sein des autorités et des décideurs politiques, sait depuis longtemps que le miel chinois est frauduleux. C'est une fraude d'État à l'échelle du pays entier, méticuleusement et scientifiquement organisée. Voilà pourquoi le miel chinois est, de loin, le moins cher au monde et que la Chine, qui n'a pratiquement plus d'abeilles à cause de la pollution et de l'usage massif de pesticides, est le premier exportateur mondial.

Une petite anecdote pour vous montrer à quel point l'omerta sur le miel chinois est une réalité. La DGCCRF explique sur son site Internet[1], les règles d'étiquetage du miel, avec une rubrique assez claire sur les origines. Plusieurs pays sont cités en exemple pour illustrer, la France bien sûr, l'Espagne et la Hongrie pour l'UE, le Canada, l'Argentine et… le Mexique pour hors UE. Silence total sur l'origine la plus courante, pas un mot sur la Chine et son drôle de miel. En revanche, on parle volontiers du Mexique, qui ne représente rien, ou de l'Argentine et du Canada qui, à eux deux, doivent exporter moins d'un dixième des volumes arrivant de Chine…

---

1. https://www.economie.gouv.fr/dgccrf/Publications/Vie-pratique/Fiches-pratiques/Etiquetage-du-miel

Idée reçue nº 7

La malbouffe, c'est surtout les fast-foods

On associe souvent la malbouffe avec les géants que sont McDonald's ou Coca-Cola, en se focalisant sur les frites, hamburgers et sodas. Il est vrai que ces produits sont emblématiques de la *junk food*, d'une nourriture déséquilibrée, hypercalorique et trop pauvre en nutriments[1]. Mais il faut aussi prendre conscience que ce n'est que l'arbre qui cache la forêt.

J'ai travaillé dans des différentes sociétés qui fournissaient les chaînes de fast-foods. Nous livrions les sauces pour les frites, hamburgers et sandwichs, des fruits et légumes, et les salades simples ou composées. Ces produits étaient bien entendu gras, sucrés, salés, enfin tout ce qu'il fallait pour plaire aux papilles des clients. Mais ces produits n'étaient pas réservés aux fast-foods et nous en livrions également aux cantines scolaires, à certains restaurateurs et bien sûr aux supermarchés.

Il est donc tout à fait possible, c'est même relativement facile, de manger extrêmement mal sans jamais mettre les pieds dans un fast-food : les aliments malsains sont légion dans les rayons des supermarchés.

Nos sauces, nos pizzas, nos sandwichs, vendus en supermarché, étaient aussi caloriques que les produits que nous livrions aux chaînes de fast-food. Les rayons regorgent également de produits nocifs dont nous avons déjà parlé, comme les sodas, les confiseries, les snacks, et autres chips. Mais il faut aussi se méfier des biscuits, des préparations laitières très sucrées, des plats préparés à la composition incertaine.

---

1. Lire chapitre 16 : « Fast-food = junk-food ? »

Comme je vous l'expliquerai dans la seconde partie de ce livre qui me permettra de vous guider au sein des rayons de votre supermarché, beaucoup de produits alimentaires industriels sont à consommer avec grande modération car ils contiennent trop d'additifs, ont une recette déséquilibrée parce qu'on a forcé la dose sur les ingrédients pas chers comme le sucre ou les huiles végétales.

La malbouffe, hélas, est partout et vous devez redoubler de vigilance !

Idée reçue n° 8

La qualité est meilleure au restaurant qu'au supermarché

L'été dernier, avec mon ami Antoine, nous faisions du vélo sur les jolies petites routes de Provence. Nous avions roulé à un bon rythme toute la matinée lorsqu'il me proposa de nous arrêter pour déjeuner au village suivant. Il connaissait « un petit resto sympa » où, il en était persuadé, tout était « fait maison ».

Nous nous sommes donc retrouvés attablés sur une vaste terrasse, à l'ombre des platanes, parmi d'autres touristes. En attendant la serveuse, nous avons scruté avec attention les menus plastifiés.

— Tu es sûr que c'est du fait maison ? demandai-je, ne voyant aucune mention le stipulant sur la liste des plats.

— Oui, tu verras par toi-même la qualité des plats, t'es le spécialiste après tout.

Plus je lisais la carte, et plus j'avais de doutes ; fagots d'asperges, filet de lieu et légumes tournés, fondant au chocolat…

Une jeune serveuse est venue prendre notre commande.

— Vos produits sont tous faits maison ? lui demandai-je

— Tout est frais et vous m'en direz des nouvelles, répondit-elle, sans hésiter avec un fort accent… mais pas de sincérité.

— Bon alors le « menu du marché », annonçai-je.

— Deux, et une carafe de rosé bien frais, ajouta Antoine.

Je ne vais pas faire durer le suspense en vous disant tout de suite que le meilleur du repas fut le rosé. Il était moyen mais frais, pour le reste…

J'ai reconnu immédiatement nos fagots surgelés de jeunes asperges vertes avec la fine tranche de poitrine autour. Je connaissais ce produit par cœur pour l'avoir mis au point avec notre usine chinoise, juste après les fagots de haricots verts et jeune pousse d'ail. J'en importais des containers et des containers depuis assez longtemps pour reconnaître notre produit du premier coup d'œil. La longueur des asperges et leur poids, l'épaisseur de la tranche de poitrine de porc, tout cela était standardisé.

Je n'ai pas été surpris quand j'ai vu les légumes tournés avec le filet de poisson. Ils pouvaient venir de chez nous ou d'un concurrent. Difficile à dire, mais surgelés et industriels sans aucun doute. Pourtant, le pire était la sauce qui accompagnait le plat. Elle avait un goût d'amidon, et de faux beurre. Elle était grasse et sucrée, d'une texture pâteuse, même la couleur ne ressemblait à rien de naturel. Pour moi, c'était de toute évidence une sauce réalisée avec une base déshydratée industrielle, pleine d'additifs et d'huiles hydrogénées pour faire croire qu'elle contenait du vrai beurre. Ce n'était pas une base de chez nous car notre arôme citron était plus citron vert, mais c'était, c'est certain, celle d'un de nos concurrents.

— C'est bon, hein ? demanda Antoine.

— Super… on devrait féliciter le chef.

— Mademoiselle, vous pouvez demander au chef de passer ? demanda Antoine à la serveuse lorsqu'elle nous apporta le dessert qui, il y a cinq minutes, était bien tranquille au fond d'un congélateur.

Vingt minutes plus tard, un jeune homme en tenue de cuisinier s'est assis à notre table.

— Bonjour, dit Antoine, on s'est régalé, c'était très bien.

— Merci, dit le jeune homme.

— Mais dites-moi, dis-je en baissant la voix et en le regardant dans les yeux, je travaille dans l'alimentaire, chez BiduleChose (je cite alors le nom de ma boîte) et j'ai reconnu nos fagots d'asperges surgelés…

— … (Silence gêné du jeune « chef ».)

— Les clients les apprécient ? demandai-je.

— Oh, oui, répondit-il, soulagé qu'on ne soit pas des clients ordinaires qui voudraient se plaindre, mais des comparses. Ils se cuisent bien, pas de préparation, on utilise le nombre de portions qu'on veut, donc pas de perte, que des avantages.

— On a développé le produit pour que ça fasse bien « artisanal », comme les légumes tournés ou nos frites coupe irrégulière, dis-je.

— Oui, j'ai visité votre stand au salon de l'alimentation de Lyon, le Sirha.

— Néanmoins votre fond de sauce n'est vraiment pas bon. Il n'est pas de chez nous au moins ? plaisantai-je.

— Non, il vient de chez MachinTruc, le leader du marché. Je l'utilise parce que c'est ce qu'on nous a appris en formation, ils fournissaient des boîtes gratuites à l'école.

— Et vous n'auriez pas envie de faire la sauce vous-même, ce serait autrement meilleur, fis-je remarquer.

— Vous êtes fou ! Pas le temps ! On est deux en cuisine et mon aide n'a aucune formation de cuisinier. Mettre deux cuillères de poudre dans de l'eau chaude, il sait faire mais c'est tout. Et puis, c'est moins cher que mettre du vrai beurre...

On a discuté encore un peu avec le jeune chef qui nous a offert le café, sympa. Il n'était qu'employé ici et le propriétaire n'avait rien à faire d'une clientèle de passage. Antoine, lui, était sidéré de s'être fait avoir à ce point.

Mais je comprends que pour qui n'est pas du milieu, il est très difficile d'imaginer que les industriels copient tous les plats traditionnels, imitent jusqu'aux imperfections pour faire croire à de l'artisanal. C'est pourtant bien le cas.

Le pire c'est que vous n'avez pas accès aux listes d'ingrédients des produits que vous consommez au restaurant, à la cantine, ou chez votre artisan boulanger ou autres. Pour le fond de sauce déshydraté dont le jeune cuisinier m'a donné la marque, voici la composition : « Sirop de glucose, fécule de pomme de terre, jaune d'œuf 13,1 %, amidon modifié de maïs, sel, lait écrémé, farine de blé, huile de tournesol, huile de coco totalement hydrogénée, protéines de lait, sucre, jus de citron, oignon, épaississant (gomme guar), acidifiant (acide citrique), extraits d'épices, arômes (blé), émulsifiants (lécithine de tournesol, phosphates de potassium), colorant (riboflavines). Peut contenir des traces de céleri, poisson, crustacés. »

Pas un gramme de beurre alors que la sauce hollandaise est une émulsion de beurre et de jus de citron ! Pire, on remplace le beurre par de l'huile hydrogénée qui est la forme de matière grasse la plus nocive, et devrait être totalement interdite dans l'alimentation.

Très souvent la qualité est donc pire en restauration car vous ne pouvez pas savoir ce que l'on vous sert et les professionnels en profitent. Les listes d'ingrédients ne sont jamais visibles, et on ne vous dit jamais clairement ce qui est industriel, que ce soit surgelé, en poudre, en conserve ou sous vide.

Idée reçue n° 9

Tout ce que je dois savoir est marqué sur l'emballage

Nous avons au chapitre 4 passé en revue les douze mentions obligatoires sur un emballage alimentaire, et avec ça nous pensons tout savoir sur les produits que nous consommons. Or nous avons vu que certains additifs ne sont pas déclarables, les fameux auxiliaires technologiques dont nous avons également parlé.

Nous avons également vu que les industriels vous cachent volontairement les origines géographiques peu valorisantes des ingrédients, y compris lorsque c'est obligatoire comme pour le miel, et ce en mélangeant plusieurs origines.

Il n'est également pas rare que des ingrédients ne soient volontairement pas déclarés. Je l'ai constaté plusieurs fois dans des entreprises différentes où j'ai travaillé :

— Il me faut 5 tonnes de sirop de glucose déshydraté en sacs de 20 kilos, me demande un jour le directeur de notre usine de conditionnement de miel.

— Du glucose ? Mais pour quoi faire, vous ne travaillez que du miel ? lui rétorquai-je.

— On va faire des essais de nappage au chocolat, me répondit-il.

— Bon, mais 5 tonnes, c'est beaucoup pour des essais, non ?

— C'est un gros essai.

— Sur quelle ligne vous allez produire le nappage ? Vous avez de nouvelles machines ? Et vous voulez que je vous fasse livrer d'autres ingrédients ? Du cacao ?

— T'inquiète pas pour la ligne. Le client qui veut le nappage nous fournira les autres ingrédients. D'ailleurs, le client c'est notre filiale suisse et c'est à eux qu'il faudra faire facturer le glucose.

J'ai donc fait livrer du glucose acheté et facturé par une entité suisse dans notre usine française de conditionnement de miel. Ces 5 tonnes de sucre, ainsi que d'autres quantités achetées plus tard, ont disparu sans qu'on ne fabrique le moindre kilo de nappage au chocolat, ni qu'on en retrouve mention sur une quelconque étiquette... Deux explications sont possibles : soit le personnel de l'usine a mangé ces 5 tonnes de glucose, soit il a été utilisé frauduleusement pour couper notre miel et faire baisser son prix de revient.

De plus, ce n'est pas parce qu'une information est marquée sur l'emballage qu'elle est compréhensible par un consommateur non averti. Vous avez bien vu les codes pour les additifs qui ne parlent à personne, ou des mentions floues comme « gousse de vanille épuisée ». J'ai souvent posé la question pour m'amuser, mais personne n'a jamais su me dire de quoi il s'agissait. Ce que le consommateur voit c'est « gousse de vanille » et, pour lui, c'est de la vanille, point. Le terme « épuisée » ne lui évoque rien. Et c'est bien pour cela que des industriels sans scrupule en utilisent et le marquent ouvertement dans la liste d'ingrédients, alors que la gousse de vanille épuisée est... un déchet. C'est le résidu après qu'on ait extrait à l'hexane (substance cancérigène) l'arôme de vanille des gousses. C'est une poudre noire sans saveur, comme du marc de café, qui ne sert que de « marqueur visuel », c'est-à-dire faire croire qu'on a mis de la vraie bonne vanille pour donner le goût. Cela est tout simplement scandaleux et utiliser des déchets comme ingrédients devrait être interdit.

Idée reçue n° 10

La bonne hygiène de vie c'est facile, 30 minutes de sport et 5 fruits et légumes par jour

S'il y a une chose qui m'énerve, c'est quand la propagande parvient à faire culpabiliser les victimes.

Je ne supporte pas qu'on montre du doigt les personnes en mauvaise santé en disant ou sous-entendant qu'elles l'avaient bien cherché.

Depuis que je suis dans l'agroalimentaire, je n'ai jamais vu aucune entreprise reconnaître que ses produits étaient nocifs et contribuaient à la dégradation de l'état de santé général de la population. Même pour les pires produits, sodas, confiseries, chips ou autres, on vous dira toujours « pas de problème si c'est consommé avec modération » ou « dans le cadre d'un régime équilibré ».

Les fautifs ne sont donc pas les industriels, mais les consommateurs qui ne savent pas équilibrer leur alimentation avec quelques fruits et légumes, cinq exactement.

Et puis, n'oublions pas le sport qui aide à brûler les calories. Faites donc un peu de sport, un rien, mais oui 30 minutes quotidiennes suffisent.

Si vous continuez à prendre du poids, qu'un diabète ou un cancer se déclenche, c'est parce que vous ne bougez pas assez et ne mangez pas vos cinq radis. C'est de votre faute ! Vous êtes fainéants et irresponsables !

Voilà le message que l'industrie tente de faire passer, avec un certain succès, dans l'opinion. Pour cela, tous les moyens sont bons : publicité, sponsoring, mensonges et lobbying à tout-va.

Comme nous l'avons vu, l'étiquetage couleur que promeuvent les industriels, concurrent du dispositif public Nutri-Score, évalue par un code couleur (rouge, orange ou vert), la teneur de l'aliment en matières grasses, en sucre, en sel et en acides gras saturés. Avec ce système astucieusement conçu, une sucette 100 % sucre aurait un seul point rouge pour le sucre et… trois points verts, un pour le faible taux de sel, un second pour les matières grasses et un troisième pour les acides gras saturés. Aucun produit ne serait considéré comme totalement nocif, car il arborerait toujours fièrement une ou plusieurs pastilles vertes. C'est exactement ce que veut l'industrie, brouiller les pistes, créer de la confusion et faire porter le chapeau aux consommateurs.

Pourtant, la réalité est hélas que la malbouffe nous empoisonne implacablement. Non seulement les produits industriels sont trop gras, salés et sucrés, mais ils ne contiennent pas assez de fibres, de vitamines et d'antioxydants naturels. Ils sont bourrés de pesticides et d'additifs toxiques, des cocktails de molécules chimiques nocives.

Les consommateurs n'ont pas conscience de la nocivité des produits industriels puisqu'on leur affirme qu'ils sont sans danger, que l'on peut tous les consommer, si on mange aussi des fruits et si on fait un peu d'exercice physique.

Si c'était vrai, la population française n'atteindrait pas de tels chiffres, ô combien alarmants, en termes d'obésité, de surpoids, de diabètes et de problèmes cardio-vasculaires !

PARTIE II

Au cœur de votre grande surface
Suivez le guide !

Après le récit de mes nombreuses mésaventures vécues dans les coulisses du *food-business* et la nécessaire mise en garde des lecteurs contre la piètre qualité de la nourriture industrielle, *Vous êtes fous d'avaler ça !* se terminait par un « petit guide de survie en supermarché ». Étiquetage, mentions légales, emballages, promotions trompeuses, origines, compositions, je donnais en quelques pages les principaux conseils à suivre pour ne pas se faire (trop) berner dans une grande surface et fournissait les premiers éléments de réponse à une question que se posent de très nombreux consommateurs : « Qu'est-ce que je peux acheter concrètement pour manger plus sain sans pour autant faire exploser mon ticket de caisse ? »

Mes révélations sur les dérives du marché mondial des denrées alimentaires les avaient à la fois passionnés et choqués et, du coup, ils se sentaient perdus dans les rayons de leur supermarché une fois seuls aux commandes de leur Caddy. Ils avaient besoin d'une sorte de GPS pour les orienter. Et pour, dirons-nous, limiter les dégâts…

Bien entendu, de nombreux ouvrages, sites Internet, ou revues spécialisées, traitent en long, en large, et en travers, des choix alimentaires et des aspects nutritionnels des aliments.

Or, il faut savoir qu'en Europe le titre de « nutritionniste » n'existe pas. Aucun diplôme officiel ne le valide : n'importe qui peut ainsi s'autoproclamer « nutritionniste », et la qualité des informations que l'on trouve ici ou là varie du très sérieux au grand n'importe quoi.

D'autre part, si les informations nutritionnelles (sous réserve qu'elles émanent de véritables médecins nutritionnistes ou diététiciens diplômés, et non d'anciens élèves d'écoles de marketing ayant flairé le bon filon) sont très utiles pour qui veut manger équilibré et surveiller son apport calorique, elles ne sont pas suffisantes pour se faire une idée précise de la qualité d'un produit alimentaire en vente dans le commerce. *A fortiori*, s'il est industriel et ultra transformé.

En effet, même le meilleur des médecins nutritionnistes ignore tout des coulisses des salons professionnels où se rencontrent les industriels. Il n'a jamais pénétré et ne pénétrera jamais dans les entrepôts, les laboratoires de R&D ou les ateliers de transformation. Il n'a jamais audité le moindre fournisseur d'ingrédients, d'additifs et d'auxiliaires technologiques, ni visité les plantations et les usines. Il n'a jamais négocié de contrats d'achat sur des quantités souvent de plusieurs dizaines de tonnes, voire de centaines de tonnes. Et surtout il ne contrôle pas la qualité des lots qui sont finalement livrés et n'a pas accès aux analyses internes des entreprises.

Bref, il n'a pas la moindre idée de comment et avec quoi les aliments industriels, soit pratiquement tout ce qui se consomme aujourd'hui, sont fabriqués. Et c'est là que j'interviens.

Je ne prendrai jamais la place d'un professionnel de la nutrition. Je n'en ai pas la prétention et, comme je vous le disais dans le chapitre consacré aux mentions obligatoires, les informations nutritionnelles sont l'une de ces douze mentions obligatoires sur les emballages, et sont donc facilement disponibles, du moins pour l'essentiel. En revanche, je peux vous aider concrètement et efficacement à faire les meilleurs choix. Ou du moins les moins mauvais…

L'idéal pour bien se nourrir serait de commencer par fuir les temples de la malbouffe que sont les supermarchés, qu'ils soient classiques ou *hard discount*. Mais ils sont en telle situation de monopole dans la distribution de produits alimentaires, autour des agglomérations, et jusque dans les centres-villes, qu'il est strictement impossible de faire autrement. Alors, essayons ensemble au moins de limiter la casse, et laissez-moi vous accompagner lors de vos prochaines escapades en grande surface.

Dans les onze chapitres qui suivent, nous avancerons ensemble rayon par rayon, dans l'ordre classiquement mis en place par les grandes enseignes, et nous regarderons quels produits vous sont proposés, leurs qualités, leurs défauts, leur prix, ceux qu'il vaut mieux laisser de côté ou, au contraire, ceux que je vous conseille de privilégier.

Je serai en quelque sorte votre assistant personnel et je vous expliquerai les spécificités de tel ou tel aliment, ce que j'ai vu sur le terrain ou dans les coulisses les plus secrètes du *food-business*.

Je vous apporterai des informations inconnues du grand public et des nutritionnistes, et je vous montrerai tout de ce que les industriels et la grande distribution tentent de vous cacher.

Vous êtes prêts ?

Alors, roulez Caddies !…

Chapitre 7

Les produits frais

Nous allons commencer nos courses par mes rayons préférés, ceux où je passe le plus de temps. Comme je vous l'ai expliqué, on ne peut pas manger sainement sans savoir exactement ce que nos plats contiennent. Et pour cela, rien de mieux que cuisiner soi-même, essentiellement à partir de ces produits frais que nous allons sélectionner avec attention.

Les fruits et légumes

Hormis quelques fruits exotiques, je pense avoir, au cours de ma carrière de trader, acheté tous les fruits et légumes que l'on peut trouver en grande surface : diverses variétés de salades, herbes aromatiques, asperges, artichauts, kiwi, ananas, choux, haricots secs ou verts, poivrons, tomates, etc. Je les ai achetés frais, surgelés, en conserve, livrés par camion, avion et bateau, venant d'Europe, d'Asie, d'Afrique et des Amériques (du Nord, Centrale et du Sud).

On met généralement en avant la fraîcheur de ces produits. C'est important, bien entendu, mais des aubergines ou des salades un peu blettes, bien que sans goût ni vitamines, ne vous rendront pas malades. Le véritable danger pour les fruits et légumes frais (et c'est aussi valable pour les surgelés ou les conserves) est ce qui ne se voit pas : les pesticides et polluants divers comme les dioxines et les métaux lourds.

Ce n'est pas un problème à prendre à la légère. Souvenez-vous de ce que je vous expliquais dans le premier chapitre de ce livre[1] au sujet des rapports annuels suite aux contrôles réalisés par la DGCCRF. Dans nos supermarchés, plus de 6 % des fruits et légumes frais en vente dépassent les taux maximums autorisés en résidus de pesticides. Ces produits sont simplement impropres à la consommation et devraient être jetés. Ils sont pourtant bel et bien consommés par tout un chacun. 6 %, cela vous semblera peut-être peu, mais c'est comme si vous mangiez des fruits et légumes impropres à la consommation car trop pollués en pesticides un jour entier toutes les deux semaines, et cela tout au long de votre vie.

Sans compter que l'on retrouve des résidus de pesticides dans plus de la moitié de nos fruits et légumes (56 %), et que 1,9 % contiennent même des pesticides carrément interdits en France car reconnus comme trop dangereux. Croyez-vous que cela soit sans conséquences sur votre santé à long terme ?

Pour éviter de consommer ces poisons, il n'existe qu'une seule solution un tant soit peu fiable aujourd'hui. Il faut se tourner le plus possible vers les produits biologiques[2], du moins pour les fruits et légumes les plus contaminés.

Ainsi, évitez absolument d'acheter du raisin, des mandarines et des cerises issus de l'agriculture conventionnelle ! Le rapport sur les pesticides de Générations Futures[3] de

---

1. Partie I, chapitre 1 : « Pesticides, additifs, conservateurs : est-ce si grave d'avaler ça ?! »

2. Lire à ce sujet le chapitre 17 : « Vrai bio-faux bio, comment s'y retrouver ? »

3. Association de défense de l'environnement agréée par le ministère de l'Écologie depuis 2014 : https://www.generations-futures.fr/publications/residus-pesticides/

février 2018, qui compile les résultats des contrôles de la DGCCRF sur plusieurs années, montre que pour ces fruits, plus de 85 % des lots vendus sont contaminés en pesticides. Je vous conseille également d'éviter les fraises et les pêches de l'agriculture conventionnelle car elles sont contaminées à plus de 80 %.

En ce qui concerne la pomme, le fruit de loin le plus consommé, eh bien sachez que presque 80 % des lots vendus sont contaminés, soit l'équivalent de quatre pommes sur cinq. À l'inverse, prunes et kiwis sont les fruits les moins souvent contaminés avec « seulement » environ 30 % des lots contaminés, alors que les bananes se situent dans les 57 %.

Concernant les agrumes, n'utilisez jamais les zestes d'oranges et de citrons conventionnels car des cires et des pesticides sont appliqués sur la peau pendant et après la récolte pour assurer leur conservation.

Pour ce qui est des légumes, toujours en agriculture conventionnelle, bien qu'ils soient généralement moins contaminés en pesticides que les fruits, la situation est malgré tout préoccupante. Il faut surtout éviter le céleri-branche, contaminé dans presque 85 % des cas, les herbes fraîches et les endives, contaminées à plus de 70 %, et les laitues à plus de 65 %.

La tomate, premier légume consommé en France, fait presque figure de bon élève avec un taux de contamination d'un peu moins de 50 %.

Pour les autres fruits et légumes, je vous recommande de jeter un coup d'œil au rapport de Générations Futures pour vous faire une idée précise de ceux qui sont les plus ou les moins chargés en pesticides. Rassurez-vous, il est très clair et facile à lire.

On parle également beaucoup des produits provenant de « l'agriculture raisonnée », ce qui en soit est déjà un constat du fait que l'agriculture productiviste est « déraisonnable ». Il s'agit d'un référentiel supérieur de production avec un meilleur respect de l'environnement, des besoins de plantes et des animaux, etc. Personnellement, j'ai la faiblesse de penser que toutes les exploitations devraient obligatoirement être à un haut niveau d'exigence et de qualité. Nous parlons tout de même de nourriture, de substances que nous ingérons, qui sont les matériaux de construction et l'énergie de notre organisme. « L'agriculture raisonnée », ce serait donc mieux que l'agriculture industrielle, sans être aussi bien que le bio. Un genre de « sous-bio », un « moins pire » que l'agriculture industrielle.

Pourtant, si l'agriculture dite « conventionnelle » respectait déjà simplement les normes actuelles, un grand pas serait fait. Et si les normes, et globalement tout le système de politique agricole, étaient moins en faveur des agriculteurs productivistes, nous ne verrions pas ce genre de démarches marketing.

En effet, sachez que l'agriculture raisonnée est promue par le FARRE (Forum des agriculteurs responsables respectueux de l'environnement) avec comme membres actifs… Monsanto, Dow, BASF, Bayer et Cie [1]. Pas vraiment un club d'« agriculteurs responsables ». On comprend mieux pourquoi l'agriculture raisonnée autorise « un usage d'intrants chimiques selon le seuil de tolérance des cultures ».

Alors, faut-il dans les bacs de votre grande surface choisir les produits de l'agriculture raisonnée ? Oui si votre budget est serré et que vous constatez qu'ils sont sensiblement moins chers que l'équivalent en bio. Mais les produits labellisés « agriculture biologique » restent de loin une meilleure alternative.

1. http://www.farre.org/index.php?id=50

Je vous recommande également d'acheter des fruits et légumes locaux et de saison. Non seulement ils seront moins chers, cueillis plus proche de la maturité et ils n'auront pas voyagé des semaines avec un bilan carbone déplorable, ni subi des traitements chimiques pour les aider à supporter la durée du voyage.

De plus, certains pays sont également plus laxistes pour ce qui est des contrôles des usages et des résidus de pesticides. Ce n'est pas un hasard si de nombreux paysans français vont acheter en Espagne des pesticides interdits. Et je sais, de par ma longue expérience d'importateur de fruits et légumes, que les taux de contaminations en pesticides, ainsi que les doses associées, sont plus élevés en Espagne et en Afrique du Nord qu'en France ou en Italie par exemple.

Boucherie et charcuteries

Une étude récente de l'INSERM à partir d'une très grande quantité de données[1] a beaucoup fait parler d'elle puisqu'elle a montré que la consommation de viande rouge et de charcuteries augmentait la survenue de certains cancers, notamment le cancer colorectal. Les causes ne sont pas clairement établies, mais certains mettent en avant le degré et le mode de cuisson (la viande rouge est souvent grillée ou cuite au barbecue), ainsi que la présence d'additifs comme les sels nitrités dans les charcuteries, ou les molécules cancérigènes apportées par le fumage, qu'il soit naturel ou par aromatisation.

Ainsi, ceux qui consomment plus de 100 grammes de viande par jour voient leur risque de développer un cancer

1. https://www.inserm.fr/actualites-et-evenements/actualites/impact-consommation-viande-rouge-ne-serait-pas-limite-risque-cancer-colorectal

augmenter de 30 % par rapport à ceux qui en consomment moins de 20 grammes.

Premier conseil : je vous encourage fortement à réduire votre consommation de viande rouge et de charcuteries, et surtout à limiter les barbecues, cela sera meilleur pour votre santé… et accessoirement pour votre porte-monnaie.

Quitte à manger peu de viande, autant en consommer qui soit de qualité et qui vous apporte un réel plaisir gustatif. Or, en Europe, nous avons de la chance car, à la différence de la plupart des grandes zones productrices de viande dans le monde, l'Europe interdit l'usage d'hormones de croissance, des promoteurs chimiques de croissance, de la plupart des OGM (organismes génétiquement modifiés). Elle interdit aussi la désinfection au chlore (ou autre produit chimique type peroxyde) des viandes après abattage et découpe.

La qualité des viandes produites dans les pays européens est donc globalement très bonne, surtout dans les pays d'Europe de l'Ouest les plus développés qui pratiquent les contrôles les plus stricts, et vous pouvez l'acheter en toute confiance. Là encore, je vous recommande le bio, les Label Rouge, et les origines traditionnelles garanties.

Si on met de côté les aspects religieux et philosophiques, les qualités des viandes de tous les animaux d'élevage produites avec le même cahier des charges se valent peu ou prou. Des volailles ou des porcs élevés en batterie avec des aliments industriels, sans jamais voir la lumière naturelle ou mettre une patte ou un sabot dans un pré, ne donneront jamais une viande d'aussi bonne qualité que s'ils avaient été élevés avec des méthodes traditionnelles : de l'espace pour évoluer, des aliments variés et naturels, une faible densité d'animaux, le respect des temps de croissance… C'est d'ailleurs ce pour quoi milite l'association Bleu-Blanc-

Cœur[1] qui fait un travail remarquable, car bien nourrir les animaux, c'est *in fine* bien nourrir les hommes.

Consommez les viandes de qualité qui vous font plaisir, que ce soit du porc, de l'agneau, du bœuf, du poulet ou de la dinde, l'important étant de varier et de consommer avec modération.

Cependant, qualité mise à part, il faut garder à l'esprit que certaines viandes ou certains morceaux de l'animal sont moins gras que d'autres et doivent être privilégiés si ce paramètre est important pour vous. Ainsi consommez plutôt des volailles, surtout les filets (sans la peau qui est très grasse), du filet de porc (3,6 % de matières grasses), ou de la bavette de bœuf (moins de 5 %). Évitez les pilons de poulets avec peau (12 % de gras), l'échine de porc (14 %) ou encore les entrecôtes qui peuvent contenir jusqu'à 17 % de gras.

L'aspect écologique est aussi à prendre en compte. Des viandes comme les volailles surtout, ou dans une moindre mesure le porc, ont un bilan carbone bien meilleur[2] que le bœuf ou l'agneau. De plus, ce sont les viandes les moins chères, alors autant se faire plaisir de temps en temps avec un bon poulet de Bresse.

La viande fraîche est un produit fragile qui doit être parfaitement travaillé et stocké. Les bactéries et autres pathogènes qui infectent les viandes, comme les bactéries fécales présentes dans le tube digestif des animaux, sont les plus dangereux et causent des centaines de décès en France chaque année[3] : vingt et un agents pathogènes sont responsables chaque année, en France métropolitaine, de

1. https://www.bleu-blanc-cœur.org/c/74/Objectifs-et-missions

2. https://www.ewg.org/meateatersguide/a-meat-eaters-guide-to-climate-change-health-what-you-eat-matters/climate-and-environmental-impacts/

3. https://www.consoglobe.com/infections-alimentaires-hausse-hospitalisations-deces-cg

« 4,9 millions de cas symptomatiques, de 42 800 hospitalisations et de 376 décès ».

Soyez très attentifs à l'hygiène des lieux de vente et au respect de la température dans les vitrines réfrigérées. Ne consommez jamais de viandes fraîches, quelles qu'elles soient, dont la date limite de consommation (DLC) est dépassée !

Si une viande présente une odeur ou un aspect qui vous semblent suspects, ne la consommez surtout pas.

La viande hachée est particulièrement sensible. Le broyage détruit les tissus et les cellules dont le contenu se trouve exposé, et la contamination de surface se retrouve répartie dans la masse du produit. C'est un milieu de culture idéal.

Il faut donc que le boucher prépare la viande hachée au moment de l'achat, devant vous, avec une machine réfrigérée. De plus, vous contrôlerez que votre viande hachée n'est pas faite avec des morceaux trop gras et autre produits qui n'ont pas à s'y trouver comme des nerfs, tendons et membranes, voire des protéines végétales avec de l'eau et des additifs, ou d'autres succédanés.

D'ailleurs, les contrôles, publiés en 2017, de la DGCCRF sur les viandes hachées[1] vendues en grande distribution montrent un taux de non-conformité de 38 %. Les fraudes portent essentiellement sur des taux de collagènes (apportés par des nerfs, tendons et membranes) trop importants, et la présence de tissus lymphoïdes (moelle osseuse, appendices, amygdales, ganglions lymphatiques, rate et thymus). Voilà pourquoi je n'achète jamais et n'achèterai jamais de viande hachée en barquette en grande surface.

Veillez bien ensuite à conserver la viande au frais, à la manger rapidement, et surtout à bien la cuire. Ne mangez

---

1. https://www.economie.gouv.fr/dgccrf/viandes-hachees-fournies-a-distribution

jamais un steak haché du supermarché bleu à cœur car les bactéries présentes dans la masse ne seront pas détruites.

Pour les adeptes du steak tartare, dont je suis, achetez de beaux morceaux et préparez votre viande hachée vous-même. Cela se fait très facilement avec un petit hachoir électrique ou avec un bon couteau.

Les viandes fraîches importées « haut de gamme » sont à la mode. Vous trouverez, entre autres, en provenance du Japon, du bœuf Wagyu ou de Kobe, du porc Kurobuta, du bœuf d'Argentine, d'Australie ou des États-Unis. C'est hors de prix et, selon moi, uniquement une affaire de snobisme. Les viandes de charolaise ou d'Aubrac, de porc ibérique ou d'autres races locales n'ont rien à leur envier. Et sont beaucoup plus abordables.

De plus, consommer local est plus écologique, plus économique et vous ne risquez pas, je vous le répète, d'avaler des viandes boostées aux hormones et autres « promoteurs de croissance » chimiques.

Concernant les charcuteries, la vigilance est de mise car les différences de qualité sont très importantes d'un produit à l'autre. Fabriquer des charcuteries visait, à l'origine, à permettre la conservation des viandes à une époque où les réfrigérateurs n'existaient pas. Pour cela, on réduisait la disponibilité de l'eau dans le produit pour empêcher le développement des micro-organismes avec des techniques gourmandes en temps comme le fumage, le séchage, le confisage à l'huile ou à la graisse, ou le salage.

Or, pour les industriels, le temps c'est de l'argent, et ils adorent ajouter de l'eau (qui ne coûte rien et alourdit les denrées) partout où c'est possible. Ils ont donc développé des techniques de fabrication rapides, et élaboré des recettes bourrées d'additifs qui leur permettent d'incorporer un maximum d'eau comme je l'ai constaté en 2001 lors de ma première visite d'une usine de fabrication de jambons, saucisses et autres poitrines fumées. J'avais commencé la visite par la zone de réception des matières premières. Le jambon était livré frais de l'abattoir en tas dans de grosses caisses plastique blanches. La taille des jambons m'avait surpris car ils étaient bien plus petits que les jambons cuits tout roses que l'on voit dans les rayons de charcuterie.

— Ils sont tout petits ces jambons, avais-je commenté au commercial qui me faisait visiter. C'est une qualité particulière ?

— Non, c'est du standard, mais on va les gonfler dans l'atelier des saumures, vous allez voir.

Nous sommes ensuite arrivés dans un très grand hall de production séparé en plusieurs ateliers.

— Là, c'est le découennage et dégraissage…

— Vous ne laissez pas la couenne ? demandais-je.

— Ben non, on commence par enlever la peau et la couche de gras à tous les jambons. Les clients veulent de belles tranches de jambon avec une couche régulière de gras, un peu mais pas trop, or naturellement le gras est mal réparti avec des zones où il n'y en a presque pas et des endroits avec cinq centimètres.

— Et vous la remettez ensuite ?

— Oui, après la cuisson on remet le gras en couche bien régulière de l'épaisseur qu'on veut et on recouvre de couenne…

Nous sommes ensuite entrés dans la zone de saumurage. Là, des opérateurs en tabliers plastique et armés d'un genre de pistolet avec une grande aiguille piquaient dans la veine des jambons pour injecter la saumure sous pression. Il y avait également quelques machines en Inox avec des tapis d'aiguilles qui s'enfonçaient dans la viande et injectaient la saumure en plusieurs points directement dans le muscle. Le plus étonnant, c'était de voir véritablement gonfler les jambons sous nos yeux, jusqu'à doubler de volume comme de grosses éponges.

— Vous mettez quoi dans la saumure ? demandais-je.

— On parle plutôt de « bouillon », me dit-il, c'est plus vendeur. On a plein de recettes, mais on a toujours du sel, du sucre et des nitrites.

— Les nitrites c'est pour la conservation, c'est bien cela ?

— Oui, mais pas seulement, me répondit-il. En plus d'être un conservateur, les nitrites se fixent sur la myoglobine pour former des nitrosohémochromes de couleur rose clair lors de la cuisson.

— C'est pour cela que le jambon cuit est rose ?

— Bien sûr, sinon il serait gris ou brunâtre, or les consommateurs le veulent rose.

— Et quoi d'autre ?

— Pour les premiers prix, on met des polyphosphates et de la gélatine pour bien retenir l'eau. On a aussi des antioxydants utilisés comme conservateurs comme l'ascorbate ou l'erythorbate, on peut aussi mettre du glutamate comme exhausteur de goût, et puis des arômes.

Un peu plus loin nous sommes arrivés devant des machines qui ressemblaient à de grosses bétonnières en inox.

— C'est les malaxeuses pour les premiers prix, m'annonça le commercial. On met dedans les muscles du jambon, c'est-à-dire la viande de la cuisse de porc sans la peau, la graisse et les os, avec le bouillon pour en faire une pâte homogène.

Après le cycle de malaxage, la pâte rosâtre qui ressemblait à du Malabar était versée dans des bacs et pompée dans des moules de diverses tailles. Pour le produit qui m'intéressait, en moule de 1 m sur 10 cm, pour la grande distribution, en moule de la taille et de la forme des jambons que l'on voit dans les rayons charcuterie.

— On remet du gras et la couenne si le client le demande et c'est fait, conclut le commercial.

— Et pour les produits fumés, vous avez un fumoir ? demandais-je.

— Plus besoin, il suffit de mettre de l'arôme « fumée liquide » dans le bouillon. Mais vous allez voir dans l'atelier saucisses…

C'est comme cela que l'industrie fabrique des jambons cuits premiers prix bien roses contenant 25 % d'eau ajoutée.

Les jambons et autres charcuteries « premiers prix » ne sont pas de bonnes affaires. Vous payez moins cher au kilo, certes, mais vous payez pour de l'eau et des additifs, plus de gras, des bas morceaux fibreux, de la peau, plèvre et autres morceaux que vous ne consommeriez pas si vous les aviez sous les yeux…

Toutes les études récentes tendent à prouver que les nitrites sont cancérigènes, et l'information commence à être bien connue des consommateurs. C'est pour cela que les fabricants rivalisent d'ingéniosité pour les enlever de leur liste d'ingrédients. Pour cela, certains utilisent l'astuce des « extraits végétaux naturellement riches en nitrate » comme le céleri ou le poireau, qui vont donner des nitrites lors du processus. Au final vous aurez autant de nitrites qu'avant dans ces produits pourtant labellisés « sans nitrites ajoutés ».

Il semble que seul Herta aujourd'hui, avec son « Bon Paris sans nitrite », ait réellement réussi à se passer totalement de cette molécule toxique. Si je n'achetais pas du jambon artisanal bio et grisâtre, c'est sans doute celui que je prendrais.

Fabriquer des charcuteries « à l'ancienne », en prenant le temps qu'il faut, sans additifs chimiques, est réservé au haut de gamme. Si on veut de la bonne charcuterie, cela coûtera plus cher. Pour maîtriser votre budget, je vous encourage, comme pour les viandes, à en manger peu, mais de la bonne qualité. Privilégiez les Label Rouge, le bio, les produits locaux et ceux avec le moins d'additifs.

Boulangerie et pâtisserie

Pour le pain, c'est facile. Il existe une réglementation précise[1] qui définit les trois grandes catégories : le pain tout venant, le pain courant et le « pain de tradition ». C'est très simple, le « pain traditionnel » n'a subi aucun traitement de surgélation et est garanti sans additifs, à la différence du pain courant qui peut contenir jusqu'à 14 additifs[2] et contre plus d'une centaine pour les pains dits « tout venant ». Inutile de dire que si l'on ne veut pas ingurgiter des tas de produits chimiques il faut acheter un pain contenant le terme « tradition » ou « traditionnel » dans sa dénomination de vente. Bien entendu, si c'est bio, c'est sans pesticides, et donc plus prudent. Surtout pour les pains au son, car l'enveloppe des grains peut être très contaminée.

Des mentions complémentaires comme « au levain » peuvent être ajoutées dans le cas d'une fermentation naturelle acidifiante. Enfin, vous avez un tas d'indications comme « cuit au feu de bois », « au seigle », « méteil » (mélange de céréales), « complet »… À vous de voir si vous en préférez le goût, mais c'est relativement accessoire.

Concernant les pains de mie, qui n'ont en fait plus grand-chose à voir avec du vrai pain, ils sont généralement sucrés et bourrés d'additifs. Mieux vaut les éviter. À défaut,

1. https://www.legifrance.gouv.fr/affichTexte.do?cidTexte=JORFTEXT000000727617

2. http://www.boulangerie.net/forums/bnweb/dt/additif.php

prendre ceux dont la liste d'ingrédients est la plus courte et sans conservateurs ou antioxydants chimiques.

Les grandes surfaces, tout comme les chaînes de « boulangerie », proposent des viennoiseries et des pâtisseries industrielles. Au mieux, l'assemblage est fait sur place, au pire ce sera simplement la cuisson d'un produit surgelé. Je vous conseille de vous trouver un bon artisan-boulanger qui aime son métier et qui fabrique ses produits avec des ingrédients de qualité. Ce ne sera pas forcément beaucoup plus cher, mais forcément plus sain et bien meilleur.

Poissonnerie

Là encore, un règlement européen, le No 1379/2013[1], définit les règles applicables lors de l'étiquetage des produits de la pêche et de l'aquaculture. Les mentions obligatoires sont la dénomination commerciale (y compris présence d'additifs, ajout d'eau, etc.), le nom scientifique, la méthode de production (« pêché », « pêché en eaux douces » ou « élevé »), la zone de pêche ou le pays d'élevage, enfin le vendeur doit préciser si le produit a été décongelé.

Malheureusement, comme le prouve le bilan des contrôles réalisés par la DGCCRF en 2016[2], les fraudes sont nombreuses, 23 % exactement. Presque un produit contrôlé sur quatre, une paille ! Même s'il y a du mieux : le taux de triche constaté était de 31 % lors de l'enquête précédente[3] réalisée en 2015 et rendue publique le 14 mars 2016.

1. http://eur-lex.europa.eu/legal-content/FR/TXT/HTML/?uri=CELEX: 32013R1379&from=FR

2. https://www.economie.gouv.fr/dgccrf/controle-des-decoupes-poisson

3. https://www.economie.gouv.fr/dgccrf/controles-effectues-sur-filets-poisson

Les tromperies sur les appellations, comme de l'espadon vendu pour du thon, sont moins fréquentes que par le passé. En revanche, l'ajout d'eau et l'emploi d'additifs sont des pratiques habituelles, surtout sur les filets de poisson et les fruits de mer. De même, les professionnels n'aiment pas indiquer que leurs produits ont été décongelés et cette mention est très souvent « oubliée »…

Mais congélation, ajout d'eau et présence d'additifs sont liés. Vous avez de la chance, je vais vous expliquer précisément comment tout cela fonctionne.

Il y a une douzaine d'années, ce devait être en 2005, je recherchais depuis quelques jours des queues d'écrevisse et des noix de coquilles Saint-Jacques pour de nouvelles références de salades et de plats préparés surgelées. Or un fournisseur écossais me proposa plusieurs niveaux de qualité et à des prix imbattables. Après quelques discussions téléphoniques, il a accepté de me faire visiter son usine et de m'expliquer son mode opératoire. Bien que j'en aie déjà ma petite idée, connaissant nos propres méthodes.

Sa petite usine, située à quelques kilomètres d'Aberdeen, ne payait pas de mine. Les coquillages et autres poissons étaient livrés frais puis stockés en chambre froide avant de passer dans un premier atelier de préparation. Il s'agissait d'une grande pièce humide où, dans le cas des Saint-Jacques, des opératrices retiraient avec dextérité la noix de la coquille.

— Ensuite, on les calibre, me dit mon interlocuteur avec un fort accent écossais en me montrant les bacs en plastique remplis de noix de Saint-Jacques. On met aussi de côté celles qui ont un défaut.

— Et vous obtenez combien de qualités différentes ? demandais-je.

— Une seule à ce stade, seule la taille diffère, me répondit-il. On fabrique les différentes qualités ensuite suivant les marchés et les clients.

— Vous « fabriquez » les qualités ?

— Bien sûr ! Si le client veut du frais premier choix, on livre juste après le calibrage sans transformation, en frais ou après surgélation. Mais notre spécialité, et on est parfaitement transparent avec nos clients, c'est le trempage ou l'injection. Ça permet de baisser les prix.

— Et comment vous procédez ?

— Je vais vous montrer dans l'atelier de trempage.

Nous avons alors pénétré dans un second atelier, plus petit. Une grosse machine en acier inoxydable occupait la moitié de l'espace à elle toute seule.

— C'est notre machine de trempage. On met les coquilles fraîches sur ce tapis roulant en plastique. Elles se déversent ensuite dans ce grand bac qui contient une solution salée avec du lactate et de l'acétate de potassium. On peut aussi mettre des polyphosphates, du glutamate, des sels nitrités, de l'acide citrique ou ascorbique, cela dépend de ce que veut le client et du pourcentage d'eau que l'on veut ajouter.

— Vous pouvez monter à quel pourcentage d'eau ?

— À peu près 50 % pour la Saint-Jacques, mais les standards c'est 10, 20 ou 30 %. Sinon ça se voit à la cuisson qu'il y a trop d'eau. Si on fait cuire à la poêle, on se retrouve avec une soupe de Saint-Jacques.

Je regardais les noix fraîches basculer du tapis dans ce grand bac en Inox contenant une solution à l'aspect de lait dilué.

— Et elles trempent combien de temps ? demandais-je

— C'est un secret de fabrication, répondit mon interlocuteur avec un large sourire. C'est compliqué, cela dépend du calibre, de la composition de la saumure, de la température, du pourcentage d'eau qu'on veut à la fin. Tout est contrôlé par ordinateur, me dit-il en me montrant fièrement l'écran de contrôle de la machine. On entre les paramètres et quand c'est prêt, la machine égoutte les noix.

— Et après ?

— Eh bien, on surgèle le plus rapidement possible, sinon l'eau finit par ressortir et on perd du poids.

Nous sommes ensuite passés dans un autre atelier qui contenait une machine qui m'était familière.

— Ah, vous avez aussi un saturateur ? lui demandai-je.

— Oui, c'est pour injecter de l'eau plus rapidement et pour les produits qui ne pompent pas assez, comme les filets de poisson, les queues de homard ou d'écrevisse. Vous connaissez ?

— Oui, on en a aussi, répondis-je, mais on les utilise pour les légumes.

— Alors, vous devez faire pareil, déclara-t-il. Nous, on met les filets préparés dedans, dans des bacs plastique. En ce moment, c'est du saumon. On ferme la porte de l'enceinte inox, on fait un vide plus ou moins poussé, et on injecte la solution saumurée. Et avec des nitrites, ça accélère le processus.

— Je vois que vous utilisez aussi des extraits végétaux, dis-je après avoir lu l'étiquette d'un bidon posé là.

— Oui, surtout du céleri car il est riche en nitrates. On le couple avec de l'acide ascorbique. C'est pour améliorer la couleur du poisson.

— Améliorer sa couleur ?

— Ben, on traite souvent des poissons pêchés depuis plusieurs jours. Ils sont moins beaux et l'odeur est plus forte, mais ils sont consommables, pas de problème. Une bonne dose d'acide et de nitrate leur redonne un petit coup de jeune... Et enfin on congèle.

Et voilà, maintenant vous savez tout. Achetez du poisson véritablement frais et brut. Fuyez les produits décongelés, ainsi que les filets de poisson et fruits de mer qui ont subi une quelconque transformation ou ont une liste d'ingrédients, même si elle est courte et semble naturelle.

Beaucoup de vendeurs trichent sur les étiquetages, ne vous laissez pas faire. Posez les questions qui fâchent, râlez si vous constatez une anomalie et informez aussitôt la DDPP[1] (Direction départementale de la protection des populations).

Fromages et ultra-frais (beurre, yaourts, crémerie, œufs)

La tradition fromagère de notre pays est d'une grande diversité. Mais la diversité, la typicité, le traditionnel ne plaisent pas à l'industrie, car ils ne s'accordent pas avec la production en masse destinée à des marchés globalisés.

L'industrie cherche donc depuis longtemps à faire disparaître les petits producteurs et leurs produits atypiques difficiles à produire et instables dans le temps, ce qui est très gênant pour le transport et le stockage. Pour cela, elle fait adopter des normes sur mesure qui favorisent les gros intervenants. Dans le même temps, une campagne de dénigrement exagérant les dangers des produits au lait cru est menée. Ainsi, sous des prétextes hygiénistes, les modes de production industriels au lait chauffé puis ensemencé de germes standardisés sont favorisés. Or le dernier scandale alimentaire d'importance, l'affaire Lactalis, nous montre que les gros industriels sont loin de la maîtrise totale qu'ils revendiquent.

Tout cela aboutit à des rayons entiers de fromages qui n'en sont pas véritablement. Ce ne sont que des préparations laitières uniformes avec un goût lacté neutre pour plaire au plus grand nombre, sans odeur marquée, sans caractère. À vous de voir si ce rapport qualité-prix vous convient, mais

1. Les DDPP ont depuis 2010 remplacé les directions départementales de la DGCCRF, les répressions des fraudes.

pour ma part j'adore le bon fromage, le vrai, celui qui a un goût prononcé, des arômes complexes. Je n'achète que des fromages au lait cru AOP, bio si j'en trouve et si le prix n'est pas exagéré. Encore une fois, pour ne pas exploser votre budget, je vous encourage à manger peu de fromage, mais à choisir des produits de qualité qui vous apporteront un plaisir gustatif incomparable.

En revanche, évitez absolument les fromages fondus, et autres « préparations fromagères » qui contiennent un maximum d'eau et de matières grasses, des ingrédients de mauvaise qualité et des tas d'additifs comme les sels de fonte qui servent à incorporer l'eau, polyphosphate et orthophosphate de sodium qui stabilisent le produit, citrate de sodium et acide citrique pour la conservation. Pour votre apéritif, ou le goûter des enfants, plutôt que des cubes ou des portions de fromage chimique aromatisé, coupez des morceaux de vrai fromage, comté, emmental, gruyère, parmesan, etc. Le choix est large.

Pour le beurre, comme pour tous les autres produits alimentaires, achetez du vrai. Un vrai beurre, c'est 82 % de matière grasse (provenant exclusivement du lait), 16 % d'eau et 2 % de matière sèche, point. Pour le beurre salé, 2 % de sel remplacent 2 % de matière grasse.

Le meilleur des beurres, le « beurre cru » est obtenu à partir d'une crème qui n'a subi aucun traitement thermique. Il aura un goût typique complexe non dénaturé par le chauffage. Mais il est rare.

Privilégiez le « beurre extra-fin », fabriqué exclusivement à partir de crème non congelée et laissez de côté le beurre ordinaire dit « beurre fin » fabriqué avec au maximum 30 % de crème congelée.

Pour vous faire plaisir, et si vous en avez les moyens, il existe d'excellents beurres AOP comme le beurre de Charentes-Poitou ou d'Isigny, qui sont de toute façon extra-fins, et bien entendu le bio.

Privilégiez également le « beurre de baratte ». Il est obtenu à partir d'une crème maturée pour développer ses arômes, à la différence de la majorité du beurre produit aujourd'hui qui est fabriqué avec un butyrateur, une machine qui malaxe la crème et crache un ruban continu de beurre qui sera aussitôt découpé et empaqueté.

En revanche, le fait qu'il soit en plaquette, moulé ou en motte n'a aucune importance. C'est juste une mise en forme sans incidence sur la qualité. Mieux vaut une plaquette d'un beurre extra-fin de qualité qu'une motte de faux beurre. Certains industriels vendent du beurre « gastronomique ». N'en tenez pas compte, ce n'est pas une appellation officielle. J'ai même vu du beurre allégé gastronomique.

Quid des beurres et autres produits allégés ? En termes mesurés et politiquement corrects, je dirais simplement que je hais ces ersatz. Pour le beurre, la crème, le sucre, les yaourts… enfin pour tous les produits dits « allégés », on remplace un produit calorique certes, mais généralement naturel, par des ingrédients bas de gamme, de l'eau et des additifs. Là encore, réduisez votre consommation à dix ou quinze grammes par jour si vous avez des problèmes de poids, mais achetez de bons produits naturels, exempts d'additifs toxiques, qui vous procureront du plaisir.

De plus, une confusion totale règne autour des désignations. Le « beurre allégé » doit avoir 62 % de matières grasses, et le « beurre léger » 41 %. En dessous, on devrait parler de « matière grasse laitière à tartiner à x % de matière grasse ». Or les industriels préfèrent mettre la marque en avant, oublier la mention légale et laisser le distributeur indiquer faussement « allégé » dans le rayon ou sur le site de vente en ligne.

Pour « alléger », la technique est simple, on ajoute de l'eau. Voici une liste d'ingrédients que je viens de relever sur ce qui était faussement vendu comme un « beurre allégé à 15 % de matières grasses » : Eau, matière grasse de lait, amidon, lactose, amidon modifié, sel (0,8 %), émulsifiants : E471, E476, épaississant : E466, concentré lactique, conservateur : sorbate de potassium, arômes naturels, colorant : bêta-carotène, vitamines A et E.

Cela n'a plus rien à voir avec du beurre. Ce n'est qu'une mauvaise préparation à base de matières grasses de lait.

L'eau devient l'ingrédient principal grâce à l'utilisation massive d'émulsifiants qui permettent de l'incorporer au produit. Des texturants comme de l'amidon modifié chimiquement et de la carboxyméthylcellulose (E466, cancérigène et perturbateur du fonctionnement intestinal) pour que le produit se tienne, et bien sûr des conservateurs chimiques comme le sorbate. De plus, comme c'est surtout de l'eau, il n'y a pas de couleur, pas de goût, pas de vitamines, alors on vous ajoute des additifs en guise de palliatifs. Un seul mot d'ordre : fuyez !

Concernant les margarines, succédanés du beurre, il s'agit d'une émulsion d'eau et d'huiles végétales. Là encore, privilégiez les margarines à haute teneur en matières grasses, au-dessus de 60 %, pour ne surtout pas acheter de l'eau et des additifs. Oubliez les produits « allégés » ou « légers » pour les mêmes raisons que pour le beurre allégé.

La difficulté pour produire des margarines est d'obtenir une texture proche du beurre, pâteuse à température ambiante, alors que la plupart des huiles sont liquides à cette température. Par le passé, pour solidifier les huiles, on avait recours à l'hydrogénation. C'est comme cela qu'était produite la fameuse Végétaline. Mais cette technologie génère des acides gras trans toxiques et les consommateurs n'en veulent plus. On doit donc mettre dans les margarines des huiles qui sont solides à température ambiante comme l'huile de palme (extraite du fruit du palmier à huile) et de palmiste (extraite de la graine du palmier à huile). Or ces huiles sont riches en acides gras saturés et très décriées pour leur impact écologique.

À mon sens, il vaut mieux consommer du vrai beurre et des huiles végétales (huile d'olive pour la salade, de tournesol pour la cuisson, ou de colza riche en oméga-3 en usage mixte) plutôt que des assemblages artificiels comme les margarines.

Idem pour les crèmes, oubliez les produits allégés. Achetez de la vraie crème fleurette ou épaisse entière à 30 % de matières grasses. Vous pouvez toujours alléger vous-même en coupant avec un peu de lait si vous le souhaitez. Là encore vous avez des produits AOP et bio si vous pouvez, et souhaitez, vous le permettre.

Pour le lait justement, c'est plus une affaire de goût et de moyens. Personnellement, je préfère le lait entier frais (3 % de matières grasses) et bio, mais pour moi aucun lait n'est foncièrement mauvais. Si vous surveillez votre poids, prenez de l'écrémé, du sans lactose si vous êtes intolérants, de l'UHT (stérilisé très rapidement à Ultra Haute Température) longue conservation si vous privilégiez la facilité de stockage.

Pour ce qui est des yaourts, cette dénomination est réservée aux laits fermentés ensemencés avec les seules bactéries lactiques thermophiles (Lactobacillus bulgaricus et Streptococcus thermophilus). Elles doivent de plus rester vivantes à raison d'au moins 10 millions par gramme pendant toute la durée de vie du produit. Le yaourt est donc un produit vivant bénéfique pour votre organisme. Il aide à la digestion, notamment du lactose, et favorise le transit intestinal. Il est également possible, tout en gardant l'appellation de yaourt, d'ajouter sucre, miels, morceaux de fruits et arômes, à hauteur de 30 %.

Lorsque, pour des raisons marketing, d'autres souches sont utilisées, comme des bifidobactéries (Bifidus), le produit ne peut pas être appelé « yaourt » mais seulement « lait fermenté ». Dans ce cas, il est fréquent que soient ajoutés des additifs comme des épaississants et des correcteurs d'acidité. Ces produits n'ont aucun avantage par rapport au vrai yaourt, d'autant plus qu'ils sont généralement vendus plus cher.

Attention, le petit-suisse n'est pas un yaourt, mais un fromage frais. Quoi qu'il en soit, c'est un excellent produit s'il est nature, mais sans les effets positifs des bactéries vivantes.

Vous pouvez donc consommer yaourts et petits-suisses nature sans soucis et les agrémenter à votre guise de miel, confiture ou sucre.

En revanche, il faut se méfier des yaourts, laits fermentés, petits-suisses et autres desserts frais lorsqu'ils sont sucrés et aromatisés. Les industriels utilisent souvent des sucres nocifs de céréales comme le fructose ou le glucose, des purées de fruits avec conservateurs chimiques, et divers additifs (amidons, colorants, gomme guar, citrate de calcium, acide citrique, etc.). L'idéal est d'acheter des produits nature et de les agrémenter selon votre goût avec du vrai miel ou des confitures.

Méfiez-vous aussi des produits laitiers pour lesquels les marques communiquent sur l'aspect « santé ». Ce ne sont que des arguments marketing car le yaourt traditionnel est déjà un produit santé. De plus, certains produits annoncés comme miracles comme les stérols végétaux pour lutter contre le cholestérol sont aujourd'hui suspectés d'être plus nocifs que bénéfiques[1] avec des effets potentiellement délétères sur le système cardiovasculaire.

En ce qui concerne les œufs, on va commencer par oublier l'élevage en plein air. La poule toute seule au milieu d'un pré tout vert, ça n'existe que sur l'illustration des

1. Harcombe Z., Baker J. S., « Plant sterols lower cholesterol, but increase risk for coronary heart disease », *Science Publications, OnLine Journal of Biological Sciences*, Vol. 14, 2014.

emballages. Cela n'apporte rien à la qualité de l'œuf, au contraire. Il est sans doute mieux pour la poule elle-même d'avoir un espace où évoluer, mais en le faisant elle se contamine avec des déjections qui se retrouveront ensuite sur la coquille des œufs qu'elle pondra.

La qualité intrinsèque des œufs ne change pas suivant le mode de production. Je vous conseillerai de choisir des œufs qui ne viennent pas de trop loin, si possible fermiers. Pour les plus convaincus, et pour ceux qui peuvent et veulent y mettre le prix, il y a aussi des œufs Label Rouge et des œufs bio.

Enfin, pour ce qui est des desserts lactés frais, comme les crèmes, mousses, et autres flans ou gâteaux de riz, je vous conseille d'en acheter le moins souvent possible. Ils sont généralement très sucrés et n'ont aucun des effets positifs pour la santé comparés aux yaourts avec leurs ferments vivants. Lorsque vous en achetez, choisissez les grandes marques et toujours les listes courtes d'ingrédients de qualité, et avec le moins possible d'additifs.

Salades, crudités, sandwichs, pizzas, et autres plats préparés frais

Les produits traiteur ont envahi les rayons des supermarchés ces dernières années. Ils répondent à une demande grandissante des consommateurs pour des produits frais, goûteux et naturels que l'on peut consommer sur le pouce, lors des coupures déjeuner ou des petites pauses dans la journée. Mais attention, car tous ne sont pas aussi naturels qu'il y paraît et la vigilance s'impose.

Lisez bien les listes d'ingrédients et n'achetez pas les produits contenant des additifs comme des conservateurs, ou même antioxydants comme l'acide ascorbique. Certains poussent en effet le vice jusqu'à écrire « sans conservateur » alors qu'ils ajoutent des « antioxydants » chimiques qui ont un effet secondaire antibactérien, ce qui est, en réalité, l'effet recherché. L'industriel joue donc sur les mots en utilisant sciemment des antioxydants qui sont utilisés comme des conservateurs qui ne disent pas leur nom.

Évitez les produits qui contiennent des charcuteries (jambon ou lardons le plus souvent) car, pour des raisons de coût, ce sont généralement des qualités inférieures qui sont utilisées et elles sont bourrées d'eau, de gras, de sucre et d'additifs. Achetez plutôt de la charcuterie de qualité à part et ajoutez-la si vous souhaitez en agrémenter votre plat.

Évitez les plats bas de gamme avec des colorants, même si c'est du « caramel nature » comme je viens de le voir pour un plat de purée et viande bovine, dont le premier ingrédient de la liste était… « Eau » ! Si on est obligé de colorer ces produits, c'est qu'ils avaient une trop vilaine apparence et que vous n'auriez pas envie de les manger sinon.

Et, bien entendu, comme toujours, évitez quand sont ajoutés du sucre sous toutes ses formes (dextrose, glucose, fructose, maltodextrines), des stabilisants, épaississants ou amidons qui servent à incorporer un maximum d'eau au produit.

Chapitre 8

Les surgelés

La conservation par le froid est une technique vieille comme le monde. Réfrigérer un produit alimentaire permet de ralentir la prolifération bactérienne et retarde sa dégradation naturelle. C'est pourquoi un produit alimentaire se conservera plus longtemps au réfrigérateur.

En dessous de zéro degré, l'eau que contient le produit gèle : il est congelé. Tant que l'eau des cellules est maintenue à l'état solide, elle est indisponible et toute évolution biologique est inhibée. Lorsque la congélation est réalisée très rapidement, on parle de surgélation. La réglementation impose des températures inférieures à -18 degrés de la production au lieu de vente, c'est ce que l'on appelle « la chaîne du froid ».

Une surgélation rapide, à très basse température, l'idéal étant le surgélateur à azote liquide, permet de former des cristaux de glace de très petite taille qui altèrent moins le produit. Il se conservera mieux et aura une texture plus proche du produit frais une fois décongelé.

Si la congélation n'est pas assez rapide, le produit continuera d'évoluer et de se dégrader lors du processus. En effet, avec un mauvais équipement, un produit chaud ou massif demandera plusieurs heures pour être congelé à cœur.

Les surgelés non cuisinés

Il est important que les produits avant surgélation soient le plus frais possible. Si la surgélation permet de conserver, elle n'améliore pas un produit qui a commencé à se détériorer.

C'est pourquoi, pour les poissons pêchés, la meilleure qualité est obtenue par la surgélation immédiate sur le bateau de pêche. Pour des raisons économiques, beaucoup de poissons sont envoyés simplement réfrigérés dans des usines en Chine pour y être travaillés et congelés. Ces poissons sont conservés plusieurs jours avant d'être préparés. C'est pourquoi je vous conseille fortement d'éviter tout produit « préparé » ou « transformé » en Chine.

Lorsque j'achetais des champignons sauvages congelés (comme des cèpes, bolets et autres morilles), il y avait de grandes différences de qualités d'un pays à l'autre. Dans la majorité des Pays de l'Est, comme en Pologne ou en Serbie, au Chili et même en Afrique du Sud, les usines étaient équipées de surgélateurs efficaces, voire à azote pour certaines. Les champignons étaient récoltés puis surgelés le jour même, ou le lendemain au plus tard.

En revanche, en Chine, les difficultés d'accès de certaines zones de récolte, la vétusté des installations et plus généralement une politique commerciale basée sur des prix très bas – et non sur la qualité – font que leurs produits sont mal travaillés, congelés trop lentement, trop tardivement, et ensuite conservés dans des chambres froides qui ne respectent pas les -18 degrés réglementaires. En effet, plus on baisse la température, plus cela coûte cher en énergie. Et, en affaires, les Chinois sont très économes.

Je me déplaçais en Chine au début de chaque saison pour visiter nos fournisseurs et me rendre compte des quantités et de la qualité. Cela se passait toujours à peu près comme cela : je partais de grandes villes comme Kunming ou Chengdu et un vol intérieur me rapprochait du Tibet et des contreforts de l'Himalaya, où étaient récoltés nos champignons. Le périple se poursuivait ensuite par quelques heures de voiture tout-terrain qui me laissaient fourbu dans la cour d'une petite usine sale et décrépie. Je dis « usine », mais il ne s'agissait, en réalité, que de simples chambres froides. Dans de rares cas, il y avait une salle de préparation fermée, mais la plupart du temps le produit était travaillé dans la cour, à même le sol et à l'air libre.

Là, des femmes, armées d'un couperet, entre dix et trente suivant la taille de l'usine, se tenaient accroupies devant un billot de bois posé sur le sol de béton. Elles puisaient des champignons frais dans un large panier de lames de bambou tressées et les tranchaient rapidement en cubes grossiers d'environ 3 centimètres de côté. Elles jetaient ensuite les cubes sur des claies de bambous qui, une fois pleines, étaient placées en chambre froide pour la congélation.

Lors d'une de mes visites, je commençai par saluer les responsables, et entamai mon inspection habituelle.

Je constatai, comme à chaque fois, que les champignons frais avaient déjà quelques jours.

— On ne peut pas surgeler avant. On n'a pas d'installations plus proches des zones de récolte, me dit le responsable de l'usine quand je lui en fis la remarque. Mais le produit fini est bien, m'assura-t-il.

J'examinai les cubes que venaient de faire les ouvrières…

— Il y a beaucoup de champignons véreux. C'est dommage, si vous congeliez plus vite les vers auraient moins de temps pour se développer.

Mais mon interlocuteur ne prit même pas la peine de me répondre. Il connaissait parfaitement les prix des produits concurrents d'autres origines et il savait qu'il était bien moins cher. Pourquoi irait-il investir, se compliquer la vie, alors qu'il vendait toute sa production en faisant une marge très confortable ?

Le directeur de l'usine fit ensuite sortir des chambres froides des claies de cubes congelés pour que nous les examinions.

— On fait trois grades en fonction de la couleur et des vers, me dit-il.

Comme il faisait très chaud à l'extérieur, les cubes décongelaient rapidement en surface, mais je semblais être le seul que cela gênât.

— Ils ne me semblent pas très froids ces cubes, constatai-je. Ils se décongèlent vite. Quelle est la température des chambres froides ?

— Très froid, me répondit le directeur.

— Vous savez qu'on doit être en dessous de -18 degrés ? lui rétorquai-je en allant vérifier l'indication des sondes de température qui indiquaient… péniblement -5 degrés. Là, c'est trop chaud. Il faut baisser !

— Oui, oui, on baissera, me disait le directeur avec une conviction telle qu'elle ne me laissait aucun doute sur le fait qu'il n'en ferait rien.

Pendant ce temps, plusieurs personnes, des chefs d'équipe et des ouvriers, prenaient les cubes, se les passaient, les tâtaient, les retournaient pour les examiner sous toutes les coutures et faire des commentaires en chinois.

— Ne les laissez pas hors des frigos trop longtemps pour ne pas les décongeler, et faites attention aux contaminations, demandai-je.

— Pas de problème, c'est un légume, ça ne risque rien, me répondit le directeur.

Finalement, une fois les cubes complètement décongelés, les claies retournèrent en frigo, et on me présenta des cartons pleins de produits prêts à être expédiés.

— Ils sont un peu trop glacés ces cubes, dis-je en constatant qu'ils avaient été enrobés d'une généreuse pellicule d'eau.

— Le minimum pour protéger…, me répondit le directeur.

En effet, beaucoup de produits surgelés fragiles comme les filets de poisson, les fruits de mer ou nos champignons, étaient recouverts d'une fine couche de glace. Cette glace était censée protéger le produit de la déshydratation lors des séjours prolongés dans l'air froid et sec des frigos. Sans cela ils auraient fini par ressembler à des os de seiche au bout de quelques semaines.

La glace, ajoutée lors du processus de congélation, doit être compensée par un poids équivalent supplémentaire de produit. C'est une exigence légale. Par exemple, on doit ajouter 50 grammes de crevettes par kilo si on a mis 50 grammes d'eau de glaçage.

Bien entendu, nombreux sont ceux qui ajoutent trop d'eau sans compenser, voire gonflent allègrement les produits en leur injectant de l'eau, et c'est souvent le cas pour les filets de poisson et fruits de mer, nous l'avons vu. Mais tous les aliments surgelés sont concernés, même les viandes, comme le prouve l'enquête réalisée en 2016 par la DGCCRF sur la teneur en eau des volailles congelées, surgelées ou fraîches[1], avec 23 % de produits non conformes.

De plus, pour faciliter l'injection et la rétention d'eau dans le produit, des additifs de type polyphosphates sont la plupart du temps utilisés, et bien entendu ne sont pas déclarés.

Il est très difficile de repérer ces produits de mauvaise qualité lorsqu'ils sont encore congelés, de plus les emballages sont souvent opaques et tout le monde se fait avoir. Vous avez toutefois plus de chances de les trouver parmi

1. https://www.economie.gouv.fr/dgccrf/teneur-en-eau-des-volailles-congelees

les « premiers prix » et les articles les moins chers pour une gamme donnée.

Lorsqu'un produit surgelé perd énormément d'eau à la cuisson, c'est à ce moment-là que l'on constate la supercherie, et la seule bonne réaction, c'est de ne pas en racheter.

Les plats préparés surgelés

Dans le cas des plats préparés surgelés, je donnerai les mêmes conseils que pour les produits frais car les pièges sont les mêmes. Une petite nuance cependant : la congélation étant un moyen de conservation physique efficace, vous trouverez moins de conservateurs que dans la plupart de leurs équivalents frais.

Évitez les plats préparés contenant de la viande car elle est la plupart du temps de mauvaise qualité. Souvenez-vous des lasagnes contenant de la viande de cheval hachée et pas de la viande de bœuf. Comme il n'est pas obligatoire d'indiquer l'origine précise des viandes dans ces assemblages en dessous d'un certain seuil, elles sont souvent importées de pays à bas coûts comme le Brésil ou la Thaïlande (qui utilisent en masse des promoteurs de croissance chimiques), ou proviennent des pays de l'Est.

Une petite parenthèse concernant les escargots que je connais particulièrement bien pour en avoir acheté pendant des années. Sachez que la très grande majorité d'entre eux sont des produits d'importation, y compris les plus fameux d'entre eux, les « escargots de Bourgogne ». En effet, il s'agit là d'une appellation caractéristique de l'espèce Helix pomatia, que l'on trouve encore en Turquie et dans les Pays de l'Est, et pas d'une indication géographique comme on pourrait logiquement le penser. Si vous voulez acheter de bons escargots, ne vous contentez pas du simple « transformé en

France », mais bien « origine France » qui vous garantit que les ingrédients sont locaux. La fraîcheur et la qualité des escargots de Turquie sont très discutables, mais personne ne s'en soucie car la chair d'escargots est stérilisée par un traitement thermique poussé avant surgélation. C'est pourquoi ces escargots surcuits ont la couleur, le goût et la tendreté d'un vieux morceau de pneu. Mais bon, avec du beurre, du persil et beaucoup d'ail…

En conclusion, là encore la même recommandation : achetez les produits les plus simples, avec une liste d'ingrédients naturels la plus courte possible. Laissez de côté les produits contenant des additifs, utilisés pour charger le produit en eau ou masquer une mauvaise qualité, et des ingrédients nocifs comme les sucres ajoutés ou la vanille épuisée.

Privilégiez, quand le choix vous est offert, les produits locaux, avec une origine claire et, si vos moyens vous le permettent certifiés, bio, Label Rouge ou AOP, et bien entendu qui respectent l'environnement (label « pêche durable »…).

Les crèmes glacées et sorbets

Ces articles caractéristiques du rayon des surgelés sont des produits plaisir mais qu'il faut consommer avec modération car ils sont très sucrés et très caloriques. De plus, certaines formulations sont tout simplement ignobles, et pas seulement dans le bas de gamme. On y trouve des sirops de glucose-fructose qui sont responsables de l'épidémie de diabète de type 2, des tas d'additifs (stabilisants, colorants, émulsifiants) et même… des déchets comme des gousses de vanille épuisées broyées, ce qui est un véritable scandale.

En effet, la gousse de vanille épuisée est le résidu de la vanille après extraction de son arôme, une poudre noire sans goût ni odeur. Pour vous faire une idée, c'est un peu comme du marc de café. Sauf que pour extraire l'arôme vanille, on n'utilise pas de l'eau mais des solvants organiques cancérigènes comme de l'hexane[1], dont on retrouvera inévitablement des traces aussi bien dans la vanille épuisée que dans l'arôme.

Or, plutôt que de jeter ce déchet, les industriels trouvent astucieux, et surtout extrêmement rentable, de l'ajouter dans des préparations aromatisées à la vanille comme des glaces, des yaourts, des crèmes et autres desserts. Le consommateur, qui voit de belles illustrations de gousses de vanille sur l'emballage, un beau produit blanc cassé avec de jolis points noirs dedans, croit logiquement que de la vraie vanille a été utilisée pour le fabriquer. Mais la triste réalité c'est que ces points noirs sont un déchet de vanille, la couleur est apportée par un colorant caramel et le goût par un arôme, la plupart du temps synthétique.

Encore une fois, inspectez bien les rayons de votre supermarché et achetez les produits avec des listes d'ingrédients courtes dont chaque élément vous est familier, avec le minimum d'additifs et les moins sucrés possible.

1. Hydrocarbure saturé, l'hexane est un solvant utilisé pour les extractions. Il est par ailleurs connu, lors de sa manipulation, pour ses effets potentiellement toxiques sur le système nerveux central.

CHAPITRE 9

L'épicerie

Dès le Moyen Âge, le mot « épicier » désignait en toute logique celui qui vendait des épices. Aujourd'hui, dans le domaine de la grande distribution, il catégorise une large gamme de produits secs et en conserve, que l'on peut donc stocker à température ambiante.

Les épices

J'aimerais tordre le cou à une autre idée reçue qui voudrait qu'on trouve les meilleures épices dans les souks, sur les marchés de plein air, ou chez le grossiste arabe du coin. Vous savez, là où on trouve sur les étals de beaux tas de poudres bigarrées. Pour avoir livré ces clients pendant des années, je peux vous garantir qu'ils achetaient systématiquement la qualité la moins chère, donc la plus basse, et très souvent frelatée.

Pour cette clientèle à faibles moyens, le visuel surtout importe. Il faut que la poudre de piment soit bien rouge et brillante, qu'importe si un peu d'huile de palme est tombée dedans, ou bien un antioxydant chimique non déclaré, ou encore un bon vieux colorant de synthèse, voire d'autres ingrédients moins avouables. De toute façon, cela n'intéresse personne et il n'y a jamais de contrôles sérieux avec des analyses un tant soit peu précises à la clé sur ce marché sensible.

Contrairement à ce que beaucoup de gens pensent, les épices et herbes aromatiques sont des produits fragiles, sensibles à l'oxydation, à la chaleur et à la lumière. De plus, une fois réduites en poudre, elles se dégradent encore plus vite. Exposer les épices en poudre à l'air libre et à la lumière est donc à proscrire absolument, sans insister sur le manque d'hygiène pour ces épices laissées sans protection aucune face aux mouches ou aux doigts mal ou pas nettoyés.

Les herbes aromatiques et épices devraient donc idéalement être conservées au frais, et se vendre dans des emballages opaques et étanches, comme des sachets sous vide ou des boîtes. C'est d'ailleurs pourquoi les Espagnols conditionnent traditionnellement leur piment doux en poudre, ou le safran, dans des boîtes de métal.

Les flacons de verre et les sachets plastique transparents que l'on voit généralement en supermarché sont pratiques, mais ils ne permettent pas une bonne conservation du produit dans le temps. Au bout de quelques semaines sur l'étagère de la cuisine, l'épice aura perdu la moitié de son parfum et de sa couleur.

De plus, les fraudes dans le domaine des produits en purée ou en poudre, comme les herbes aromatiques et les épices, sont nombreuses. Il est en effet fréquent qu'un sous-produit pas cher soit mélangé avec le produit noble lors du broyage, comme pour le cumin (entre autres) que nous fabriquions :

— Christophe, on est trop cher pour le cumin moulu ! m'annonça catastrophé le directeur commercial. On est globalement bien placé en prix pour l'appel d'offres de Distritruc, sauf pour certaines poudres. L'écart avec certains concurrents comme Épicemachin est vachement important pour le cumin moulu, et c'est un des gros produits de la gamme.

— C'est parce qu'on fait du vrai cumin moulu, répondis-je. J'achète des graines entières en Turquie et on les broie nous-mêmes.

— Mais pourquoi on fait ça si c'est plus cher ? C'est totalement idiot ! constata-t-il fort logiquement.

— Parce que le directeur industriel veut faire fonctionner sa ligne de broyage, il a des ouvriers à occuper, et puis on a une bien meilleure qualité si on broie nous-mêmes les graines juste avant le conditionnement.

— Si on perd le marché, elle fonctionnera plus du tout sa ligne, et pour ce qui est de la qualité, la seule demande du client c'est que ça sente le cumin. Tu sais comment fait Épicemachin ? me demande-t-il.

— Oui, on a regardé leurs produits avec Nicole du service qualité. On a acheté des échantillons qu'on a examinés au microscope et dont on a extrait l'huile essentielle. Comme on s'en doutait, c'est plein de fibres et pauvre en huiles essentielles.

— Des fibres ? Ils broient des fibres ?

— Ils ont plus de fibres que nous parce qu'ils ajoutent probablement des déchets de cumin, répondis-je. J'ai un bon fournisseur d'origan et de laurier, Hamdi à Izmir, qui n'arrête pas de m'en proposer, il appelle ça des « grabeaux » de cumin. C'est des écarts de tri et de tamisage, des déchets de cumin quoi.

— C'est pareil que le produit d'Épicemachin et moins cher ?

— Si on se cale sur la qualité d'Épicemachin, on sera facilement 20 ou 30 % moins cher qu'aujourd'hui. Mais le goût s'en prendra une claque.

— Oh, le goût, c'est pas grave ça ! Les consommateurs en mettront plus…

Ainsi, grâce à notre savoir-faire et notre réseau de bons fournisseurs à travers le monde, nos épices en poudre n'étaient vraiment pas chères et largement vendues dans tous les circuits de distribution. Il est d'ailleurs fort probable que la plupart d'entre vous en aient consommé.

En conclusion, achetez des épices entières et broyez-les vous-même. Vous aurez une qualité bien meilleure, et ne risquerez pas de consommer des sous-produits, des additifs et des déchets.

Si, toutefois, vous ne voulez pas vous embêter avec un moulin à nettoyer, achetez des épices en poudre d'une marque leader. En effet, les grandes marques éviteront les bidouilles trop évidentes car elles ne voudront surtout pas voir leur image ternie par une mauvaise publicité. Conservez ensuite ces épices en poudre dans de bonnes conditions, c'est-à-dire dans un emballage étanche et bien fermé, à l'obscurité dans un placard, ou mieux, au réfrigérateur.

Produits secs (pâtes, riz, etc.)

Les produits secs, comme les pâtes, le riz, les légumes et fruits secs, le sucre, et autres farines, n'ont pas besoin de conservateurs chimiques pour se conserver. En effet, leur très faible teneur en eau empêche le développement des micro-organismes. Mais cela ne veut pas dire pour autant qu'il n'y a aucun piège et qu'il faut baisser la garde.

En effet, vous trouverez de sulfureux additifs là où on ne s'y attend pas, comme… des conservateurs. Eh oui, de l'anhydride sulfureux (E220) et de l'acide sorbique (E200) sont utilisés à foison dans les fruits secs type abricot, ananas, pomme, papaye, mangue, raisins…

Mais, me direz-vous, pourquoi mettre des conservateurs chimiques dans des produits secs puisque je viens de vous dire que c'est inutile ?

Eh bien, c'est parfaitement inutile pour la conservation, c'est exact, mais c'est fort utile pour le marketing. Ces fruits secs se conservent très bien sans ces poisons, sauf pour la couleur. Ils brunissent pendant le séchage sans pour autant perdre de leurs qualités. Le soufrage stabilise leur couleur et leur donne simplement un plus bel aspect. Sans conservateurs soufrés, comme pour les produits biologiques par exemple, les abricots secs sont bruns et non jaune orangé, les raisins secs marron et non jaune doré… Ces conservateurs jouent le même rôle que les nitrites dont je vous parlais, qui donnent sa couleur rose au jambon qui sans cela serait grisâtre. Comme nous l'avons vu pour certains produits faussement labellisés « sans conservateurs » car des antioxydants sont utilisés en lieu et place, conservateurs et antioxydants peuvent souvent se substituer avec *in fine* les mêmes effets, mais avec des déclarations plus flatteuses dans la liste d'ingrédients.

De plus, si ces conservateurs sont souvent indiqués sur l'étiquette, ce n'est pas toujours le cas, loin s'en faut. Beaucoup font une fumigation à l'anhydride sulfureux et le considèrent ainsi comme un auxiliaire technologique non déclarable.

En conclusion, n'achetez pas de fruits secs contenant des composés soufrés, ne tenez pas compte de la couleur. Là encore, le bio est la meilleure garantie.

Pour ce qui est des autres produits secs, il faut surtout faire attention à l'emballage. Ces aliments sont souvent conditionnés en étuis carton, et il y a de grandes chances que ce soit du carton recyclé car il est moins cher que le carton vierge. Or le carton recyclé est fabriqué à partir de vieux papiers imprimés et d'emballages qui contiennent des encres et solvants riches en hydrocarbures d'huiles minérales, les MOH. Ce sont des milliers de composés chimiques principalement dérivés du pétrole qui sont à la fois génotoxiques (provoquent des mutations génétiques) et cancérigènes. L'Agence européenne de sécurité alimentaire (EFSA)[1] indique que « de faibles niveaux de MOH sont présents dans tous les groupes d'aliments et des niveaux élevés ont été détectés dans des pains, des brioches et des céréales en raison de leur utilisation, comme agents antiadhésifs et agents d'enrobage (utilisés pour rendre les céréales brillantes). La présence de MOH dans des aliments secs, notamment les nouilles, peut être attribuée en partie à l'utilisation d'emballages en papier/carton recyclé ».

Le plus scandaleux dans cette déclaration de l'EFSA, qui est, rappelons-le, la plus haute autorité en matière de sécurité alimentaire en Europe, c'est qu'elle reconnaît que des auxiliaires technologiques, comme les agents antiadhésifs (dont l'EFSA assure qu'ils ont disparu du produit fini et qu'il n'est donc même pas la peine de les indiquer dans la liste des ingrédients), contaminent les aliments avec rien de moins que « des niveaux élevés » de MOH.

Donc, soyez prudents et n'achetez pas de produits secs conditionnés en étuis de cartons recyclés. Sachant que la nature du carton d'emballage ne vous sera pas très rarement indiquée. Pour le savoir, il va vous falloir regarder de près. Si le carton est gris ou marron, se déchire facilement et que vous pouvez discerner de minuscules fragments, c'est du carton recyclé. Si le carton est blanc ou brun, solide et homogène, alors c'est de la fibre vierge non

1. https://www.efsa.europa.eu/fr/press/news/120606

polluée. Dans le doute, prenez des produits en sachets plastique.

Huiles, vinaigres et condiments

Les produits dont j'ai acheté les plus grandes quantités au fil de ma carrière sont les huiles alimentaires. Plusieurs dizaines de milliers de tonnes par an, essentiellement pour des sauces froides comme la mayonnaise. Dans l'esprit de la plupart des consommateurs, faire de l'huile c'est simple : on prend la graine, on presse et voilà, c'est simple et naturel. Or ce n'est pas du tout cela, et je l'ai découvert en visitant des huileries industrielles.

Il y a tout d'abord deux étapes bien distinctes : l'extraction et le raffinage. Les usines sont d'ailleurs généralement spécialisées dans l'une seulement de ces phases. Extraction sur le lieu de production des graines, raffinage proche des lieux de consommation.

L'extraction, sauf pour l'huile d'olive et quelques spécialités, ne se fait pas par simple pression, mais en utilisant également des solvants chimiques cancérigènes, généralement de l'hexane. La graine, par exemple du colza, est d'abord broyée puis pressée. On récupère ainsi environ la moitié de son huile d'un côté et un résidu, le tourteau, de l'autre. Ce tourteau est ensuite imbibé de solvant chauffé dans lequel l'huile restante se dissout. Le mélange solvant/huile est récupéré, on fait évaporer le solvant et on obtient une huile brute contenant des traces d'hexane. Le tourteau déshuilé, riche en protéines et en hexane, servira pour l'alimentation animale…

L'huile brute est expédiée par bateaux entiers vers des raffineries à travers le monde dont le travail est de récupérer certaines molécules qui intéressent l'industrie, comme les lécithines utilisées comme émulsifiant, et d'en éliminer d'autres indésirables. L'huile brute est blanchie, filtrée après précipitation chimique, standardisée et désodorisée. On obtient alors une huile raffinée sans goût ni odeur, un produit industriel sans caractère typique.

Pour éviter d'avaler des solvants cancérigènes, prenez des huiles obtenues par pression uniquement. La meilleure et la plus saine reste l'huile d'olive. Alors, faites-vous plaisir, d'autant plus qu'elle reste abordable.

Pour ce qui est des vinaigres, moutardes et autres condiments, un des principaux problèmes est la présence de sulfites. Les sulfites ont plusieurs propriétés, mais ils sont principalement utilisés comme conservateurs, or de nombreux consommateurs, dont je suis, sont intolérants, voire allergiques aux sulfites. De plus, les sulfites sont utilisés à fortes doses dans les vins, les fruits secs et beaucoup d'autres aliments, voire des médicaments et des produits cosmétiques. Notre organisme est donc en permanence exposé aux sulfites.

Je vous conseille donc de les éviter le plus possible en regardant avec attention les listes d'ingrédients et en cherchant la mention « contient des sulfites ». Personnellement, j'ai remplacé le vinaigre par du jus de citron et j'utilise de la moutarde bio sans sulfites.

Les conserves (sauces, pâtés, poisson, foie gras, soupes en brique, etc.)

Cocorico, la conserve est une invention française ! Nicolas Appert (1749-1842) a mis au point, en 1795, le procédé qui porte son nom, l'appertisation, associant un traitement thermique, qui détruit les micro-organismes, avec un conditionnement étanche. Les traitements thermiques sont plus ou moins longs et la température plus ou moins élevée suivant la nature du produit.

C'est un mode de conservation efficace et pratique, qui préserve bien les vitamines et minéraux lors du stockage, bien que le goût des aliments soit nécessairement altéré par le chauffage.

Dans le cas des conserves, un des problèmes majeurs est la qualité et le type de contenant hermétique utilisé. Le meilleur emballage est le verre car il est chimiquement inerte. Donc pas de risque de migration de métaux et autres substances nocives dans l'aliment. De plus, les bocaux en verre sont transparents et vous pouvez voir le produit. Cela incite les industriels à proposer de meilleures qualités dans les bocaux que dans les boîtes métalliques pour une gamme donnée, comme je l'ai constaté lorsque je travaillais dans une conserverie dans le sud de la France.

Mais l'avantage du verre sur la boîte de conserve métallique ne se limite pas à cela. Un vernis interne, initialement à base de polycarbonates, doit être appliqué dans les boîtes pour protéger le métal de la corrosion par l'aliment avec lequel il est en contact direct. En Europe, ce revêtement contenait du bisphénol A toxique (perturbateur endocrinien) jusqu'en 2015, et il en contient encore aujourd'hui ailleurs dans le monde. Après 2015, de nouvelles résines polyester et acryliques, avec des uréthanes et des vinyles, ont été développées, et c'est ce que vous avalez aujourd'hui car il ne faut pas croire qu'aucune particule ne passe dans l'aliment lors de la stérilisation puis du stockage.

De plus, la législation n'est pas du tout respectée, comme le prouvent les analyses[1] réalisées par l'ASEF (Association Santé Environnement France). En effet, sur

1. http://www.asef-asso.fr/notre-sante/mon-alimentation/notre-enquete-sur-les-bisphenols-2016/

les quatre emballages testés en 2016, la moitié contenait du bisphénol A... plus d'un an après son interdiction totale !

De plus, le bisphénol A interdit a été remplacé... par d'autres bisphénols, les variantes F et S dont des études récentes [1] montreraient une toxicité au moins équivalente.

Bref, lorsque vous le pouvez, privilégiez les bocaux et bouteilles en verre et évitez les boîtes de conserve, mais aussi les emballages souples, composites et plastique.

Faites toujours bien attention aux compositions, lisez les listes d'ingrédients et n'achetez pas si un ingrédient ou un additif qui n'a rien à y faire a été ajouté. Pensez à égoutter et rincer à l'eau claire les légumes car ils baignent souvent dans un liquide salé, voire sucré.

Évitez également les conserves contenant de la viande de mauvaise qualité traitée en salaison et bourrée d'additifs, comme les cassoulets ou les confits.

Produits de grignotage (chips, biscuits salés apéritifs, snacks)

Quoi de plus agréable que de regarder un bon match de foot, ou une série télé, en grignotant des chips ? Les produits de snacking sont peu chers et se conservent facilement. Salés et croustillants, souvent aromatisés, ils sont très addictifs. Ces produits sont à éviter au maximum car bien trop gras et salés, et sans éléments nutritifs intéressants. C'est la porte d'entrée idéale au club des obèses et autres diabétiques.

De plus, les produits frits, comme les chips, ou bien grillés, comme les snacks, contiennent de fortes doses d'acrylamide qui se forme par réaction des sucres avec

1. https://www.endocrine.org/news-room/current-press-releases/exposure-to-bpa-substitute-bps-multiplies-breast-cancer-cells

certains acides aminés lors de la cuisson, et qui est cancérigène[1].

Changez vos habitudes. Pour vos apéritifs ou soirées télé, vos pique-niques et pauses déjeuner, bannissez les chips et autres snacks. Choisissez des mini-tomates, des cubes de fromage (du vrai pas du fondu bourré de chimie), des bâtonnets de carottes ou de concombre, des tartines (au pain tradition) de purée d'avocat ou de coulis de tomate maison, du jambon roulé au fromage frais, de l'houmous ou de la tapenade… Les alternatives plus saines et plus originales sont nombreuses.

Chocolats et confiseries

Dans ma famille, nous vouons un véritable culte au chocolat. Nous maintenons en permanence un stock de sécurité de quelques tablettes au fond du placard de la cuisine, et nous en achetons de nouvelles chaque semaine. Mais pas n'importe quel chocolat, du vrai, comme avant 2003.

Eh oui, car en 2003, les industriels, après des années d'intense lobbying, ont obtenu de la commission européenne, le droit d'incorporer des matières grasses autres que du beurre de cacao dans le chocolat. Vous trouvez donc des succédanés vendus aujourd'hui sous l'appellation « chocolat », alors qu'ils n'y auraient pas eu droit avant 2003, et qui contiennent du beurre laitier ou des matières grasses végétales.

Encore une fois les intérêts des industriels de la malbouffe l'ont emporté sur ceux des citoyens.

Les chocolats les plus qualitatifs, ceux que je vous encourage à acheter, sont noirs, pur beurre de cacao et contiennent en ingrédient numéro un de la masse de cacao (fève broyée).

1. https://www.cancer.org/cancer/cancer-causes/acrylamide.html

Si vous préférez le chocolat au lait, faites-vous plaisir de temps en temps avec un chocolat pur beurre de cacao de qualité, mais évitez les variantes trop sucrées qui sont davantage des confiseries que du véritable chocolat.

Concernant les sucreries à proprement parler, c'est simple, consommez-en le moins possible. Ce sont des bombes caloriques bourrées d'additifs comme les colorants et arômes, qui provoquent obésité, diabètes et caries dentaires.

Des versions « light », surtout pour les gommes à mâcher, ont été développées par les industriels pour votre bien… mais non, je rigole, c'est juste du marketing. D'ailleurs, ayez bien conscience que, comme l'ont démontré de nombreuses études[1], l'utilisation massive d'édulcorants pour remplacer le sucre est, en réalité, bien plus nocive que la consommation de sucres naturels eux-mêmes. Un pseudo-remède qui s'avère pire que le mal d'origine…

1. https://www.futura-sciences.com/sante/actualites/nutrition-edulcorants-artificiels-leurs-dangers-enfin-prouves-68032/

CHAPITRE 10

Nos amis du petit-déjeuner

Les boissons chaudes : café, thé, chicorée, boissons chocolatées

Mon expérience dans le monde des poudres et purées m'a rendu très méfiant, c'est le moins que l'on puisse dire, vis-à-vis de tout ce qui est vendu broyé. Je sais d'expérience que les industriels utilisent les qualités inférieures, voire des sous-produits, pour les fabriquer, quand il ne s'agit pas des déchets ou d'agents de charge[1] qui n'ont rien à voir avec le produit.

Si vous préférez le café au thé, ou le contraire, c'est très bien, ne changez rien. Le choix de sa boisson chaude favorite est une affaire de goût personnel et je ne vais pas vous faire la liste des avantages et des inconvénients. Aucun de ces breuvages n'est fondamentalement mauvais en soi. Il faut simplement, comme toujours, éviter les excès, ce qui est de votre responsabilité, et ne pas acheter des produits de mauvaise qualité, et là je peux vous aider.

---

1. Ingrédients ou additifs ajoutés pour donner du poids ou du volume et ce sans effet positif sur le goût ou la qualité nutritionnelle du produit. On peut citer les maltodextrines, le sucre, le sel, le dextrose…

Nous avons déjà parlé de quelques produits de ce genre, mais l'exemple le plus extrême de ce qui peut se passer avec les produits en poudre comme le café ou le chocolat était sans doute la fabrication du ras-el-hanout que nous produisions.

Pour ceux qui ne le savent pas, le ras-el-hanout est un mélange d'épices, un assemblage comme l'est le curry, utilisé dans la cuisine du Maghreb pour parfumer tajines, couscous et autres plats orientaux. Comme il n'existe pas de recette officielle, c'est un peu au bon vouloir de chaque fabricant. La légende veut que le ras-el-hanout soit constitué des « meilleures épices de la boutique », mais chez nous (et pas que) c'était surtout… la poubelle de l'usine.

Tous les lots à problèmes, moisis, infestés d'insectes, périmés, sales, enfin invendables en l'état, plus les échantillons des fournisseurs, les fabrications ratées ou les restes du laboratoire, tout finissait invariablement dans le ras-el-hanout dont aucun des lots ne se ressemblait, ni en goût, ni en couleurs.

Mais pour les produits qui nous intéressent ici, qu'en est-il ? Le café, vendu presque exclusivement moulu est-il toujours de qualité ou contient-il de temps en temps des sous-produits ? La fraude existe-t-elle malgré les contrôles, les dénégations et le sens des responsabilités de nos industriels ? Je ne vais pas faire durer le suspense plus longtemps car, vous vous en doutez, les fraudes sont courantes pour un produit aussi facile à trafiquer que le café en poudre. Une étude publiée en mai 2018[1], menée par une organisation anglaise utilisant de nouvelles méthodes fines d'analyse, a démontré qu'environ 10 % du café moulu vendu en Angleterre comme étant « 100 % arabica » contient, en

1. https://dailycoffeenews.com/2018/05/16/researchers-find-significant-contamination-in-100-arabica-products-warn-of-fraud/

réalité, « une part significative » de robusta[1]. Certains des paquets testés en contenaient même un bon tiers. Cela s'explique facilement lorsque l'on sait que l'arabica acheté en gros vaut aujourd'hui un peu moins de 2,50 euros le kilo contre 1,50 euro pour le robusta. Avec un écart de prix d'un euro du kilo, mettre un tiers de robusta en lieu et place d'arabica vous permet de gagner 30 centimes par kilo vendu, ou bien de baisser votre prix, augmentant d'autant votre compétitivité et vous permettant de vendre plus d'unités. Si vous trouvez que le café « 100 % arabica » premier prix que vous achetez est un peu âpre, vous ne serez plus surpris.

De plus, selon l'Institut international de Caféologie qui, il me semble, connaît bien le sujet : « La filière café est particulièrement touchée par ce problème de fraude alimentaire de plus en plus courante » avec :

— « des pourcentages arabica/robusta souvent falsifiés », comme nous venons d'en parler ;

— « des appellations d'origine mensongères... les origines sont souvent l'objet de falsification car invérifiables » ;

— « l'introduction de corps étrangers... pour falsifier le poids » ;

— « l'introduction de sucre dans le mélange café moulu (de 1,5 % à 7 %)... pour falsifier le poids » ;

— et « un pourcentage de caféine falsifiée ».

Eh oui, quel que ce soit le produit (épices, café, cacao, viande ou fruits), dès qu'il est réduit en poudre ou en purée, la porte aux fraudes est grande ouverte.

Si vous le pouvez, achetez du café en grains, conservez-le au frais et, comme moi, broyez la juste dose dont vous avez

---

1. Arabica et robusta sont les deux variétés de café communément vendues. Des deux, l'arabica est le plus doux, aromatique et léger en caféine. Plus apprécié des consommateurs, il est plus cher que le robusta.

besoin. Le café en grain conserve mieux ses arômes et vous serez certain que rien n'y aura été ajouté en douce.

Un mot sur le café en dosettes. Il est vrai que c'est un produit très pratique, et le goût est généralement très bon. Mais c'est aussi extrêmement cher. Un kilo de café en grains vous coûtera entre 12 et 20 euros[1] contre... plus de 60 euros le kilo, soit trois à cinq fois plus cher, pour les capsules de la marque leader du marché. Quand on sait que le café vert en gros coûte à l'industriel 2,50 euros le kilo, imaginez les marges monstrueuses réalisées sur ce type de produit. Acheter votre café en grain et le moudre vous-même en fonction de vos besoins sera bien plus économique. De plus, vous trouverez facilement de très bons petits torréfacteurs qui sauront parfaitement vous conseiller et vous feront découvrir des merveilles.

Mais surtout ces capsules et dosettes sont une catastrophe écologique. D'une part, la quantité globale de déchets générés est bien plus importante qu'avec les paquets classiques. Ensuite, on nous parle beaucoup de recyclage, de capsules biodégradables, mais selon les sources, les taux de recyclage vont de 20 à 25 % au maximum soit un monumental gâchis.

Pour votre porte-monnaie et la planète, rien ne vaut le café en paquet. En grains, c'est encore mieux.

Pour ce qui est du thé et des infusions, le principal problème est la pollution aux pesticides, métaux lourds et autres molécules toxiques. J'ai été acheteur de thé et d'infusions pendant plusieurs années et j'ai eu beaucoup de problèmes de ce côté, notamment avec le thé vert de Chine. Et ne croyez pas que les autorités vous protègent. Je sais, pour l'avoir vécu, que des centaines de tonnes contaminées et identifiées comme telles ont été écoulées sur le marché français pour

1. https://www.maxicoffee.com/blog-cafe/quel-est-le-prix-du-cafe/

ne pas froisser la Chine et pour éviter des représailles commerciales. Depuis, les choses n'ont pas beaucoup changé comme le prouve une étude publiée en mars 2018 par l'Union fédérale des consommateurs (UFC-Que choisir)[1] sur le thé vert et qui montre que la quasi-totalité des thés verts analysés contiennent « des molécules indésirables ».

Je vous conseille donc d'éviter les thés chinois, de choisir plutôt des infusions locales, tilleul, menthe, verveine, camomille… et bio si possible.

De plus, nous ne sommes pas un pays d'amateurs de thé. La preuve en est que la très grande majorité de ce que nous produisions dans mon entreprise était des thés aromatisés, aux fruits rouges, à la vanille, au citron… bref à tous les goûts (chimiques) possibles.

Toutefois, si vous êtes un vrai amateur de thé, choisissez des feuilles entières plutôt que des poudres et brisures, et bien entendu issues de l'agriculture biologique.

Un mot sur les produits décaféinés. J'ai eu l'occasion de visiter des installations de décaféination en Allemagne lorsque j'achetais du thé décaféiné. Ce que j'y ai appris m'a fait froid dans le dos. Depuis, je ne consomme plus de thé ou de café décaféiné.

La méthode de décaféination utilisée dans cette usine était la méthode classique, qui est aussi la moins chère et donc la plus répandue dans l'industrie. Le produit, du café vert par exemple, est placé dans de grandes cuves en inox, puis imbibé de solvants organiques tels que du bon dichlorométhane et de l'excellent acétate d'éthyle dans lesquels la caféine se dissout. Ces solvants sont des auxiliaires technologiques non déclarables, c'est-à-dire que l'industriel n'est pas obligé d'en informer le consommateur en l'inscrivant dans la liste

1. Aurore Coulaud, « Le thé vert est-il vraiment sain ? », *Libération*, 14 mars 2018.

d'ingrédients. Les fabricants ne sont pas non plus obligés de vous indiquer la méthode de décaféination utilisée et le niveau de résidus dans le café que vous allez consommer. Donc, comme on pouvait s'y attendre, ces solvants ne sont jamais mentionnés sur l'emballage, car il est bien évident que cela ne plairait que très moyennement aux consommateurs.

Le solvant est ensuite drainé puis vaporisé, et la caféine est récupérée pour être utilisée dans d'autres produits, comme des sodas et boissons énergisantes par exemple. Évidemment, il reste des résidus de ces solvants, à la fois dans les produits décaféinés et dans la caféine récupérée. La législation autorise d'ailleurs jusqu'à 5 milligrammes par kilo pour le dichlorométhane et 20 milligrammes pour l'acétate d'éthyle[1]. C'est ce que vous avez le plaisir d'avaler en même temps que votre déca du soir. Et dire que certains trouvent leur déca moins goûteux qu'un vrai café…

Pourtant, des méthodes bien plus saines existent, infiniment meilleures à la fois pour notre santé et pour l'environnement, comme la décaféination au CO2 liquide, et à l'eau.

Alors, pourquoi le législateur, garant de la santé des citoyens, n'interdit-il pas les techniques toxiques et polluantes si des alternatives saines existent ?

La réponse est toujours la même : ce n'est pas dans l'intérêt des multinationales, et ce sont elles qui commandent. Ces méthodes sont plus complexes à mettre en œuvre, moins rapides, et reviennent finalement plus cher.

Lorsqu'une de ces méthodes vous est clairement proposée, ou bien qu'est indiquée une mention un peu vague comme « décaféination naturelle », bien que le terme « naturelle » soit exagéré, choisissez cette alternative.

---

1. https://eur-lex.europa.eu/legal-content/FR/TXT/PDF/?uri=CELEX: 32009L0032&from=FR

Concernant les poudres chocolatées, extraits de chicorée et autres produits solubles qui ne se trouvent qu'en poudre, faites très attention à la composition. Beaucoup de produits sont bien trop sucrés, aromatisés et contiennent des additifs.

Ayez bien conscience qu'une célèbre poudre chocolatée, produit leader du petit-déjeuner destiné aux enfants et qui, dixit le fabricant « complète les bienfaits du lait », ne contient que 21,3 % de cacao, pour presque 80 % de sucre ! Il serait donc plus exact d'appeler ça du « sucre cacaoté ». Tout comme son principal rival qui n'affiche que 19 % de cacao. Et ces deux exemples ne sont pas des cas isolés car pratiquement tous les produits petit-déjeuner pour les enfants sont terriblement sucrés.

Certes, le cacao en poudre 100 % vous coûtera environ le double des sucres cacaotés, mais il sera cinq fois plus concentré. C'est donc un bien meilleur choix, tant au niveau qualité/prix que santé/prix. Pour faire plaisir à vos enfants tout en préservant leur santé, achetez de la vraie poudre de cacao 100 % et sucrez vous-même raisonnablement leur boisson. Il est idiot de contrebalancer les bienfaits du lait avec des tonnes de glucides.

Les confitures et les miels

Le miel est un de mes chevaux de bataille car j'ai été l'un des plus grands importateurs européens, et il s'agissait presque exclusivement de miel frauduleux chinois, ce qui est un pléonasme.

Aujourd'hui encore, la commission européenne reconnaît qu'un pot de miel sur trois vendus en grande surface en Europe est frauduleux[1], mais c'est bien plus en réalité car ces

1. « Miel frelaté : deux députés européens du Sud-Ouest saisissent la commission européenne », *La Dépêche*, 6 septembre 2017.

fraudes sont faites de manières industrielles, en utilisant les toutes dernières technologies pour rendre les arnaques quasi indétectables.

Le principe de ces fraudes est simple : il s'agit de reconstituer un miel artificiellement en utilisant des sucres industriels de maïs, blé ou riz, des colorants, arômes, pollens, acides organiques, etc. J'ai visité des laboratoires d'exportateurs de miels en Chine mieux équipés que de grands hôpitaux et qui travaillaient à préparer des ersatz capables de passer les tests de nos autorités sanitaires.

C'est ce miel que des négociants allemands, japonais ou anglais, me vendaient moins d'un euro du kilo et qui faisait ensuite le bonheur des marques « premier prix » et des marques de distributeurs.

Le miel est un produit noble qui réclame du temps et du savoir-faire. Vous ne trouverez pas de miel de qualité dans les premiers prix. J'aimerais que ce soit le cas, mais ce qui est rare et de qualité vaudra toujours plus cher.

Évitez les miels chinois, ceux sans origine précise, les mélanges pas clairs, voire ceux dont les origines sont fausses comme Pays de l'Est, Espagne ou Amérique du Sud car ce sont des plaques tournantes pour le faux miel chinois.

Le choix est simple : du vrai miel européen de grandes marques ou produit par un apiculteur local, forcément un peu plus cher, ou bien du miel premier prix, qui n'est, en réalité, qu'un assemblage de sucres avec, dans le meilleur des cas, un tout petit peu de vrai miel.

Pour en finir avec le miel, sachez que la Chine est aussi le principal exportateur mondial de « gelée royale », bien entendu à des prix défiant toute concurrence, et dont aucun acheteur professionnel ne croit une seconde que ce soit de la vraie gelée royale. Évitez ce genre de produits miracles qui ne servent généralement qu'à faire flamber votre ticket de caisse et seront sans réels effets sur votre santé.

Les confitures sont une excellente alternative au miel. C'est fort simple, prenez les plus riches en fruits, sauf que… j'ai fort bien connu un fabricant qui faisait de la confiture de fraise sans fraises, malgré de belles étiquettes et une liste d'ingrédients sans ratures. Il utilisait des concentrés de fruits comme du sureau pour la masse et la couleur, des sucres industriels dits « de fruits » comme du fructose pour mimer ceux naturellement présents dans les fruits, un peu d'arômes et… des akènes de fraises (ces petits grains foncés visibles sur la peau de la fraise) vendus par les fabricants de coulis et concentrés. Eh oui, comment croyez-vous que se fabriquent les premiers prix ? Avec de beaux fruits ? Et beaucoup en plus ?

Achetez les confitures extra des grandes marques qui, sans être fantastiques, sont d'un bon rapport qualité/prix. Même si elles restent bien moins bonnes que si vous les faisiez vous-même, ce qui est un jeu d'enfants.

Pour ce qui est des pâtes à tartiner, j'en ai acheté de grandes quantités pour la restauration. Je sais bien que beaucoup sont accros, mais ce sont véritablement des bombes caloriques : du sucre pulvérisé en suspension dans de l'huile, avec au mieux 13 % de poudre de noisettes et de la poudre de lait et de cacao. Bien entendu, il faut en consommer avec modération et éviter les sous-marques qui baissent la teneur en noisettes, qui est l'ingrédient cher de la recette.

Les céréales pour le petit-déjeuner

Si vous lisez ce livre, c'est que vous êtes soucieux de bien manger et de comprendre ce que valent les produits industriels. Vous savez donc certainement déjà que ce que l'on appelle injustement « céréales » pour petit-déjeuner sont essentiellement des sucreries camouflées qui ciblent les enfants. Les doses de sucre atteignent souvent, voire dépassent les 40 %, sans parler de la présence d'huile de palme, d'arômes, sels et autres additifs.

Une bonne tartine de pain tradition avec un peu de beurre AOP des Charentes et de la confiture extra ou du miel de lavande de Provence seront une alternative infiniment meilleure.

Mais si votre enfant ne jure que par la boule au miel avec la jolie abeille dessinée sur l'emballage et ses jeux sympas au dos du paquet, ou le flocon sucré chocolaté avec le mignon personnage, essayez de limiter les dégâts en achetant les marques les moins mauvaises : avec le plus de céréales possible, sans trop de sucre, et en limitant les portions.

Je sais qu'il est difficile de résister aux souhaits (voire aux caprices) de nos enfants, mais c'est votre responsabilité de parents que de les protéger. Même si vous vous sentez bien seuls face à la propagande des fabricants. En effet, ne comptez pas sur nos élus pour vous aider à préserver la santé de vos enfants. Le 27 mai 2018, l'Assemblée nationale française a rejeté et l'interdiction des publicités pour les aliments trop gras, trop sucrés ou trop salés à destination des enfants et l'instauration d'un étiquetage nutritionnel obligatoire[1]. Saluons la position de notre ministre de l'Agriculture, Stéphane Travers, qui s'est opposé à cette mesure au motif qu'il la jugeait « trop contraignante » pour les industriels de l'agroalimentaire. CQFD…

1. « L'Assemblée rejette l'interdiction des publicités pour aliments trop gras et l'étiquetage nutritionnel obligatoire », *Le Monde*, 27 mai 2018.

Biscottes, pain de mie, viennoiseries et biscuits

Avec 96 ou 97 % de céréales, les biscottes, ou éventuellement leurs équivalents extrudés[1] comme les Craquottes nature, sont, après le pain tradition, probablement l'un des produits industriels les plus sains. C'est un produit que je vous recommande pour votre petit-déjeuner ou vos envies de grignotage, avec modération et sans tartiner des choses ignobles dessus comme du faux beurre ou de l'huile de palme aux noisettes.

Malheureusement, dès que l'on va vers des produits plus briochés, viennoiseries et pains de mie, la teneur en céréales baisse, et les quantités de sucre, d'additifs et de matières grasses augmentent. Il vaut mieux éviter ou du moins fortement limiter ce type de produits.

Concernant les croissants ou pains au chocolat vendus sous plastique en hyper, leur composition parle d'elle-même :

« Farine de blé, huile de palme, chocolat 14 % (sucre, pâte de cacao, beurre de cacao, émulsifiant : lécithine de tournesol, arôme naturel de vanille), levain (farines de blé, de blé malté et de seigle, eau, levure), sucre, beurre concentré, levure, œufs frais, poudre de lait écrémé, sel, émulsifiants : mono- et diglycérides d'acides gras, stéaroyl-2-lactylate de sodium, gluten de blé, épaississant : farine de graines de caroube, arôme naturel, antioxydant : acide ascorbique, protéines de caroube, colorants : caroténoïdes[2]. »

Comme dirait l'autre : « C'est long comme un jour sans pain », mais que peut-on espérer de produits vendus dans les 4,50 euros le kilo, voire moins ?

---

1. La cuisson-extrusion est le procédé qui permet la cuisson d'une pâte sous haute pression puis son expansion sous l'effet de l'évaporation de l'eau lors de la dépressurisation. Les produits obtenus sont croustillants et très légers.

2. https://www.monoprix.fr/pains-au-chocolat-monoprix-1772497-p

Pour moi ces produits sont à éviter et vous avez alors deux options : soit acheter des pains au chocolat traditionnels chez un vrai artisan-boulanger soit, plus économique, vous préparer quelques tartines avec de bons ingrédients.

Même chose pour les biscuits industriels qui sont pour la plupart bien trop sucrés à tel point qu'on peut se demander quelquefois si ce n'est pas plus une confiserie qu'un biscuit.

Choisissez les biscuits avec le moins d'additifs, avec des céréales en premiers ingrédients et des ingrédients nobles comme des œufs, du vrai beurre et non des graisses végétales, et du vrai sucre et non des sirops de glucose-fructose.

CHAPITRE 11

Les boissons

Les jus de fruits

Un des acheteurs de mon équipe commerciale arrivait tout droit de chez un grand fabricant de jus de fruits dont la marque, très connue, est bien présente en grandes surfaces, et qui est aussi un des principaux fabricants pour les marques de distributeurs. Ce qu'il m'a raconté à l'époque sur leurs modes opératoires m'a définitivement conforté dans l'idée qu'il y a bien quelque chose de pourri dans le monde agro-industriel dans son ensemble...

Pour les jus de fruits, la législation est simple, enfin relativement : un jus de fruit est obtenu en pressant des fruits, sans dilution. Si on dilue le jus obtenu avec de l'eau, et que la part de fruits représente toujours au moins entre 25 et 50 % suivant les fruits, on parle de « nectars ». C'est plus vendeur que « jus dilué ». Si on dilue davantage, on parle de « boissons aux fruits ».

Bien entendu, jus ou pas, le législateur, toujours prêt à rendre service aux industriels, autorise l'incorporation de quelques additifs comme des antioxydants et autres vitamines. C'est pour cela que vous trouverez par exemple de temps en temps de l'acide ascorbique utilisé comme antioxydant/conservateur dans des jus d'orange. Et bien entendu on peut ajouter des auxiliaires technologiques supposés avoir disparu du produit fini et donc non déclarés sur les listes d'ingrédients.

Mon ex-acheteur de jus de fruits me parlait souvent de l'antimousse qu'ils balançaient dans les jus, du polydiméthylxilosan appelé aussi par son charmant diminutif « diméthicone », sans jamais le déclarer. Oh, c'est parfaitement légal, on peut en mettre jusqu'à 10 milligrammes par litre. C'est ce que nos politiques considèrent comme « des traces inévitables ». Ce diméthicone, également classé en tant qu'additif « alimentaire » émulsifiant E900, est considéré par l'ARTAC[1] (Association pour la recherche thérapeutique anticancéreuse) comme « possiblement cancérigène ». Il est également utilisé comme traitement anti-poux et ajouté dans les shampoings pour donner du volume à la chevelure. Bref, un auxiliaire technologique classique, un poison utilisé au seul avantage des industriels pour leur faciliter la vie sans se soucier vraiment de la santé des consommateurs.

Mais, vous vous en doutez, les choses ne sont pas aussi simples que presser, diluer et ajouter des additifs. Pour baisser les coûts de stockage et de transport entre les grandes zones de production et de consommation, les jus de fruits sont généralement concentrés. La technique classique consiste à chauffer le jus sous un vide d'air partiel pour évaporer l'eau à une température inférieure à 100 degrés, ce qui est plus économique. Le problème c'est que le chauffage altère la qualité du jus. Il devient amer, fade car ses huiles essentielles se sont évaporées, et il perd son goût pétillant et sucré caractéristique d'agrumes fraîchement pressés.

Les industriels sont ensuite autorisés à « reconstituer » du jus de fruits à partir de concentré. Pour cela, ils peuvent réincorporer l'eau et tous les éléments qui ont été enlevés,

1. http://www.additifs-alimentaires.net/E900.php

c'est ce qu'ils appellent les « add back » dans leur jargon, comme les huiles essentielles et la pulpe. Ainsi pour le jus d'orange on remet du butanoate d'éthyle, l'huile essentielle d'orange perdue pendant le chauffage. Bien entendu, la tentation est grande de mettre un peu plus d'eau que nécessaire, un peu de sucre pour adoucir, un peu plus d'arôme pour renforcer le goût, quelques additifs pour rendre le jus plus brillant et d'une texture plus ronde. Selon mon ex-collègue, tout cela est monnaie courante dans cette industrie, ce qui est confirmé par la DGCCRF avec une déclaration sans ambiguïté du 2 mars 2017[1] : « En matière de composition, des pratiques frauduleuses "traditionnelles" (mouillage, ajout de sucres et incorporation abusive d'additifs) persistent. » Sur 64 échantillons analysés par la DGCCRF en 2016, 6 ont été déclarés non conformes pour :

— ajout d'eau et de fructose dans des jus de grenades et de cranberries ;

— ajout d'eau dans un pur jus de grenades bio de Turquie ;

— dioxyde de soufre dans du jus de raisin ;

— ajout d'infusion de sureau dans un jus de pêches.

Ayez bien conscience que ces 10 % de fraudes constatées ne sont que la partie émergée de l'iceberg car les fraudes les plus élaborées, ou celles qui sont en limite des seuils, sont très difficiles à détecter, et vous pouvez être certains que ce sont bien plus de 10 % des jus de fruits commercialisés qui sont, en réalité, non conformes à la réglementation.

En 2015, l'émission « L'Épicerie » de Radio-Canada[2] a fait analyser la teneur en butanoate d'éthyle de 7 jus

1. https://www.economie.gouv.fr/dgccrf/jus-fruits-etiquetage-et-composition

2. https://ici.radio-canada.ca/nouvelle/701895/jus-orange-naturel-emballage-naturel

d'orange du commerce et voici leur conclusion : « Les taux sont majoritairement plus élevés que dans notre échantillon de jus fraîchement pressé. Et même jusqu'à quinze fois plus dans l'un des jus du leader du marché. »

En plus de ces fraudes sur la composition, les étiquetages sont aussi souvent mensongers avec des tromperies sur les origines véritables (exemple signalé par les services des fraudes : origine locale pour des fruits de Serbie) ou la véritable composition (jus de pomme de Chine pas cher non déclaré dans un mélange). Sur cent douze établissements contrôlés, la DGCCRF constate qu'« un tiers des établissements présentent des anomalies ».

En conclusion, faites vos jus vous-même lorsque vous le pouvez. Rien de plus simple que presser une orange. Il n'y a rien de meilleur, tant en goût qu'en qualité nutritionnelle.

À défaut, privilégiez les purs jus de fruits qui ne sont pas fabriqués à partir de concentrés, et qui ne viennent pas de trop loin.

Les sodas et boissons sucrées

Je vous conseillerais bien de les supprimer purement et simplement. Dans le classement des pires produits de l'industrie agroalimentaire, les sodas arrivent en tête. Ce ne sont rien d'autre que des confiseries liquides et toutes les études prouvent que les sodas sont les principaux responsables de l'épidémie mondiale d'obésité en cours [1] causée par la malbouffe, et provoquent un véritable désastre sanitaire.

L'ingestion de liquides sucrés, comparativement à des formes solides équivalentes en calories, ne provoque pas le

1. https://www.hsph.harvard.edu/nutritionsource/sugary-drinks-fact-sheet/

même effet de satiété sur notre organisme[1] et nous incite à manger trop.

En effet, les sodas ne sont que de l'eau (très) sucrée, des arômes, des colorants et autres additifs. Il n'y a là-dedans rien de naturel, pas de fibres, de vitamines, d'antioxydants, que de la chimie et des calories.

Les industriels vous rétorqueront que ce n'est pas un problème si on en consomme raisonnablement dans le cadre d'une alimentation équilibrée et que l'on fait trente minutes d'activité physique par jour. Foutaise, il n'est pas utile d'en consommer beaucoup pour en constater les effets délétères. Les consommateurs réguliers de sodas, une à deux cannettes par jour seulement, augmentent de 26 % le risque de développer un diabète de type 2[2], notamment à cause de l'utilisation massive de sirop de glucose-fructose dans les formulations.

C'est bien pour cela que des versions « light » existent, me direz-vous. Malheureusement, remplacer le sucre par des édulcorants de synthèse (aspartame, acésulfame…) ou pseudo naturel (stévia) s'avère encore plus nocif à long terme comme le démontrent d'autres études tout aussi récentes : « Remplacer des sucres par des édulcorants conduit à des modifications néfastes du métabolisme des graisses et de l'énergie[3]. »

Devant la gravité de la situation, le maire de New York, bien décidé à combattre l'obésité, avait décidé de limiter le volume des verres de soda vendu dans la ville à un peu moins d'un demi-litre. Mais la réaction du P.-D.G. de Coca-Cola ne s'est pas fait attendre : « Nous

1. https://www.ncbi.nlm.nih.gov/pubmed/21519237
2. https://www.ncbi.nlm.nih.gov/pubmed/20693348
3. https://medicalxpress.com/news/2017-07-artificial-sweeteners-linked-weight-gain.html

allons évaluer toutes les options pour protéger notre business[1]... »

La seule protection valable, c'est de consommer le moins possible de sodas, et toute autre boisson sucrée, en version light ou pas. L'eau, du robinet ou minérale, il n'y a rien de mieux et de plus économique.

Une bonne alternative est de consommer, modérément, des sirops dont on contrôle la dilution dans de l'eau. Bien entendu, avec le moins d'additifs possible, sans conservateurs ou colorants.

Les vins, bières et spiritueux

Les produits alcoolisés sont à consommer avec modération, d'autant plus qu'ils sont caloriques. Mais que serait un bon repas sans un verre de vin ?

Encore faut-il savoir ce qu'est « un bon vin ». Pour moi, un produit alimentaire de qualité doit être sans, ou du moins avec un minimum, d'additifs et autres polluants chimiques. L'alcool étant un conservateur naturel, on pourrait s'attendre à ce que les produits alcoolisés soient sans conservateurs aucun, or c'est loin d'être le cas.

Vous avez tous lu sur les étiquettes de vins et spiritueux cette fameuse mention à la précision extrême : « Contient des sulfites. » Bon, la mise en garde est claire, mais pourquoi ces sulfites et combien précisément ?

Eh bien, on ajoute du soufre lors des différentes étapes de la fabrication du vin pour inhiber ou tuer les ferments, levure et bactéries, indésirables, et protéger le vin de l'oxydation, qui peut altérer leur couleur et l'odeur. C'est donc

1. http://www.nydailynews.com/life-style/health/coca-cola-don-blame-obesity-epidemic-coke-demonized-discriminated-article-1.1092240

un conservateur chimique classique, le même que pour les fruits secs moelleux, abricots, prunes, raisins, par exemple.

La législation impose la mise en garde « contient des sulfites » pour des quantités de SO2 (bisulfite ou anhydride sulfureux) supérieur à 10 mg/l. Bien entendu, on est généralement bien au-dessus de ces limites car la réglementation autorise jusqu'à 200 mg/l pour le vin rouge, 250 mg/l pour les blancs et rosés, et même 400 mg/l pour certains vins liquoreux.

Mais il vous sera impossible de savoir quelle dose vous avez dans votre vin car rien n'oblige le producteur à vous le dire. Pourquoi ? Parce que, encore et toujours, l'intérêt des producteurs, riches et bien organisés, l'emporte sur celui des consommateurs. Qu'importe si vous êtes sensibles aux sulfites, c'est votre problème, à moins que… cela ne devienne le leur si vous n'achetez plus que des vins ne contenant pas, ou très peu, de sulfites, et c'est parfaitement possible.

Avec les vins biologiques, me direz-vous ? Eh bien, pas exactement. Le lobby du vin est puissant et a obtenu des critères relativement souples pour la vinification en bio. Il est légal de produire du vin bio en ajoutant du soufre avec des quantités maximales réduites, entre 30 et 50 mg/l suivant les vins, ce qui est déjà trop élevé.

Bien entendu, le vin bio est produit à partir de raisins biologiques, ce qui est un plus incontestable par rapport à l'agriculture intensive, mais le processus de vinification, lui, n'est pas biologique.

Pour moi la meilleure qualité est obtenue avec les vins dits « naturels ». J'adore l'idée d'un vin qui serait l'expression la plus naturelle possible d'un terroir et d'un cépage, et d'une vinification saine et respectueuse de l'environnement, sans intrants chimiques.

Concrètement, un vin naturel est obtenu à partir de raisins bio, vendangés à la main, fermentés grâce aux levures naturellement présentes sur le fruit, sans trituration du moût, et enfin et surtout sans sulfites.

Ce type de vin est encore peu distribué, mais le nombre des viticulteurs se réclamant de la démarche naturelle augmente régulièrement et vous en trouverez chez les cavistes, chez certains producteurs et sur Internet.

Malheureusement, il n'existe pas de certification officielle vous garantissant un vin naturel. Cependant, les vins naturels sont nécessairement en dessous des 10 mg/l de sulfite et aucune de leurs bouteilles ne devrait indiquer « contient des sulfites ».

Espérons qu'une certification ou un label sérieux puisse voir le jour bientôt et que ce type de produits se développe encore, dans le domaine du vin et partout ailleurs.

Concernant le système des AOC, ce n'est pas pour moi un guide fiable de la qualité des vins. Tout le monde a déjà fait l'expérience d'appellations prestigieuses décevantes et, a contrario, de petits vins de pays ou de table absolument délicieux. L'accent n'est pas suffisamment mis sur la qualité et la transparence. C'est bien parce que les informations les plus importantes pour se faire une idée sur la qualité (comme le cépage, les rendements, la méthode de culture, les additifs, les techniques de vendange et de vinification) ne sont pas indiquées sur l'étiquette que les guides sur le vin ont autant de succès.

De plus, la plupart des consommateurs n'y connaissant pas grand-chose, c'est l'appellation qui fait vendre le vin, indépendamment de sa qualité, ce qui pousse à des fraudes massives aux fausses appellations, comme celle sur l'appellation Côtes-du-Rhône découverte en 2017[1].

1. « Démantèlement d'une fraude aux vins d'AOC Côtes-du-Rhône », *La Revue du Vin de France*, 16 mars 2018.

Concernant les bières, cidres, poirés et autres boissons faiblement alcoolisées, je vous encourage à acheter les produits toujours les plus naturels, bio quand vous le pouvez, et bien entendu à consommer toujours avec modération.

Pour ce qui est des alcools plus forts, le degré alcoolique stabilise naturellement le produit et vous n'avez pas à craindre la présence de conservateurs ajoutés. Cependant, pour les alcools bas de gamme colorés type whisky ou rhum, voire certains alcools blancs, la présence de colorants, d'arômes et autres additifs reste possible. Soyez toujours vigilants.

Je vous encourage à consommer peu d'alcools forts, mais à choisir des produits de marques reconnues et haut de gamme. Ensuite, c'est vraiment une affaire de goût personnel.

Chapitre 12

Le rayon santé/diététique

Les aliments diététiques ou, selon les termes de l'INSEE, les « denrées alimentaires destinées à une alimentation particulière » ne sont pas une catégorie de produits homogènes et doivent se plier à des dispositions réglementaires confuses et mal harmonisées.

De plus, les logiques commerciales font qu'une partie de ces produits peut être regroupée dans une zone ou un rayon précis, un rayon « diététique » dédié, ou bien distribuée dans d'autres rayons alimentaires aux côtés de produits similaires, comme des yaourts « santé » anti-cholestérol au rayon frais parmi les yaourts classiques, ou des céréales petit-déjeuner riches en fibres dans le rayon des produits pour le petit-déjeuner.

Il existe un règlement européen de juin 2013[1] qui définit les exigences légales en matière de composition et d'information pour « les denrées alimentaires destinées aux nourrissons et aux enfants en bas âge, les denrées alimentaires destinées à des fins médicales spéciales et les substituts de la ration journalière totale pour contrôle du poids ». À cela s'ajoutent des textes nationaux comme, en France, le décret

1. https://eur-lex.europa.eu/LexUriServ/LexUriServ.do?uri=OJ:L:2013:181:0035:0056:FR:PDF

du 24 juillet 1975 sur les produits diététiques et de régime, des nouvelles réglementations européennes sur les allégations santé et nutritionnelles, les certifications bio, végane, sans gluten…

Nous ne parlerons pas des gammes médicales ou produits pour sportifs, très spécifiques et techniques. Elles sont disponibles en circuits spécialisés et s'adressent à une clientèle particulière.

Nous laissons de côté pour le moment les produits pour bébés et le bio, dont nous reparlerons plus tard[1], pour nous concentrer sur les produits minceur, ceux avec une allégation santé au sens large, et les produits végétariens. Ces produits modifiés et spécialement formulés, très marketés, sont bien plus chers que leurs homologues traditionnels, mais valent-ils le coup ?

Les produits minceur et allégés

Les produits minceur sont des encas et des substituts de repas avec une valeur calorique réduite par rapport aux produits usuels, et consommés dans le but de contrôler son poids.

Mais ce n'est pas si simple car pour avoir droit à la mention « allégé en… », « light », ou « à teneur réduite en… », la réglementation n'impose pas que l'allégement soit global. Le produit doit simplement présenter une réduction d'au moins 30 % par rapport à un produit similaire de la teneur, ou en sucres, ou en matières grasses, ou en calories, au choix du fabricant. Pour le sel, une baisse de 25 % est suffisante.

Plusieurs problèmes se posent immédiatement. L'allégement prenant comme référence « un produit similaire », si

1. Lire les chapitres 13 et 17.

ce produit de référence est malsain, l'aliment allégé ne le sera qu'un peu moins. Et cet allégement n'étant obligatoire que pour un seul paramètre, un aliment « light » peut tout à fait être par ailleurs très gras, sucré, salé, ou calorique.

De plus, retirer quelque chose du produit pour l'alléger oblige à compenser par autre chose. Encore faut-il que cette substance de remplacement ne soit pas plus nocive que ce qui a été retiré, comme des édulcorants pour se substituer au sucre, de l'eau avec des émulsifiants et des conservateurs en lieu et place de matières grasses, etc.

Lorsque nous fabriquions des mayonnaises allégées, le principe était de remplacer de l'huile, calorique, par de l'eau. Mais nous devions aussi ajouter des tas d'additifs, car mettre de l'eau à la place de l'huile modifie aussi la texture, le goût, et la capacité de conservation du produit fini.

La mention « allégé » n'apporte donc aucune garantie sur la qualité et encore moins la naturalité du produit.

La grande majorité de ces produits ne sont pas véritablement utiles, même pour les personnes qui ont de véritables problèmes de poids. On trouve dans ce rayon beaucoup de biscuits et même des « repas minceur » sous forme de… barres chocolatées, bref beaucoup de sucreries qui, bien qu'« allégées » n'en restent pas moins déséquilibrées et pauvres en nutriments naturels. Les fabricants jouent sur notre gourmandise et tentent de nous faire croire qu'avec ces produits nous pouvons baisser la garde sans avoir à en payer les conséquences, or il n'en est rien.

Revenez aux produits les moins transformés possible, sains et naturels, des fruits, des légumes, du poisson et de la viande maigre. Prenez de bonnes habitudes de modération, variez vos repas, faites de l'exercice et, surtout, cuisinez vous-même. Choisissez vos recettes, sélectionnez vos ingrédients, préparez vos plats, et faites-vous plaisir.

Les alicaments, compléments alimentaires et produits enrichis (fer, magnésium, vitamines, fibres...)

Il est tentant, pour se démarquer de la concurrence et vendre plus cher, d'attribuer à son produit, en fonction des tendances du moment, un petit plus, certaines vertus plus ou moins réelles et vérifiables. C'est pourquoi, concernant les produits de grande consommation avec des allégations du type détox, détente, confort urinaire, nuit calme, renforce l'immunité, active la flore intestinale, brûle graisse... un seul mot d'ordre, fuyez !

Comme nous en avons déjà parlé, l'AFSA a évalué nombre d'allégations nutritionnelles et de santé (et c'est toujours en cours) et une infime minorité, liée à quelques nutriments, a été validée. Il n'existe pas d'aliment « détoxifiant » ou qui « stimule vos défenses immunitaires ». Même le fameux « effet probiotique » du Bifidus que nous vantaient les marques de produits laitiers n'a pas été démontré et a été invalidé.

Cependant, la nourriture industrielle ultra-transformée étant très pauvre en nutriments, il est souvent nécessaire de la complémenter en fibres, vitamines et autres oligoéléments pour avoir une ration minimale. Alors, oui, si vous ne mangez que des produits industriels, il vaut mieux consommer des aliments complémentés. Mais c'est inutile si votre alimentation est variée et de qualité, notamment en produits frais et non transformés.

J'ai acheté beaucoup de vitamines pour nos produits, elles sont quasiment toutes produites en Chine par synthèse chimique, et je n'ai aucune confiance ni dans leur pureté ni dans leur qualité.

Si certaines molécules sont bénéfiques, voire essentielles dans notre alimentation, comme les acides gras essentiels de type oméga-3, les antioxydants, les vitamines, ou les fibres, on en trouve bien davantage et de meilleure qualité dans une alimentation naturelle et variée que dans ces produits industriels traficotés.

Les produits végétariens

Les personnes qui font le choix de se passer de viande ou de tout ce qui provient d'un animal (les véganes) ont de plus en plus de produits à leur disposition. En effet, quand une demande solvable existe, l'industrie s'empresse d'y répondre.

Il ne m'appartient pas de juger les croyances et choix de vie, mais j'encourage vivement les personnes qui veulent se passer de produits animaux, surtout les plus jeunes dont la croissance n'est pas terminée, à se faire conseiller et accompagner par un véritable médecin nutritionniste. La prudence s'impose toujours lorsqu'on touche à la santé, d'autant plus que l'on peut lire tout et son contraire sur Internet ou dans certaines revues.

Ceci dit, beaucoup de produits standard sont sans produits animaux et conviendront aux végétariens. Des problèmes se posent cependant pour les ersatz de viande, c'est-à-dire des préparations texturées et aromatisées pour ressembler à de la viande, comme les steaks de soja, ou les boulettes et blocs de champignons.

Je ne suis pas fan du tout de ces produits car les substances aromatisantes sont des protéines végétales hydrolysées, ou des extraits de levures, qui n'ont rien de naturel et qu'il vaut mieux éviter. De plus, champignons et soja, consommés trop souvent, posent d'autres problèmes de digestion et d'ordre nutritif, comme des allergies sévères aux mycoprotéines.

Là encore, variez et évitez les produits industriels. Choisissez des protéines végétales de qualité, légumineuses, graines et noix, et toujours le moins transformées possible.

Les produits « sans »

La mode actuelle est au « sans » ; surtout le « sans gluten », un ensemble de protéines que l'on trouve dans certaines céréales (blé, orge, seigle…) et le « sans lactose », le sucre du lait.

Ces produits « sans » sont utiles pour les personnes qui souffrent de maladie cœliaque, d'intolérance, ou sont simplement sensibles, cela ne fait aucun doute. Mais quand je vois le nombre de personnes autour de moi qui achètent des produits sans gluten, cela me donne l'impression d'une véritable épidémie.

Le problème c'est qu'il n'est pas évident de diagnostiquer une sensibilité au gluten ou au lactose et que, dans le doute lorsqu'ils ont des problèmes digestifs, beaucoup s'orientent vers ces produits, au cas où…

Si cela améliore votre état de santé, pourquoi pas. Mais en cas de soucis digestifs, je vous encourage encore une fois à passer par un médecin, car cela pourrait provenir de tout autre chose et il est important d'avoir un bon diagnostic pour y apporter le remède adapté.

Selon l'étude d'un cabinet spécialisé[1], les ventes d'aliments diététiques ont connu une forte croissance jusqu'en 2015 puis « se sont écroulées ». Les raisons avancées sont que « le marché des aliments diététiques est largement

1. https://www.businesscoot.com/fr/page/le-marche-des-aliments-dietetiques

concurrencé aujourd'hui par les produits naturels, le fait maison, le bio et le sans gluten ».

Si les consommateurs se détournent des produits diététiques industriels, chers et ultra transformés, pour plébisciter les produits naturels, le fait maison et le bio, j'en suis infiniment heureux car cela montre que nous sommes (enfin !) sur la bonne voie.

CHAPITRE 13

Les produits pour bébés

Nous ne traiterons pas ici des laits artificiels pour nourrissons. Ce sont des produits très spécifiques et très réglementés, tant au niveau de leur composition que de leur étiquetage. Je dirai simplement qu'aucun lait artificiel ne vaut l'allaitement maternel, que ce soit au niveau nutritif ou pour la santé du nourrisson, notamment au niveau de son immunité et du développement de son microbiote, autrement appelé flore intestinale.

De plus, même pour ces produits sensibles, des fraudes sont toujours possibles comme nous l'a prouvé le retentissant scandale du lait contaminé à la mélamine qui a éclaté en Chine en 2008 : plus de 300 000 bébés ont été touchés, dont 52 000 ont dû être hospitalisés, six nourrissons en sont morts.

De même, sans parler de fraudes, des accidents, erreurs, ou fautes, peuvent également se produire, comme, plus près de nous et tout récemment, l'affaire Lactalis dont certains lots de lait infantile étaient contaminés par des salmonelles.

Ceci dit, le lait maternisé reste très utile lorsque l'allaitement naturel n'est pas possible ou insuffisant. Ces tristes affaires doivent donc nous inciter à ne jamais baisser la garde et exiger, pour tout produit alimentaire et *a fortiori* pour ceux destinés aux plus fragiles, des contrôles sérieux et indépendants. Hélas, rien ne changera vraiment tant que des sanctions extrêmement lourdes ne seront pas prises à l'encontre des responsables en cas de fautes graves avérées.

Concentrons-nous sur la nourriture industrielle conçue pour les très jeunes enfants, de six mois à trois ans, constituée de purées et bouillies dont on trouve une offre très large en grandes surfaces.

Tout cela est très réglementé, notamment par la directive européenne 2006/125/CE[1] du 5 décembre 2006, qui se substitue à des textes plus anciens, et qui liste certaines exigences légales pour « les préparations à base de céréales et les aliments pour bébés ».

Elle oblige par exemple les fabricants à respecter des doses résiduelles en pesticides très faibles, soit au maximum 0,01 milligramme par kilo pour la plupart d'entre eux, au moins dix fois plus basses que pour les aliments courants. Pour les pesticides les plus dangereux, la limite est abaissée au seuil de détection des équipements d'analyse actuels, et une dizaine d'entre eux sont même tout simplement interdits.

Concernant les additifs, c'est plus compliqué, avec des textes initiaux comme l'arrêté du 2 octobre 1997, modifiés en novembre 2011. On pourrait penser que, dans leur sagesse et avec la mission qui est la leur de protéger les citoyens, surtout les plus fragiles comme les bébés, les législateurs n'autoriseraient pas l'usage d'additifs dans l'alimentation infantile, or il n'en est rien. Pratiquement soixante-dix additifs sont autorisés dont, selon l'UFC[2], une trentaine

1. https://eur-lex.europa.eu/legal-content/FR/TXT/PDF/?uri=CELEX: 32006L0125&from=fr

2. https://aixenprovence.ufcquechoisir.fr/wp-content/uploads/sites/114/2017/01/additifs-pour-bebes-1.pdf

sont suspects, et une dizaine carrément toxiques, comme l'hydroxyde de potassium que je viens de voir dans la liste d'ingrédients d'un « laitage brassé » fabriqué en France, mais à la marque d'une multinationale suisse passée experte dans le domaine de la malbouffe.

Ce laitage suisse « spécial bébé » de six mois à trois ans, est sucré, aromatisé, contient des ingrédients douteux comme de l'amidon modifié et des additifs, de la pectine comme épaississant et donc de l'hydroxyde de potassium comme correcteur d'acidité. C'est un produit parfait pour conditionner vos enfants à devenir accros aux produits industriels.

Bien que les normes qui s'appliquent aux aliments pour bébés soient plus strictes que pour les produits classiques, c'est loin d'être satisfaisant. Rien ne justifie que le principe de précaution ne soit pas appliqué pleinement pour cette catégorie de produits et que tous les additifs ne soient pas interdits.

De même, pourquoi donner aux industriels la possibilité d'ajouter du sucre, y compris du fructose, alors que tous les professionnels de la petite enfance vous disent qu'il ne faut pas habituer le palais des jeunes enfants aux aliments sucrés et salés ?

Pour vos bébés et jeunes enfants, privilégiez les desserts sans sucre, sans arômes ajoutés, et pour tous les produits de la gamme, sans aucun additif, comme les purées de fruits et de légumes naturelles.

La tendance actuelle étant aux produits sains et biologiques, d'autant plus que les parents veulent tout naturellement protéger leurs enfants fragiles des toxiques chimiques, l'offre de petits pots biologiques est devenue très importante. Comme nous venons de voir que les normes pour la nourriture infantile ne sont pas assez draconiennes, je vous encourage à privilégier les produits biologiques qui vous apporteront des garanties supplémentaires.

Si vous avez le temps, vous pouvez également acheter des fruits et légumes, biologiques, frais ou surgelés, et faire vos préparations vous-même.

Concernant les conditionnements, privilégiez le verre qui est un matériau inerte. Je n'ai pas du tout confiance dans les barquettes et pots plastique, encore moins lorsqu'elles sont micro-ondables, ou à faire chauffer au bain-marie.

En effet, la législation, notamment le règlement européen du 14 janvier 2011[1], définit des seuils maximums, les « limites de migration spécifique », pour certains composants des plastiques qui peuvent migrer de l'emballage vers la nourriture. Au maximum 60 milligrammes de constituants du plastique (plastique lui-même et additifs) peuvent migrer par kilo d'aliment[2]. C'est le seuil en dessous duquel la commission européenne considère le matériau comme « sain et inerte ». Eh oui, vous ne le saviez peut-être pas, mais vous avalez nécessairement un peu de plastique lorsque vous, ou votre bébé, consommez des aliments contenus dans ces jolies barquettes plastique de forme et de couleur rigolotes.

De plus, ces migrations de molécules chimiques dans les aliments sont mesurées dans des conditions de test qui n'ont rien à voir avec la réalité, un peu comme les consommations en essence des véhicules sont mesurées par les constructeurs automobiles. Les migrations augmentent sensiblement avec la chaleur, à la lumière, avec l'âge du produit ou l'humidité, la composition acide ou grasse de l'aliment.

Et puis, d'où sort ce seuil global qui mélange des molécules de toxicité différentes ?

1. https://eur-lex.europa.eu/legal-content/FR/TXT/PDF/?uri=CELEX: 02011R0010-20180208&from=EN

2. https://ec.europa.eu/food/safety/chemical_safety/food_contact_materials/legislation_en

Bref, évitez les emballages alimentaires en plastique qui ne sont jamais inertes, *a fortiori* pour les jeunes enfants et les personnes sensibles. Rien ne vaut le fait maison ou, à la rigueur, les traditionnels petits pots de verre.

Un tout dernier mot pour les biscuits et autres sucreries pour bébés. Ayez bien en tête que les produits industriels sont formulés pour plaire gustativement aux consommateurs, ici bébé et ses parents, pour favoriser l'accoutumance et inciter à renouveler l'achat. La preuve est écrite sur les emballages, dans les listes d'ingrédients : sucre, huile de palme, maltodextrines, amidon transformé, émulsifiants, antioxydants, vanilline… tout ce qu'il faut pour bien démarrer dans la malbouffe.

Ne croyez pas que les industriels, même spécialisés, fassent une meilleure nourriture pour vos enfants que vous-mêmes. Vous pouvez tout à fait leur cuisiner facilement des biscuits aussi bons et surtout bien plus équilibrés.

CHAPITRE 14

Les rayons « saveurs du monde »

Un des bons côtés de la mondialisation est que nous pouvons dorénavant nous procurer facilement, et à bon prix, n'importe quel produit fabriqué à l'autre bout de la planète.

Concernant les denrées alimentaires, pour nos envies d'exotisme, on trouve également tout ce qu'il faut en supermarché. Rien de plus simple que se confectionner des nouilles chinoises au shiitake, un taco mexicain, ou un curry indien. De plus, avec le développement d'Internet, sans même sortir de chez soi, on peut d'un clic trouver toutes les recettes, astuces et tour de main pour réussir les plats les plus originaux. On aurait donc bien tort de se priver du dépaysement qu'apportent ces petits plaisirs venus d'ailleurs.

Pour réaliser ces plats nous-mêmes, nous avons l'embarras du choix. Nous pouvons utiliser des ingrédients simples, des plats semi-finis ou préparés. Et ces produits peuvent être soit importés, soit fabriqués localement. Bien entendu, chaque solution a ses avantages et inconvénients, à vous de voir les critères que vous souhaitez privilégier.

Les produits importés, le plus souvent des ingrédients simples, comme des galettes de riz vietnamiennes pour faire des nems, ou des sauces soja thaïlandaises pour agrémenter un filet de poisson à la citronnelle, ont l'avantage de l'authenticité. Ce sont de véritables produits locaux, identiques à ceux que l'on trouve sur place. Ils sont importés tels quels, l'emballage est simplement adapté aux exigences réglementaires des pays où ce sera vendu et consommé, avec notamment la traduction des mentions obligatoires pour que ce soit compréhensible par les consommateurs.

Tout au long de ma carrière de trader, j'ai importé des tas de produits de ce type, d'Asie, d'Afrique ou d'ailleurs. La contrepartie de cette « authenticité » est qu'ils sont élaborés en fonction de normes locales.

Or cela pose un vrai problème dans la mesure où l'Europe dispose des normes sanitaires, environnementales ou sociales les plus contraignantes au monde. Cela ne veut pas dire que vous allez vous empoisonner avec des nouilles de riz déshydratées, mais ayez bien conscience que l'hygiène de la chaîne de fabrication, les droits des employés ou le respect de l'environnement sont d'un niveau bien inférieur, et que par vos achats vous faites en quelque sorte partie intégrante de ce système.

C'est exactement la même chose que lorsque vous achetez un vêtement fabriqué au Bangladesh dans des conditions terribles, comme l'avait mis en avant la catastrophe du Rana Plaza en 2013, où mille ouvrières avaient trouvé la mort dans l'effondrement d'un bâtiment vétuste qui abritait un atelier de confection[1].

En tant que consommateur, vous avez une responsabilité certaine et devez exiger des marques et des enseignes de distribution des produits sains et fabriqués dans de bonnes conditions. Pour cela, des certifications commerce équitable comme Max Havelaar, « pêche durable », ou la norme « bio » sont à privilégier.

---

1. Sébastien Farcis, « Bangladesh : quatre ans après la catastrophe du Rana Plaza, la sécurité dans les usines textiles est sous surveillance », France Info, 22 février 2017.

Il faut aussi bien comprendre que les niveaux de sensibilité et d'exigence des consommateurs des pays pauvres à ces questions, disons de qualité au sens large, sont bien inférieurs à ceux des Européens. Dans les pays d'Asie, que je connais bien, le bio se développe extrêmement lentement, peu de consommateurs ont conscience de la dangerosité des additifs et de la nourriture ultra-transformée hypercalorique. Le glutamate monosodique[1], un exhausteur de goût rebaptisé E621, y est utilisé à grande échelle sans que cela ne dérange grand-monde, et les pesticides sont très largement employés dans ces pays souvent chauds et humides.

C'est pourquoi la qualité des produits importés de ces pays, surtout les aliments plus complexes comme les nouilles déshydratées, les sauces ou les plats préparés, est souvent contestable…

Ainsi les best-sellers alimentaires dans toute l'Asie, et qui heureusement ont du mal à prendre en Europe, sont les nouilles instantanées en pots ou en sachets plastique. Il s'en consomme des centaines de millions d'unités chaque jour. Or ces nouilles sont bourrées d'additifs et contiennent jusqu'à 25 % d'huile pour celles qui sont précuites en friture.

Voici par exemple la liste d'ingrédients de nouilles déshydratées de marque Tian Shan en sachet de 85 grammes fabriquées en Chine, et vendues en ce moment sur le site Internet de l'un des leaders de la grande distribution : « Nouilles (79 grammes) : farine de blé 64 %, huile de riz, amidon de tapioca, sel, émulsifiant : carboxyméthylcellulose de sodium, régulateur d'acidité : polyphosphates, poudre à lever : carbonate acide de sodium. Assaisonnement saveur poulet (6 grammes) : sel, sucre, poudre de sauce soja (soja, farine de blé), exhausteur de goût : glutamate monosodique, ail en poudre, maltodextrine, poivre en poudre, oignons

1. https://www.consoglobe.com/les-dangers-du-glutamate-cg

déshydratés, sirop de glucose, huile de riz, exhausteurs de goût : inosinate disodique - guanylate disodique, oignon en poudre, arôme poulet, anti-agglomérant : dioxyde de silicium, curcuma en poudre, caséinate de sodium, émulsifiant : mono- et diglycérides d'acides gras, stabilisants : polyphosphates. »

Impressionnant, non ? Ce produit, que certains qualifient « d'alimentaire », contient tout de même 16,6 % de matières grasses et 7,6 % de sel ! Personnellement, je ne comprends pas que l'on puisse commercialiser ça… et encore moins l'acheter.

Enfin, l'importation de produits venus de l'autre bout du monde est loin d'être écologique et contribue à la dégradation de notre environnement. Non seulement par l'effet direct du long transport, mais aussi par la destruction des écosystèmes locaux pour produire les ingrédients nécessaires comme l'huile de palme.

Est-ce vraiment mieux si ces mêmes produits sont fabriqués en Europe ? Mettons de côté les aspects écologiques et sociaux qui plaident évidemment en faveur des produits fabriqués en Europe, et focalisons-nous sur les compositions. C'est de plus relativement simple à comparer. Enfin, quand les fabricants ne cherchent pas à brouiller les cartes. Regardons sur le même site que précédemment, toujours avec des nouilles instantanées, mais cette fois produites en France ; des nouilles dites « japonaises » de marque Nissin en pots de 67 grammes dont voici la composition telle qu'indiquée :

« Nouilles 87 % [farine de blé, huile de palme, sel, exhausteurs de goût E621, agents de traitement de farine (E500, E451), antioxydant E306, correcteur d'acidité : acide citrique] - Sel - Sucre - Oignon rôti - Carotte - Champignon Shiitake - Oignons vert - exhausteurs de goût (E621, E635)

- Ail - Épices - Aromes - poudre de sauce SOJA (fèves de soja, blé, sel, maltodextrine) - Antiagglomérant : E551 - arôme de poulet 0,04 % (exhausteurs de goût : E627, E631- blé, soja) - colorant : extrait de paprika - correcteur d'acidité : acide citrique. »

La liste d'ingrédients est plus difficile à comprendre car des codes en E sont utilisés, mais le E621 est du glutamate, le E500 du carbonate, le E627 du guanylate… On retrouve donc peu ou prou des additifs similaires au produit chinois précédent, la clarté en moins.

De même, les informations nutritionnelles sont données pour… 100 ml et non pour 100 grammes, ce qui rend difficile la comparaison. Rapporté à 100 grammes, sachant que le pot de 67 grammes permet de faire 350 ml de produit fini, cela donne 19,85 % de matières grasses et 6,3 % de sel !

Moins bien pour les matières grasses que le produit importé donc et à peine mieux sur le sel. Pas convaincant…

Nous ne connaissons pas les origines de chaque ingrédient, notamment le plus important, le blé, et nous ne pouvons pas aller plus loin dans la comparaison. Nous ne disposons pas non plus d'analyses de pesticides, métaux lourds, perturbateurs endocriniens, mycotoxines, huiles minérales, et autres toxiques potentiellement présents. Cependant, il est probable que le blé européen sera de meilleure qualité que le chinois, et j'ai davantage confiance dans les éléments fournis par un fabricant local que dans les informations données par les producteurs chinois, car je sais d'expérience que leurs indications sont le plus souvent fausses.

En conclusion, pour des raisons écologiques, sociales et de qualité de produit, il faut privilégier les produits de proximité, ou venant de pays aux normes et standards les plus élevés.

Cependant, comme l'a montré l'exemple des nouilles instantanées, une origine locale n'est pas non plus une garantie absolue de qualité. En effet nombre de produits alimentaires « exotiques » sont fabriqués par des multinationales, y compris asiatiques comme Nissin dont le siège est à Tokyo, qui ne font que singer de mauvaises recettes en y ajoutant tous les additifs à leur disposition pour faire baisser les prix, augmenter la conservation, et tenter d'en améliorer le goût et l'aspect.

Au rayon « Saveurs du monde », comme souvent, il vous faudra bien lire les étiquettes, car c'est le seul élément à votre disposition pour vous faire une idée de la réelle qualité du produit et, comme toujours, privilégier les compositions les plus courtes avec des ingrédients les plus naturels possible.

Chapitre 15

Les artisans et pseudo-artisans de bouche

Tous les deux ans, se tient à Lyon l'un des salons les plus importants de l'agroalimentaire : le Sirha (Salon international de la restauration, de l'hôtellerie et de l'alimentation). Réservé aux professionnels de la restauration, il regroupe trois mille exposants et attire en cinq jours plus de deux cent mille visiteurs venus du monde entier. C'est un salon que je connais très bien pour y avoir exposé plusieurs fois nos magnifiques produits, et pour l'avoir souvent visité.

C'est l'occasion pour les industriels de présenter les produits qu'ils souhaitent vendre aux professionnels de la RHF (restauration hors foyer) que sont les grossistes et distributeurs de produits alimentaires pour professionnels, les restaurateurs (y compris fast-foods, snacks, kebabs et pizzérias), les cafetiers, la restauration collective (cantines, restaurants d'entreprise), les traiteurs, boulangers, pâtissiers, charcutiers, bouchers, chocolatiers…

C'est un salon très vivant avec une vingtaine de concours, comme le « Bocuse d'or » ou la Coupe du monde de la pâtisserie, des animations et des dégustations dans presque tous les stands, et tout un tas de présentations. Mais ce salon sert surtout à exposer les dernières « nouveautés » qui permettront aux professionnels de la restauration de faire de meilleures affaires.

Les problèmes que je veux dénoncer ici sont de deux ordres, et ils sont parfaitement illustrés par les deux premières « nouveautés » mises en avant actuellement sur le site Internet du salon[1] dont la prochaine édition aura lieu en janvier 2019.

La première nouveauté de la liste est une huile de friture dite « performance » selon le fabricant, pour « une friture idéale » qui vous donnera « des frites colorées et légères en bouche » et qui contient un arôme naturel de coriandre pour atténuer les odeurs de friture[2]. C'est très bien, sauf que ce produit contient aussi un anti-moussant pour « apporter un confort supplémentaire » au professionnel. On ne sait pas trop quel anti-moussant est ajouté ni la dose, mais lorsqu'on se donne la peine de chercher un peu[3], on retrouve un de nos vieux amis, le E900 (ou polydiméthylsiloxane, ou encore diméthicone) dont nous avons déjà parlé, et pas en bien, au chapitre 11 consacré au rayon boissons.

Or les clients sont-ils informés qu'ils vont aussi manger du polydiméthylsiloxane avec leurs frites colorées et légères en bouche ? Bien sûr que non, aucune information ni aucune mise en garde ne leur seront jamais données.

Et souvenez-vous de la sauce hollandaise que l'on nous avait servie dans un petit restaurant de Provence, dont je vous ai parlé dans le chapitre 6 sur les idées reçues. Le « cuisinier » avait utilisé une sauce déshydratée industrielle destinée aux professionnels dont les consommateurs ne sont pas censés connaître la composition. Cette « sauce » ne contenait pas la moindre trace de beurre alors que la sauce hollandaise est, par définition, une émulsion de jus de citron dans du beurre. Le beurre, ingrédient cher, avait été remplacé par des

1. http://www.sirha.com/fr/liste-nouveautes
2. http://www.sirha.com/fr/exhibitor/risso/stand-3d62#innovation660
3. https://www.episaveurs.fr/produit/epicerie/produit_0155509.html

huiles hydrogénées nocives (pour les consommateurs) mais plus économiques (pour le restaurateur), et des arômes.

Or, lorsque le consommateur peut lire la liste d'ingrédients les choses se passent bien différemment. Les sauces hollandaises déshydratées que l'on trouve en grandes surfaces, comme celles de la marque Maggi[1] par exemple, contiennent, ô surprise… du vrai beurre (pas beaucoup certes mais il y en a), et surtout aucune huile hydrogénée.

Ces exemples illustrent le fait que les industriels se permettent beaucoup plus de fantaisies lorsque le consommateur n'a pas accès à la liste d'ingrédients, et ne peut donc pas savoir ce que contient le produit qu'on lui sert.

Je peux en témoigner car j'ai travaillé dans des entreprises qui fournissaient les mêmes gammes de produits pour les supermarchés d'une part et pour les professionnels d'autre part : des sauces, des surgelés, des plats préparés frais, des nappages sucrés et autres. Bien entendu, nous étions beaucoup plus vigilants concernant les listes d'ingrédients que le consommateur final pouvait voir lorsqu'il faisait ses courses en grande surface.

Nous n'avions pas du tout ce genre de démarche pour nos produits destinés aux professionnels qui, le plus souvent, cherchent la rentabilité et pour lesquels comptent surtout le prix et la facilité de mise en œuvre.

Pourtant, lorsque vous allez manger chez un professionnel, *a fortiori* un artisan, dans un petit restau à la déco sympa, vous passez avec lui un contrat de confiance. Vous pensez logiquement que la qualité sera au rendez-vous. Or c'est trop souvent exactement le contraire…

La seconde « nouveauté » de la liste, qui a même eu l'honneur d'être sélectionnée pour participer aux « Grands Prix Sirha de l'innovation » (tellement c'est fantastique et

1. https://www.maggi.fr/sauce-saveur-a-l-ancienne-hollandaise

novateur), est représentée par les canapés surgelés industriels tout prêts, que les restaurateurs, traiteurs, ou autres « professionnels » et « artisans », n'auront qu'à décongeler avant de vous les servir.

Fièrement, le fabricant propose également des petits gâteaux ; éclairs et macarons, tout autant surgelés et prêt à l'emploi et déclare : « Nos produits sont pensés et dédiés aux professionnels de la restauration :

- prêts à déguster
- gain de temps
- gestion simplifiée de vos équipes
- maîtrise de vos coûts. »

Dommage que les produits ne soient jamais « pensés et dédiés aux consommateurs de la restauration ».

Mais c'est logique après tout car les consommateurs ne sont jamais que les clients de leurs clients et ils n'ont pas accès aux fiches techniques, listes d'ingrédients, recettes. Ils ne savent pas quel est le prix de ce qu'on leur sert, et que ce qu'ils pensent être du « fait maison » n'est souvent que de l'assemblage de produits industriels spécialement élaborés pour les tromper.

Pour le professionnel, cela veut dire qu'en achetant des produits industriels tout prêts, il fera de substantielles économies, surtout de personnel. Il aura besoin de moins de monde et, qui plus est, d'employés peu ou pas qualifiés et donc payés moins cher. Ces produits industriels prêts à servir sont donc plus rentables et la plupart des clients, pour ne pas dire pratiquement tous, n'y verront que du feu.

Un petit gâteau surgelé, comme un éclair ou un fondant au chocolat, coûte au restaurateur entre 0,50 et 1 euro, soit l'équivalent de 3 à 6 minutes de salaire si on considère un smic hôtelier[1] dans les 10 euros de l'heure. Il n'y a donc

1. https://www.toutsurmesfinances.com/argent/a/smic-hotelier-brut-net-taux-et-grille-de-salaire-hcr

aucun intérêt à le fabriquer soi-même. Surtout si le client ne fait pas la différence et/ou n'est pas prêt à payer pour.

C'est exactement la même chose pour tous les plats et produits que l'on trouve chez les restaurateurs et autres professionnels. Les fagots d'asperges lardées de 45 grammes que nous fabriquions, par exemple, étaient vendus moins de 50 centimes d'euro l'unité. Les fabriquer lui-même coûterait bien plus cher à n'importe quel restaurateur.

Finalement cela ne me dérangerait pas dans la mesure où les clients seraient loyalement informés de ce qu'on leur propose. Bien entendu, il faudrait aussi une véritable transparence concernant les origines géographiques et les compositions, avec possibilité de consulter les listes d'ingrédients. Ainsi la concurrence entre professionnels serait loyale, et les consommateurs pourraient comparer entre l'industriel et le fait maison, et arbitrer en fonction des prix qui leur sembleraient justes. Car enfin, on peut bien comprendre qu'un menu de cantine à moins de 10 euros soit fait de produits industriels, en revanche, c'est moins justifiable quand, dans un restaurant, l'addition se rapproche ou dépasse les 25 euros.

Mais on en est loin car la demande de la plupart des professionnels, confrontés à d'importantes charges et taxes en tous genres, c'est que l'industrie leur fournisse des produits les moins chers possible, mais qui font plat « maison » ou « artisanal ». On en est maintenant rendu à simuler des défauts et imperfection sur des produits industriels pour faire croire que le plat vient juste d'être préparé en cuisine, ou que le fondant au chocolat ne sort pas d'un congélateur.

Face à cette triste réalité, je vous encourage à privilégier le véritable « fait maison », certifié par le logo officiel[1] qui ressemble à une casserole coiffée d'un toit. Ce logo, mis en

1. https://www.economie.gouv.fr/fait-maison

place en 2014, garantit une cuisine entièrement réalisée à partir de produits crus. Non seulement la nourriture sera de meilleure qualité, mais vous encouragerez les professionnels qui cherchent à bien faire leur métier et à donner du plaisir à leurs clients.

De plus, nombre d'assembleurs ou « artisans » adeptes de l'industriel ne sont pas spécialement moins chers et vous ne surpayerez pas toujours votre repas au restaurant en allant vers la qualité du « fait maison ».

Chapitre 16

Fast-food = junk food ?

De sales trucs dans le kebab turc ?

Le 28 novembre 2017, un communiqué de presse du Parlement européen intitulé « les députés souhaitent interdire l'utilisation du phosphate dans les kebabs [1] » est largement repris et commenté dans la presse internationale.

Le parlement indique que « les règles de l'UE ne permettent généralement pas l'utilisation d'additifs phosphatés dans la viande transformée ». De plus, le communiqué cite deux études scientifiques, l'une publiée en 2012 [2], qui suggère une causalité entre les additifs phosphatés et l'augmentation du risque cardiovasculaire, et l'autre, en 2013 [3], qui tendrait à montrer que les régimes alimentaires riches en phosphore auraient un lien avec l'augmentation de la mortalité de la population américaine. Rien que ça !

Ce communiqué ne laisse planer aucun doute sur l'interdiction à venir : « Le parlement dans son ensemble soutient

1. http://www.europarl.europa.eu/news/fr/press-room/20171128IPR89003/les-deputes-souhaitent-interdire-l-utilisation-du-phosphate-dans-les-kebabs

2. https://www.ncbi.nlm.nih.gov/pmc/articles/PMC3278747/

3. https://www.ncbi.nlm.nih.gov/pmc/articles/PMC3893724/

cette objection (à l'utilisation des phosphates dans les kebabs) à la majorité absolue (376 voix). »

D'autant plus que les députés savent également, puisque le communiqué le dit, que les phosphates dans les viandes, comme le jambon cuit premier prix, ont pour principal intérêt de retenir l'eau (et donc d'augmenter artificiellement le poids du produit), ce qui n'est pas vital vous en conviendrez.

Les choses sont simples. Il s'agit d'additifs non indispensables et nocifs, avec études scientifiques à l'appui. La priorité absolue étant la santé des citoyens, l'application du principe de précaution dont on nous rebat les oreilles rend inévitable cette interdiction des phosphates. Et donc, fort logiquement, 8 semaines plus tard… l'interdiction s'est transformée en autorisation !

Le 17 janvier 2018, en effet, est publié le règlement 2018/74[1] qui autorise l'utilisation d'acide phosphorique, de phosphates, de diphosphates, de triphosphates et de polyphosphates (E 338-342) dans les broches de viandes congelées, utilisées massivement dans les kebabs.

Mais alors, que s'est-il passé, en l'espace de quelques jours, pour que les parlementaires retournent leur veste aussi complètement et aussi vite, et prennent une fois de plus le parti des industriels ?

Eh bien, c'est fort simple : les lobbies de l'industrie agroalimentaire ont fait leur travail de désinformation et « d'influence ». Comme l'illustre parfaitement un article du quotidien *Libération* du 7 décembre 2017[2], qui explique que « le jour même du communiqué » une eurodéputée

1. https://eur-lex.europa.eu/legal-content/FR/TXT/PDF/?uri=CELEX: 32018R0074&from=FR

2. Jacques Pezet, Florian Bardou, « L'Europe s'apprête-t-elle vraiment à interdire le kebab ? », *Libération*, 7 décembre 2017.

allemande déclarait : « Une interdiction de l'ajout de phosphate mettrait fin à la production de broches (de viande pour kebabs). Cela entraînerait la perte de milliers d'emplois. »

Ah, « la perte de milliers d'emplois », argument massue, menace classique que les lobbies des multinationales nous ressortent à chaque fois. Dans l'agroalimentaire comme dans le secteur du nucléaire ou des industries polluantes pour ne citer que deux exemples…

Des articles paraissaient ensuite fort opportunément dans divers tabloïds et journaux « reprenant les arguments des industriels » selon lesquels « sans phosphates, il n'y aurait pas de kebab tel qu'on le connaît aujourd'hui ».

Or cela est complètement faux. Il est tout à fait possible de faire des broches de viande kebab surgelées sans additifs. Mais il est vrai que, pour cela, il faut utiliser de beaux morceaux de viandes de qualité, pas un hachis de bas morceaux aggloméré, en un bloc avant surgélation et qui n'a plus aucune tenue une fois décongelé. L'utilité des phosphates est donc simplement économique, et pas technologique. Ils sont là pour se simplifier la vie, pour camoufler des matières premières moins chères et de qualité inférieure, et finalement vendre aux consommateurs de l'eau au prix de la viande.

Si vous souhaitez consommer des kebabs sans phosphates, je vous souhaite bien du courage pour en trouver. Si vous avez la chance de tomber sur un vrai restaurateur qui fabrique lui-même ses broches, ou à la rigueur qui vous garantisse, en l'affichant, l'absence de phosphates, alors courez-y et parlez-en autour de vous.

Les fast-foods

Si l'on devient aussi facilement accro aux fast-foods, notamment chez les plus jeunes, c'est qu'on vous y sert en quantité, sous des formes concentrées, exactement ce que votre organisme est programmé pour aimer depuis la nuit des temps lorsque nos ancêtres vivaient en disette permanente : du gras, du sucre, du sel.

Un hamburger n'est rien d'autre qu'un petit pain gras et sucré, dans lequel on place une viande hachée grasse, qui baigne dans une sauce… grasse et sucrée. J'en sais quelque chose, j'ai été fournisseur de sauces, notamment pour les plus grandes chaînes de fast-foods : ketchup, mayonnaise, sauces blanches, curry, fromage, ciboulette, yaourt… contenant toujours de bonnes doses de sucre, d'huile et de sel.

Cerise sur le burger, la viande est hachée et le pain est un genre de pain de mie, ce qui fait que vous n'avez même pas à faire d'effort pour mâcher.

Pour faire passer la pâtée, vous avez bien entendu droit à des sodas, soit encore davantage de sucre, avec en prime des additifs. Et, côté légumes, ce n'est pas mieux car l'incontournable cornet de frites vous apportera une dose supplémentaire d'huile et de calories, surtout lorsqu'elles sont trempées dans du ketchup ou de la mayonnaise.

Pour finir, une glace industrielle, nappée d'un sirop au caramel ou chocolat, avec éclats de cacahuètes, achèvera de faire exploser votre compteur de calories.

Certains mettront en avant le fait qu'on trouve maintenant des salades et des fruits dans les fast-foods. Merci, je sais, c'est moi qui les leur vendais, et je puis vous assurer qu'une salade de fast-food avec sauce césar, croûtons, cubes ou lamelles de viande traités en salaison et autres faux fromages ou fruits secs n'est pas l'idéal côté calories et ingestion d'additifs toxiques.

Je sais également que des chaînes de fast-foods mettent en avant le fait qu'elles récupèrent l'eau de pluie, recyclent leurs huiles de friture, ou financent une fondation. Mais l'ADN des chaînes de fast-food, l'immense majorité de leurs ventes reste les hamburgers, sodas et frites, des produits déséquilibrés et trop caloriques. Afficher quelques actions éthiques ou en faveur de l'environnement ne changera pas le fait que les fast-foods sont en grande partie responsables des épidémies de maladies liées à la malbouffe qui touchent des millions de gens, sans parler des quantités monstrueuses de déchets qu'ils génèrent, avec les emballages et couverts à usage unique, que l'on retrouve partout dans la nature.

Il suffit pour savoir à quoi s'en tenir de se souvenir du documentaire *Super Size Me*, sorti en 2004, et dans lequel le réalisateur américain Morgan Spurlock se nourrissait exclusivement de produits de fast-food pendant un mois à raison de trois repas par jour. Avec les résultats désastreux qu'on imagine : prise de poids de 11 kilos et apparition de problèmes au foie ! À noter que le titre québécois du documentaire était « Malbouffe à l'américaine »…

En plus des aspects hypercaloriques et du déséquilibre nutritionnel, tout ce que l'on trouve dans un fast-food est industriel et cache des ingrédients de basse qualité et des additifs nocifs ; arômes, émulsifiants, conservateurs, édulcorants dans les sodas « light », diméthylsiloxane (encore lui) dans l'huile de friture pour éviter les projections…

Je sais bien qu'il est difficile de résister aux demandes de nos enfants, mais il appartient aux parents de les éduquer à bien se nourrir et à prendre soin d'eux, même s'ils ne sont pas encore capables d'en comprendre les raisons. Les fast-foods sont des endroits à éviter le plus possible et je vous encourage à trouver des alternatives plus saines.

Certains mettront en avant que le coût d'un repas dans un fast-food est imbattable. Mais le coût n'est rien si on ne le met pas en balance avec la qualité. Alors, en effet, on paiera moins de 10 euros pour un « menu » fast-food avec hamburger ou croquettes de poulet frites, soda, frites, et crème glacée, mais c'est encore trop cher pour de la malbouffe industrielle hyper calorique et bourrée d'additifs qui, au final, contribue à détériorer votre santé.

Chapitre 17

Vrai bio vs faux bio : comment s'y retrouver ?

Un peu d'histoire pour commencer. Il fut un temps, pas si lointain, où, dans l'agriculture, il était bien vu de produire beaucoup. L'objectif affiché était l'abondance qui permettrait enfin à chacun de se nourrir pour pas cher. La chimie moderne était le meilleur allié des professionnels. Les agriculteurs pouvaient se glorifier de rendements plus extraordinaires chaque année.

On s'est bien rendu compte que les insectes, batraciens, et autres petits animaux disparaissaient, en même temps que les plantes parasites et les animaux nuisibles, mais c'était, disait-on, le tribut dérisoire à payer au progrès technologique.

Certains ont commencé à véritablement se poser des questions lorsque les États-Unis ont massivement utilisé des herbicides, notamment le fameux « agent orange » fabriqué entre autres par Monsanto (aujourd'hui propriété du géant Bayer), comme arme de dévastation massive lors de la guerre du Vietnam à la fin des années 1960. On a pu alors constater les effets épouvantables sur la population, cancers et malformations, et ce pendant de nombreuses années après l'épandage. Puis des catastrophes majeures sur des sites de production chimiques, comme à Seveso en Italie en juillet 1976, puis à Bhopal en Inde en décembre 1984, ont définitivement marqué les esprits. La preuve était tristement faite que les pesticides chimiques pouvaient être très dangereux pour l'homme.

Certains observateurs ont ensuite remarqué que les paysans qui traitaient beaucoup avec ces produits avaient tendance à tomber plus facilement malades, visiblement empoisonnés par leurs propres pesticides[1], tout comme pouvaient l'être certains riverains, victimes collatérales contaminées par les traitements balancés sur les récoltes dont une partie était emportée aux quatre vents.

Et puis, on s'est rendu compte que les pesticides étaient présents dans presque tous les cours d'eau et les nappes phréatiques[2]. Comme le soulignait le quotidien régional *Sud Ouest*[3] (en relayant une enquête du magazine *Cash Investigation* diffusée début février 2016 sur France 2) : « Depuis 1980, les cancers infantiles augmentent de 1 % par an en France, soit environ 2 500 cas supplémentaires chaque année. C'est la deuxième cause de mortalité chez l'enfant. Les anomalies de naissance se multiplient, comme les troubles hormonaux ou encore l'autisme. Pour les scientifiques du monde entier, il n'y a plus guère de doute : il existe un lien entre ces maladies très différentes et l'exposition aux produits chimiques, et notamment aux pesticides. »

Il est donc grand temps de produire mieux, de faire pousser des aliments sains, qui nourrissent sans empoisonner les

1. « Les pesticides seraient responsables de 2 % des maladies professionnelles déclarées chez les agriculteurs », *France TV Info*, 16 novembre 2017.

2. Martine Valo, « La qualité de l'eau se dégrade encore en France », *Le Monde*, 17 octobre 2017.

3. Cathy Lafon, « La Gironde très exposée aux pesticides : l'enquête choc de "Cash investigation" », *Sud Ouest*, 2 février 2016.

producteurs, les riverains et les consommateurs, et c'est précisément l'intérêt majeur de la production biologique.

Oubliez les discussions stériles sur le goût, l'aspect ou la richesse en nutriments des produits de l'agriculture biologique par rapport à ceux de l'agriculture intensive. Le plus important avec le bio, c'est l'absence, ou du moins la baisse drastique de traitements chimiques nocifs et polluants. Moins de toxiques sur le produit et moins de toxiques répandus dans l'environnement, voilà ce qu'il vous faut absolument garder à l'esprit.

Concrètement, qu'est-ce qu'un produit bio ?

Selon le règlement européen CE 834[1] de 2007, « la production biologique est un système global de gestion agricole et de production alimentaire qui allie les meilleures pratiques environnementales, un haut degré de biodiversité, la préservation des ressources naturelles, l'application de normes élevées en matière de bien-être animal et une méthode de production respectant la préférence de certains consommateurs à l'égard de produits obtenus grâce à des substances et à des procédés naturels ».

Pour y voir clair dans le domaine biologique, il faut distinguer l'agriculture, l'élevage et les produits alimentaires transformés.

• L'agriculture biologique rejette les produits chimiques de synthèse (herbicides et pesticides, mais aussi les fertilisants et autres). Les semences OGM (organismes génétiquement modifiés), l'irradiation pour la conservation des

1. https://eur-lex.europa.eu/legal-content/FR/TXT/PDF/?uri=CELEX:32007R0834&from=FR

cultures, et l'utilisation de boues d'épandages comme engrais sont également prohibées.

• Les éleveurs qui produisent de la viande ou des produits animaux (produits laitiers, œufs, miels...) doivent nourrir leurs animaux exclusivement d'aliments produits selon les normes de l'agriculture biologique, et offrir des conditions d'élevage adaptées aux comportements naturels des animaux (espace suffisant, lumière naturelle, air frais). L'usage d'hormones de croissance ou d'antibiotiques utilisés comme promoteurs de croissance est interdit.

• Un produit transformé bio doit être fabriqué à partir d'ingrédients issus de l'agriculture et de l'élevage biologiques. Les additifs de synthèse, colorants et arômes artificiels, et conservateurs chimiques ne sont pas autorisés. Une petite cinquantaine d'additifs, les moins nocifs, sont autorisés en bio contre plus de trois cents dans l'industrie classique.

Tout cela est donc bien défini et fait pour rassurer et donner confiance aux consommateurs. Nous avons vu dans la première partie de ce livre [1] que des labels existent, comme la feuille verte européenne, avec organismes certificateurs agréés par les autorités, par exemple Ecocert, qui les délivrent.

Chaque opérateur (producteur ou transformateur) est contrôlé au moins une fois par an, avec éventuellement des inspections inopinées.

Par définition, un produit sauvage, comme les poissons pêchés, les animaux chassés, les champignons et baies sauvages, ne peut être contrôlé et donc certifié bio. Ce qui pourra dérouter certains puristes. Il est en effet difficile de concevoir qu'un saumon sauvage n'ait droit à aucun égard,

1. Chapitre 5 : « La valse des étiquettes : des logos à gogo. »

alors que son cousin élevé aux granulés, certes bio mais industriels malgré tout, sera lui labellisé.

Il faut donc bien avoir conscience qu'acheter bio ne donne pas l'assurance de consommer le meilleur, mais vous garantira seulement que le produit certifié est en conformité avec les normes définies pour le bio, notamment l'absence de pesticides.

Et tout cela pour quels résultats ?

Tout d'abord, pour avaler réellement moins de poisons, comme le prouve, entre autres, une étude de 2006[1] publiée aux États-Unis par le National Center for Biotechnology Information : elle montre que des enfants nourris avec des produits biologiques voient les quantités de pesticides organophosphorés dans leurs urines baisser rapidement à des niveaux indétectables et donc, « en conclusion, consommer des produits biologiques a un effet protecteur massif et immédiat face à l'exposition aux pesticides organophosphorés utilisés communément en agriculture ».

En ce qui me concerne, je n'avais pas besoin d'études car j'ai vu défiler des centaines d'analyses de pesticides sur des lots en agriculture conventionnelle de fruits, légumes, thés ou épices, lots que j'ai achetés et ensuite recommercialisés, et les résultats me faisaient souvent froid dans le dos.

L'absence, ou la diminution des doses de pesticides est le point important comme je vous l'ai dit, mais ce n'est pas le seul bénéfice du bio : de plus en plus d'études démontrent également un impact positif au niveau nutritionnel. L'université de Newcastle en Angleterre[2] a par exemple publié en 2016 une étude dans le *British Journal of Nutrition* qui montre que les viandes et produits laitiers biologiques

1. https://www.ncbi.nlm.nih.gov/pmc/articles/PMC1367841/
2. https://medicalxpress.com/news/2016-02-differences-non-organic-meat.html

contiennent plus d'acides gras essentiels de type oméga-3. De même, une autre étude également publiée dans le *British Journal of Nutrition* en 2014 indiquait déjà que les plantes de l'agriculture biologique contenaient plus d'anti-oxydants et… beaucoup moins de métaux lourds comme le cadmium.

Ainsi des modes de production plus naturels conduisent à vous faire avaler moins de produits chimiques et des aliments de meilleure qualité nutritionnelle, mais aussi à :

— favoriser la biodiversité ;
— réduire la pollution des cours d'eau ;
— ne plus empoisonner les agriculteurs et leurs voisins ;
— freiner la résistance aux antibiotiques ;
— contribuer au bien-être animal ;
— permettre aux producteurs de mieux vivre de leur activité.

Les consommateurs ont bien compris qu'il était dans leur intérêt de consommer des produits biologiques et fort logiquement les ventes explosent, comme le constate le magazine *LSA*[1] (*Libre Service Actualité*) en janvier 2018, avec des ventes en supermarchés qui ont augmenté de plus de 20 % au cours de la seule année 2017.

Tout est-il rose dans les produits verts ?

Comme toujours lorsqu'il y a de l'argent en jeu et des industriels pas loin, il faut se méfier. Comme le gâteau bio grossit à vue d'œil (fin 2017, on estimait le marché français du bio à plus de 8 milliards d'euros), tout le monde en voudrait bien une part, et c'est à qui sera plus bio que son voisin.

1. https://www.lsa-conso.fr/bio-les-ventes-en-gms-bondissent-de-26-en-decembre-et-de-20-9-en-2017,279142

C'est *greenwashing* (ou écoblanchiment en bon français) à tous les étages. On repeint les logos en vert, on achète des voitures hybrides aux commerciaux, on installe des rayons avec bois brut et sacs de jute, et surtout on importe du « bio » à tout va. Car la France est loin d'être autosuffisante en produits bio, comme le rapportait le quotidien *Le Figaro* en décembre 2017[1] : « L'an dernier, l'Hexagone a importé en effet plus de la moitié des fruits, des boissons et des produits d'épicerie bio qu'il a consommés, plus du quart des légumes et moins de 10 % des produits laitiers. »

Mais peut-on avoir confiance dans le bio importé ? Est-ce que les normes dans les pays tiers sont les mêmes qu'en Europe, et sont-elles respectées de la même façon ?

L'Europe nous dit que l'on peut importer des produits biologiques de pays tiers s'ils sont accompagnés d'un certificat d'inspection valide dont il existe deux types :

— ceux provenant d'un pays dit « équivalent », c'est-à-dire que la législation locale pour le bio est considérée comme équivalente à celle qui existe en Europe ;

— ceux provenant d'une « autorité ou organisme de contrôle équivalent », c'est-à-dire un organisme reconnu qui garantit que les aliments ont été produits conformément aux règles européennes, bien que la législation locale soit différente.

Or cette notion « d'équivalence » pose problème car elle permet à des normes différentes, plus ou moins strictes, de coexister.

Les producteurs européens de produits biologiques, notamment de bananes des Antilles, se sont plaints que ce régime d'équivalence était responsable d'une grave

1. Éric de La Chesnais, « Le bio en France : un marché à 8 milliards d'euros », *Le Figaro*, 13 décembre 2017.

distorsion de concurrence et n'apportait pas les garanties suffisantes aux consommateurs.

Ainsi, le quotidien *Ouest France* nous expliquait début 2017 que presque toutes les bananes « bio » consommées en Europe proviennent de pays comme l'Équateur, le Pérou ou République dominicaine[1]. Éric de Lucy, président du groupement de producteurs de bananes de Guadeloupe et de Martinique, s'indignait du fait que « ces pays utilisent 25 produits phytosanitaires, y compris par traitement aérien, dont 14 ne sont pas autorisés en Europe. Des organismes certificateurs, agréés par l'Europe, contrôlent uniquement le respect de la réglementation bio locale et leur permettent de vendre ensuite sous le label bio européen ».

Bien entendu, le problème n'est pas spécifique à la banane, il concerne toutes les productions importées. Cela n'est d'ailleurs pas surprenant car dans la liste des pays dits « équivalents », on trouve des États comme la Tunisie ou l'Inde. Et des céréales « équivalentes bio » nous arrivent de Chine par bateaux complets…

J'étais en Inde il y a quelques mois pour visiter une usine de production d'huiles essentielles de menthe et de cristaux de menthol qui pourtant disposait des meilleurs certificats qualité possible avec tous les tampons officiels, signatures et en-têtes qui vont bien, et j'ai eu véritablement l'impression de visiter un bâtiment en zone de guerre. Le chemin d'accès en terre était une fondrière qui menait à un portail sale et complètement rouillé. Un immense trou pour je ne sais quels travaux avait été creusé dans l'usine, pas dans la cour mais dans l'immeuble, les vitres étaient sales et pour beaucoup cassées, les machines rouillées dégoulinaient

1. Guillaume Le Du, « La banane bio d'importation… pas si bio », *Ouest France*, 2 mars 2017.

d'huile. Un désastre, mais des produits bénéficiant à la sortie de beaux certificats validés par les autorités des pays d'importation.

Face à cette concurrence déloyale, les producteurs de produits biologiques européens se sont organisés, et ont exigé de Bruxelles l'application d'une stricte « conformité aux normes européennes ». Il semble qu'ils aient été entendus car, en novembre 2017, la Commission européenne reconnaît qu'il faut changer les règles[1] et déclare que « les producteurs des pays tiers doivent désormais respecter le même ensemble de règles que les producteurs de l'Union. Le principe d'équivalence est donc abandonné au profit du principe de conformité ».

Ces mesures ont été adoptées par le Parlement européen le 22 mai 2018[2], mais n'entreront en vigueur que le 1er janvier 2021. Il était temps !

Tout cela est bien joli, me direz-vous, mais que doit faire le consommateur lambda ?

Eh bien, tant que les garanties ne sont pas identiques, refusez d'acheter des produits bio importés. Pourquoi accepter de payer plus cher des produits biologiques, si toutes les garanties ne sont pas au rendez-vous ?

Achetez des bananes bio des Antilles, des oranges bio d'Espagne et des citrons bio d'Italie, et, jusqu'en 2021, le moins possible de produits importés hors d'Europe.

De plus, consommer des produits qui viennent du bout du monde n'est pas compatible avec une démarche véritablement écologique. Bio devrait rimer avec local. Bien entendu, cela se comprend pour des fruits tropicaux qui ne

1. http://europa.eu/rapid/press-release_MEMO-17-4686_fr.htm
2. https://www.actu-environnement.com/ae/news/reglement-agriculture-biologique-europe-controles-pesticides-importations-31313.php4

poussent pas sous nos latitudes, mais les empreintes carbone de framboises achetées en contre-saison au Chili, ou de sarrasin importé de Chine, sont catastrophiques, et souvent pour une qualité décevante.

Pourquoi les produits bio sont-ils si chers ?

Comme vous avez pu vous en rendre compte en tournant dans le rayon bio de votre grande surface, certains produits biologiques sont jusqu'à deux fois plus chers que leurs équivalents conventionnels. Selon les enseignes de grande distribution, cette différence serait normale car le bio coûte plus cher à tous les stades du circuit : production, transport, stockage, rémunération des intermédiaires... Sauf que l'association de consommateurs UFC-Que choisir a mené sa propre enquête entre juin 2016 et juin 2017, et a découvert que « sur les 24 produits les plus vendus, 46 % du surcoût des fruits et légumes bio proviendrait des marges appliquées par les enseignes. Et non pas, contrairement à ce que pensent les consommateurs, des conditions de production plus compliquées pour les agriculteurs bio [1] ».

En effet, selon les calculs d'UFC-Que choisir, « la marge brute de la distribution serait de 96 % sur les fruits et légumes bio, ce qui double la dépense annuelle des ménages à 660 euros contre 368 euros pour des fruits et légumes conventionnels. Dans le cas des pommes et des tomates, les marges s'envoleraient respectivement de 163 % et 145 % » !

Cette étude montre clairement que les industriels, et surtout la grande distribution, vivent grassement de ce « marché de la peur » qu'est devenu le secteur du bio, ne laissant que

1. Marie-Josée Cougard, « Polémique autour des marges sur les fruits et légumes bio », *Les Échos*, 30 août 2017.

des miettes aux producteurs. Ces produits pourraient vous être vendus bien moins cher si l'avidité n'était pas la norme.

Ne vous laissez pas avoir, comparez les prix entre les enseignes, allez dans les réseaux spécialisés, sur Internet, privilégiez les circuits courts ou achetez directement chez les producteurs.

Je reste toutefois résolument optimiste car le bio est une des facettes de cette tendance de fond du retour au naturel. Lorsque l'offre sera plus abondante, les prix baisseront et tout le monde pourra en profiter.

Et les fraudes aux faux produits bio ?

Dès qu'une fraude concernant un produit bio est détectée, les « anti » se déchaînent : « C'est trop cher, cela ne sert à rien et en plus c'est une arnaque marketing, il n'y a aucune différence, etc. »

Il est vrai que les produits biologiques sont plus chers et propices aux fraudes. Inévitablement, le secteur attire de nombreux margoulins, qui se font régulièrement épingler. Mais, de l'aveu même de la DGCCRF, le bio est « un secteur très contrôlé » : sur les 2 300 contrôles opérés en 2015, le taux d'anomalies a été de 14 % (1 produit sur 7 tout de même…) et, concernant la présence de pesticides, seulement 4 % des produits analysés étaient non-conformes[1].

Bien entendu, cela est toujours trop, mais comparativement au niveau de fraudes et d'anomalies constatées sur les produits conventionnels que je connais bien, c'est plutôt encourageant. En effet, comme vous le savez maintenant, les fruits et légumes conventionnels ont des taux de pesticides bien supérieurs et trop souvent au-dessus des

1. https://www.economie.gouv.fr/dgccrf/boom-bio

limites autorisées, avec la présence significative de pesticides interdits.

Quoi qu'il en soit, pour faire baisser les fraudes, en bio comme en conventionnel, il n'y a pas d'autres solutions que de multiplier les contrôles (notamment inopinés) et surtout d'infliger ensuite des sanctions sévères. En clair des peines de prison pour les cas les plus graves.

Je peux vous assurer que quelques patrons peu scrupuleux pour lesquels j'ai travaillé ne m'auraient certainement pas demandé de faire certaines choses si une telle menace avait existé à l'époque…

Épilogue
Que mangerez-vous en 2030 ?

On peut le déplorer, s'en alarmer voire s'en indigner. Mais la planète tourne ainsi, d'une façon qui semble inéluctable : depuis presque trente ans, la mondialisation et la standardisation prospèrent sans encombre.

Au fur et à mesure que les pays se développent économiquement, les préoccupations alimentaires de leurs populations évoluent hélas de la même façon pour converger naturellement vers le même point et imiter les habitudes et les goûts des pays industrialisés.

Lorsqu'un pays est encore pauvre, la nourriture est rare et chère pour la majorité de la population, du moins par rapport aux maigres revenus disponibles. Les gens mangent le peu qu'ils peuvent se procurer sans se poser trop de questions. Il faut survivre et nourrir ses enfants, et la priorité est d'obtenir le plus de nourriture possible, le plus de calories. La qualité nutritionnelle des produits, la présence d'additifs, le bien-être animal ou la protection de l'environnement ne sont pas des sujets à l'ordre du jour.

Avec l'augmentation du niveau de vie, arrive un stade où chacun a enfin les moyens de manger à sa faim, et souvent trop, malheureusement. Les consommateurs des classes populaires modifient alors leurs habitudes alimentaires, attirés par des aliments plaisirs, marqueurs de statut social, et plus chers, comme de la viande, du poisson type saumon, des crustacés, etc. et par les produits industriels de marque.

Ainsi la production mondiale de viande par exemple est passée de moins de 45 millions de tonnes en 1950[1] à plus de 317 millions en 2016[2] selon la FAO (Organisation des Nations unies pour l'alimentation et l'agriculture), soit sept fois plus alors que sur cette même période la population mondiale ne triplait pas tout à fait. La consommation de viande continue d'ailleurs d'augmenter sur la planète à un rythme soutenu porté par le développement de pays très peuplés comme la Chine, le Nigeria ou l'Inde.

Ensuite, lorsque la population d'une zone donnée n'augmente plus fortement (comme dans les pays riches actuellement), la demande et les prix finissent par se stabiliser et la part relative de la nourriture dans les dépenses des ménages baisse sensiblement. Ainsi, en Europe de l'Ouest, l'alimentation ne représente plus aujourd'hui que 15 % en moyenne des dépenses d'une famille contre 30 % en 1960 ; moins que le logement ou l'épargne, et du même ordre que les transports ou les loisirs. Les consommateurs des pays riches sont donc en situation de pouvoir arbitrer dans leurs choix alimentaires en fonction d'autres paramètres que le seul prix.

De plus, l'augmentation du pouvoir d'achat allant de pair avec le développement culturel et social, cette conjonction permet l'émergence d'une large classe moyenne sensible aux questions de santé, d'éthique et de protection de l'environnement. Le modèle productiviste qui prévaut depuis le début du XXe siècle, jugé nocif et polluant, est alors remis en question par une partie de la population. L'information nutritionnelle est mieux comprise, les consommateurs réclament un plus haut niveau de qualité validé par de

1. http://www.fao.org/3/a-ap637f.pdf
2. http://www.fao.org/3/a-BT089f.pdf

solides garanties : les fameux labels, les appellations et autres certificats.

Cette amorce de changement (qui hélas ne touche pas encore toutes les régions de la planète) n'est-elle qu'un feu de paille ou s'agit-il d'une lame de fond ? Est-il possible pour la majorité de la population mondiale d'aller plus loin et de changer radicalement sa façon de consommer et de produire de la nourriture ?

Allons-nous, dans les dix ou quinze années qui viennent, continuer à saccager notre environnement et nous empoisonner en « bouffant » toujours de plus en plus mal au lieu de manger sainement et en quantités raisonnables ?

Ou bien une réelle prise de conscience générale est-elle vraiment en train de se produire, de se diffuser à travers le monde et le changement espéré par de plus en plus de citoyens-consommateurs arrivera-t-il un jour à son terme ?

*

Soyons lucides. S'il doit y avoir un changement radical, cela ne se fera pas sans heurts. En effet, les multinationales sont de puissantes machines parfaitement adaptées à l'environnement actuel qu'elles ont en grande partie façonné. Elles gagnent énormément d'argent et sont très réticentes à tout changement qui risquerait de diminuer la taille du gâteau, fût-il trop gras, trop sucré, trop salé et bourré de pesticides.

Le productivisme agricole et la malbouffe industrielle n'ont donc pas dit leur dernier mot d'autant qu'il est encore plus facile de réaliser de gros profits avec de gros volumes et de faibles coûts.

Malgré le rejet de plus en plus vif des consommateurs, une course au gigantisme s'est engagée dans le camp des industriels : des « fermes géantes », ou plus exactement des

« usines à viande », poussent un peu partout dans le monde, comme ce méga élevage de porcs de 11 hectares situé dans la province du Guangxi, en Chine[1]. Il s'agit d'un ensemble constitué de 5 immenses bâtiments ressemblant à des barres d'immeubles des années 1970, hauts de 7 à 13 étages et hébergeant 30 000 truies qui « produisent » pas moins de 840 000 porcelets par an !

Et que dire de cet élevage de… 100 000 vaches laitières[2] à Mudanjiang City dans le nord du pays ? Loin devant les élevages, du coup plus modestes, de 30 000 à 50 000 vaches en Australie ou aux États-Unis, comme Fair Oaks Farm dans l'Indiana avec ses 44 000 têtes de bétail. Et très très loin de l'emblématique et si controversée « ferme des 1 000 vaches »[3] située près d'Abbeville dans la Somme.

Je n'ose pas ici vous parler de « bien-être animal » dans ces univers concentrationnaires où l'usage massif d'antibiotiques et de promoteurs de croissance est la norme, ni des problèmes de pollution des eaux, de production de gaz à effet de serre, etc.

Le futur proche semble aussi être, dans certaines zones très urbanisées comme à Shanghai en Chine, et dans d'autres mégapoles comme Singapour ou Tokyo, des gratte-ciel abritant des fermes verticales géantes climatisées qui fourniront des fruits et légumes cultivés hors sol aux milliers d'habitants de la résidence. Ces projets devraient voir le jour autour de 2025.

Mais cela n'est pas encore le pire de ce que l'industrie de la malbouffe réserve aux cobayes consentants que nous

---

1. https://www.pri.org/stories/2018-05-11/seven-stories-sows-inside-chinas-high-rise-hog-farms
2. http://www.thatsfarming.com/news/china-s-largest-dairy-farm
3. « Ferme des 1000 vaches. "On travaille sur du vivant", insiste son directeur », *Ouest-France*, 25 janvier 2017.

sommes devenus. Puisque produire de la viande animale est cher et compliqué, de nombreuses entreprises rêvent de fabriquer du steak synthétique dans leurs usines. Imaginez de la belle viande sans défauts, à la composition standardisée et invariable, aromatisée sur mesure, en quantité infinie et surtout vendue pour presque rien !

Sauf que ce n'est plus de la science-fiction car le premier steak haché, affectueusement baptisé le « Frankenburger » par ses détracteurs, a été produit *in vitro* à partir de cellules-souches de bœuf et consommé dès 2013[1]. Et pour que les amateurs de « nuggets » ne se sentent pas lésés, la société Memphis Meat[2] commercialise de la « viande de poulet » *in vitro* depuis 2017.

Nul doute que les autres viandes suivront, puis le poisson, les crustacés, etc. Memphis Meat espère être en mesure de « rendre sa viande artificielle abordable d'ici 2021[3] », c'est-à-dire demain.

Il paraît que certains végétariens, enthousiastes, y voient un moyen de mettre fin à l'exploitation et à la souffrance animale.

Autre question : une viande fabriquée sans animaux, même si la composition biochimique est similaire, qui « pousse » comme un légume hors sol, est-elle encore une « viande », ou peut-elle prétendre au statut de « produit végétarien » ? Voilà qui promet de beaux débats.

Sachez que, dans le domaine de l'*in vitro*, toutes les fantaisies sont possibles. On pourra par exemple, en mélangeant des cellules-souches d'espèces différentes dans la

---

1. https://www.lci.fr/sciences/du-steak-artificiel-dans-notre-assiette-bienvenue-dans-le-futur-2062877.html
2. http://www.memphismeats.com/home/#aboutus
3. https://www.franceinter.fr/emissions/c-est-deja-demain/c-est-deja-demain-30-novembre-2017

Frankenusine, fabriquer du steak de bothon (mi-bœuf, mi-thon), ou de pouporabe (poulet, porc, crabe). Les combinaisons sont presque infinies. On cultivera aussi des viandes exotiques comme de l'antilope, du zèbre, ou des mélanges de tout cela. Si on fait pousser cette « viande » dans des moules, on pourra lui donner des formes rigolotes qui plairont aux enfants, faire des tranches très fines ou des blocs très épais, ou des millefeuilles de consistances et d'espèces différentes, ou la faire « pousser » directement dans les emballages…

L'impression numérique étant à la mode, pourquoi ne pas carrément imprimer des aliments en 3D ? Bon OK, ce que l'on baptise pompeusement du terme « d'impression 3D » n'est, en réalité, que le fait de superposer des couches additives de matières. On met une première couche de liquide ou de pâte et, une fois qu'elle est solidifiée (par séchage, polymérisation ou cuisson) on en met une seconde et ainsi de suite. N'importe qui peut faire de l'impression 3D avec une poche à douille de chocolat fondu et de la patience.

Quoi qu'il en soit, nombreux sont ceux, surtout chez les vendeurs de logiciels et d'imprimantes, qui pensent que l'impression 3D va révolutionner l'alimentaire. Imaginez un peu, on pourra « imprimer » des pizzas avec une cartouche de pâte, une de coulis et une de fromage fondu, ou bien des décors en chocolat, des nouilles… Ce que l'on fait déjà très bien, ou très mal aujourd'hui.

Ces imprimantes auraient parfaitement eu leur place dans les cuisines des « chefs » adeptes de « cuisine moléculaire », un mouvement très à la mode il y a quelques années et dont plus grand-monde ne parle aujourd'hui. Souvenez-vous qu'il y a peu tous les snobs s'extasiaient quand on leur présentait un spaghetti flasque et coloré d'un mètre de long fabriqué avec une seringue, des éprouvettes et surtout quelques additifs bien choisis.

Nous pouvons dorénavant considérer *L'Aile ou la Cuisse*, le film de Claude Zidi avec Louis de Funès et Coluche sorti en 1976, non plus comme un film comique dénonçant jusqu'à l'absurde les excès de la nourriture industrielle, mais comme un chef-d'œuvre d'anticipation. L'usine Tricatel imaginée par le réalisateur français se situait peut-être encore en dessous de ce que l'industrie semble nous préparer de pire et de moins naturel. Car je suis persuadé que ses ingénieurs sauront encore nous étonner.

*

Mais on peut d'ores et déjà avoir un aperçu appétissant de ce que nous réserve la malbouffe du futur. Des additifs en tout genre sortent quotidiennement des laboratoires, comme ce stabilisant[1] qui retarde la fonte de la crème glacée et grâce auquel on peut « la caraméliser au chalumeau ». Ou cet autre à base de carraghénanes qui permet d'avoir des particules en suspension dans les liquides.

Beaucoup de produits totalement artificiels sont déjà très largement utilisés par les professionnels, comme les fonds de sauce déshydratés dont nous avons parlé dans le chapitre 6, ou encore « les fromages analogues ». Eh oui, « analogue » car c'est plus vendeur que « faux » ou « ersatz ». Pour ceux qui ne connaissent pas encore ces produits, il s'agit de préparations à base d'amidons, d'huiles végétales et de texturants comme des carraghénanes (E407) ou galactomannanes (E410, 412 et 417), qui ressemblent à du fromage type mozzarelle, cheddar ou emmental. Ces analogues servent

1. https://www.laboutiquedesinnovationsculinaires.com/creagel-sorbet-glace.html

aux restaurateurs, pizzaïolos surtout, qui veulent baisser leurs coûts en remplaçant du vrai fromage par un faux qui leur coûtera trois à cinq fois moins cher.

Peut-être comprenez-vous maintenant pourquoi certaines pizzas sont recouvertes de ce qui ressemble à du fromage fondu, mais n'en a pas le goût et laisse échapper des litres d'huile.

Ce qui est drôle, c'est que la plupart des fabricants de ces ersatz n'assument pas et ne reconnaissent pas vendre un sous-produit uniquement conçu pour rogner sur les coûts. Alors, ils communiquent sur « l'absence de lactose », ou le fait que ce soit « végétarien », car évidemment leur truc n'a rien à voir avec un vrai fromage et ne contient pas une goutte de lait. Il n'apporte aucun des bénéfices du vrai lait au consommateur, comme du calcium par exemple. En revanche, c'est très gras, et l'amidon qu'il contient est constitué de molécules de glucose, donc de sucre.

Et puisque nous parlons de produits végétariens, que penser de la naturalité des mycoprotéines ou, dit plus simplement, des filaments de moisissures, produits en fermenteurs et que l'on nous vend comme substituts de viande après aromatisation ?

Surfant sur les (très profitables) vagues végétarienne, végane, sans gluten et autres « sans », des entreprises produisent des cubes, pavés et boulettes de ces filaments aromatisés et bourrés d'additifs. Or des cas d'allergies mortelles et d'intolérance à ces mycoprotéines ont été récemment rapportés aux États-Unis[1].

Le CSPI (Centre pour la science dans l'intérêt du public), une association qui milite pour une meilleure alimentation et la protection des consommateurs américains, met

1. https://cspinet.org/news/quorns-mycoprotein-linked-severe-allergic-reactions-gastrointestinal-symptoms-new-report

Remerciements

Un immense merci aux nombreux lecteurs de *Vous êtes fous d'avaler ça !*, dont le succès m'a convaincu que le combat que nous menons contre la malbouffe industrielle sera gagné tôt ou tard.

Merci aussi à vous tous qui venez de terminer ce nouveau livre et qui, je l'espère, rejoindrez nos rangs.

Je ne remercierai jamais assez Eric Maitrot pour son patient travail à mes côtés et pour ses conseils toujours judicieux.

De gros bisous bio pour ma tendre épouse pour son soutien et ses encouragements, mais aussi pour ses petits plats aussi délicieux que sains.

Plein de petits bisous, tout aussi bio, pour mes deux filles, mes nouvelles compagnes de lutte.

Un grand merci enfin aux quelques amis fidèles et courageux qui me restent dans l'industrie agroalimentaire.

Puissiez-vous tous manger sainement et vivre longtemps et en bonne santé.

de Norvège, sont nourris aux granulés de farine de poissons, or il en faut des quantités astronomiques[1] qui sont de plus en plus difficiles à trouver à cause de la surpêche. Ainsi, en 1994, 30 millions de tonnes de poissons étaient prélevées dans l'océan pour l'aquaculture contre moins de 16 millions de tonnes en 2014.

Grâce à leur farine d'insectes, il ne sera plus nécessaire de racler le fond des océans pour nourrir les saumons d'élevage. Ces insectes consommeront des sous-produits agricoles comme de la paille ou des enveloppes de végétaux. De telles innovations qui se multiplient ces dernières années vont dans le bon sens et doivent nous inciter à poursuivre ce combat vital contre la malbouffe industrielle.

En tant que consommateurs, sachez que, malgré les apparences, vous n'êtes pas seuls et que vous pouvez participer à un vaste mouvement pour une meilleure alimentation et un réel respect de la planète et de la vie.

À cet égard, n'oubliez jamais que votre meilleure arme reste votre porte-monnaie. Alors, maintenant que vous avez bien lu ce livre, posez-vous les bonnes questions avant d'acheter ou de ne pas acheter un produit alimentaire. Par ce simple geste, vous contribuerez déjà à façonner votre avenir.

1. http://www.seaf1ish.org/media/publications/SeafishFishmealand FishOilFactsan1dFigures_201612.pdf

Table des matières